纪念"三个面向"题词四十周年

# 培根铸魂　明理润心

张斌平　邱　悦　主编

中国出版集团有限公司
研究出版社

**图书在版编目 (CIP) 数据**

培根铸魂　明理润心 / 张斌平，邱悦主编 . –– 北京：研究出版社，2023.8

ISBN 978-7-5199-1546-9

Ⅰ. ①培… Ⅱ. ①张… ②邱… Ⅲ. ①北京景山学校—概况 Ⅳ. ① D432.62

中国国家版本馆 CIP 数据核字（2023）第 154510 号

出 品 人：赵卜慧
出版统筹：丁　波
责任编辑：谭晓龙

**培根铸魂　明理润心**
PEIGENZHUHUN　MINGLIRUNXIN

张斌平　邱　悦　主编

研究出版社 出版发行

（100006　北京市东城区灯市口大街 100 号华腾商务楼）

北京隆昌伟业印刷有限公司印刷　新华书店经销

2023 年 8 月第 1 版　2023 年 8 月第 1 次印刷

开本：710 毫米 ×1000 毫米　1/16　印张：26.75

字数：330 千字

ISBN 978-7-5199-1546-9　定价：98.00 元

电话（010）64217619　64217652（发行部）

# 主编简介

张斌平，北京景山学校党委书记，正高级教师，特级教师，教育部高中历史课程标准修订组核心成员，国家教材委员会历史学科专家委员，中国教育学会高中专业委员会副理事长，教育部基础教育教学指导委员会学科副主任委员。具有丰富的党建研究和教育教学管理的经验与优越的教育科研的能力和水平，承担多项国家、北京市课题研究工作。出版 3 部著作，发表 10 余篇文章，其研究成果获得北京市政府基础教育教学成果特等奖、全国基础教育教学成果二等奖。

邱悦，北京景山学校党委副书记、校长，高级教师，东城区优秀校长。具有丰富的学校管理经验和优越的课程领导能力。承担多项市区级研究课题，其研究成果获得 2021 年北京市基础教育教学成果一等奖、国家级教育教学成果二等奖。主编《温暖心灵，唤醒生命——北京景山学校德育改革文集》《课堂，生命成长的地方》《创新人才从这里启航——北京景山学校贯通班的探索与实践》等多部著作。

# 序 言
Preface

## "三个面向"赋能新时代教育现代化

2023 年是邓小平为北京景山学校题词"三个面向"40 周年。学校决定以纪念题词 40 周年为契机，立足新时代、着力新探索、整理新成果，目的在于巩固教改初心，继续教改试验，为新时代推动教育现代化做出新贡献。

北京景山学校在教改中诞生，在教改中发展，北京景山学校的使命就是要探索新中国基础教育改革的正确道路。如今，我们回顾景山学校的教改之路，依然充满自豪感和责任感。

## 一、教改探索之路

### （一）横空出世：创业兴盛的 6 年（1960—1966 年）

在中宣部的领导下，从北京师范大学直接抽调一大批风华正茂、业务精良的年轻老师，充实景山学校的教师队伍。童大林、敢峰等专家、领导参与了景山学校的创办，为教改事业而兢兢业业地工作。遵循陆定一副总理《教学必须改革》报告的精神和"四个适当"（"适当缩短年限，适当提高程度，适当控制学时，适当增加劳动"）的原则，学校在教育思想、学制年限、课程设置、教材内容、教学方法、思想教育、劳动教育等方面进行了综合整体改革试验，特别是当时进行了小学、初中、高中十年一贯学制，一年级开设 5 门外语（俄语、英语、法语、德语、西班牙语），跳级试验，语文、数学教材编写等实践，在全国教育界引起了强烈的反响。这些实践经验，在中国基础教育改革与发展史上具有里程碑意义，对中小学的教育改革起了历史性的带动和促进作用。

### （二）起死回生：恢复教改试验，加快改革步伐（1977—1982 年）

1977 年，教育部在全国确定了 20 所中小学作为教育部的重点学校，景山学校是北京市属学校中入选的两所之一。

1978 年 4 月底，时任教育部副部长的李琦同志，代表教育部来到景山学校宣布两项重要决定：一是教育部决定为景山学校平反，景山学校是"红"学校，不是"黑"学校，为景山学校恢复名誉；二是 1978 年 4 月 28 日，教育部正式批准马淑珍、郑俊选、方碧辉三位老师为小学语文、数学、英语的特级教师，并得到小平同志的首肯，这也是我国首批特级教师。这两项振奋人心的决定，对景山学校的广大师生是极大的鼓舞，更加坚定了我们坚持搞好教改试验的决心！

为了组织教师进行教育科研，促进教改实践，全面提高教育质量，1979 年春，学校在全国中小学第一个成立了教育科学研究室，负责规划全校的综合整体改革试验以及各单项教改试验，为教师自编教材和教学改革提供智力支持。学校从理论和实践上，做好了开展教改新局面的准备。

### （三）敢为天下先：高举"三个面向"的旗帜，开创教改试验新局面（1983—1999 年）

党的十二大正式提出了"建设有中国特色的社会主义"的伟大号召，改革开放在全国范围内全面展开。在这样的形势下，学校想到能不能请邓小平同志为我们题词，给我们指明新时期教育改革的方向。1983 年 9 月 8 日，小平同志欣然题写了"教育要面向现代化，面向世界，面向未来"十六个大字，并指明"书赠景山学校"。为北京景山学校乃至中国教育事业的改革发展指明了方向。

"三个面向"题词后，学校制定了"全面发展打基础，发展特长（后改为发展个性）育人才"的综合整体改革方案，开始进行包括教育理论，学制年限，课程设置，教材编写，教学手段，考试制度，课外活动，思想教育，劳动教育，发展个性特长教育、智力超长教育以及管理体制等方面的全面综合整体改革试验。

为了大面积提高初中教学质量，解决初中学习时间短、学习负担重的问题，1982 年，在全国率先进行学制改革，将六三制改为五四制。1984 年又率先进行了小学初中九年一贯整体改革试验，将小学和初中的九年时间作为一个整体，充分利用学制周期长、连贯性强的特点，持续关注和培养学生的特长。

课程改革方面，学校一直按照德智体美劳五育的要求全面安排课程，加强体育、音乐、美术、劳动技术学科教学，增加这些科目的课时。增设新课程，如体育与保健、形体、书法、计算机入门等，把原来的几门分科课改为一门综合课，如把小学的历史、地理加上社会生活常识，综合为一门社会课。

1984 年起，进行了一系列有利于人才成长的教改试验：把跳级正式作为一种教学管理制度，列入学校综合整体改革方案；在高中开办大学少年班的预科班、试行学分制，鼓励学有余力的学生超前学习等。这些改革为国家培养人才，为有发展潜力的儿童的良好发展提供了条件。

1989 年学校把教育科学研究室扩大为教育科学研究所，并被认定为国家教委课程教材研究中心的研究基地。以学校为试验基地，对中小学教育改革进行应用性研究。

## （四）继往开来：深化改革，全面实施素质教育（2000—2011 年）

2000 年，为鼓励优秀学生成长，学校允许部分品德行为良好、学习成绩优秀、体育成绩达标、学有余力的学生进行初中直升高中的四年制直升班试验，使人才培养更加连贯。

开展国家课程校本化与优化的研究。与教育部课程教材研究所共同合作，开始进行科学、社会启蒙教育的试验，将小学自然、劳技和健康教育课综合为科学课，将小学社会生活常识、思品课综合为社会课，提早在小学一、二年级开设。

积极开发校本课程，进行校本课程系列化的探索。将艺术创意课、书法课、形体课、生活技能课、游泳课、健康教育课作为校本必修课程。还开设了提高类、拓展类、文体类三大类 40 多门本校选修课。

开始编写面向新世纪的第五套九年义务教育小学语文、数学教科书，2005 年经全国中小学教材审定委员会审查通过，在全国有 18 个省（市、自治区）78 所学校选用，教学效果都很好，得到了广泛认可。

学校在六年级成立了"以计算机为学具"的电脑实验班，将计算机和网络引进教室，开始进行信息技术与教学的整合研究。

## （五）走进新时代：聚焦立德树人，深化改革，创新实践，促进内涵发展（2012—2020 年）

党的十八大以来，立足新时代，景山学校坚持素质教育，坚持德智体美劳五育融合，坚持社会主义办学方向，坚持"全面发展打基础，发展个性育人才"的办学理念，不断攀登教改高峰。

为了培养拔尖创新人才，学校组建初、高中贯通班，实行初高中五年贯通试验，打通基础教育阶段人才培养的全过程，为优秀学生的成长搭建平台，实现部分学生十二年一贯的基础教育。

基于学校的办学特色，整体构建十二年一贯学生发展性德育体系，制定《北京景山学校德育序列纲要及实施细则》。将具有新时代特色的理想信念教育、爱国主义教育、社会主义核心价值观教育，传统文化教育，生态文明教育等融入学校德育工作体系。夯实课程育人，推进课程思政。

为了促进教育优质均衡发展，更好地服务于国家和区域发展战略，成立景山学校教育集团，将先进的办学理念、教育教学方法、管理模式、课程设置、教材建设，输入各分校，实现共享、共建、共赢，引导各分校逐步探索出具备"景山特质"且适合各区域和校情特点的人才培养模式，真正实现了"名校办分校，分校变名校"的新追求。

积极发挥优质教育资源辐射引领作用，带动北京、河北、四川 3 地10 所集团成员校与分布在全国 30 个省市的 1000 所数字景山网络联盟校进行课程教学改革，办学水平显著提升。

## 二、景山教改历程对新时代教育高质量发展的启示

### （一）不忘初心，坚持为党育人、为国育才的统一

景山学校一直致力于探索扎根中国大地的教育现代化之路，聚焦"多出人才、快出人才"，追求轻负担、高质量的素质教育之路并为之不断探索。40年来努力探寻"三个面向"精神与新时代教育发展相结合的路径策略，取得了丰硕的成果。

作为国家层面推动教学改革的"试验田"，景山学校一直践行为党育人、为国育才的初心和宗旨。诚如童大林先生所说：景山精神的精髓就是"忠诚于党的教育事业，献身教改的革命精神"。顾明远说：景山学校的改革目标很明确，起点很高，在创办之初就瞄准培养高质量的全面发展的人才，就是要培养创新型人才。所以邓小平"三个面向"的题词不是偶然的，是非常切合景山学校的实际的。景山学校在"应试教育"甚嚣尘上的时候，仍然坚持素质教育不动摇，坚定不移培养创新人才，这是十分难能可贵的。这就是景山的精神。

这是新时代高质量教育的鲜明导向，是教育工作者遵循的方向。

### （二）坚持学生"快乐"与"成长"的有机结合

学校提出学生的"快乐成长高于一切"。爱每一个孩子、善待每一个孩子一直是学校坚持的基本信念。

快乐意味着安全感和归属感，是一个心灵自由、精神舒展的状态；成长意味着生长、拔节、蜕变，意味着接受成人世界的认知、规则，是认知冲突、情感波动的过程。在传统教育中，重视了学生生理上的成长，忽视了孩子的心灵自由和精神舒展，以致其安全感和归属感薄弱。重视

了学生成绩的提高，忽视了孩子的情商的培养，存在情感生存问题。缺乏自觉培育学生的情绪价值的意识和方法。

学校领导的长期示范和学校文化积淀，让校园中老师之间、师生之间、干群之间到处洋溢着尊重和关爱。在这里，爱的教育包围着孩子们。

尊重孩子的成长需求和培育孩子的情绪价值，关注孩子的精神世界的发育是高质量教育的根基。这是爱孩子的起点，这是高质量教育的起点。

## （三）坚持学生全面发展和个性发展的辩证统一

学校培养出大批"全面发展＋学有特长＋创新精神＋高尚品德"的景山学子。

无论是什么时代的景山毕业生说起景山都有一种自豪感。2022届毕业生，考入清华大学的张皓晨同学说："景山，在我眼中一直是一座散发着独特魅力的学校。优美的校园、丰富多彩的活动、小初高学制一脉相承。60多年教改历史与文化的积淀带给景山学子宽阔的眼界及高远的志向。'全面发展打基础、发展个性育人材'的办校宗旨贯穿我整个12年的学习生活。不知你们是否和我一样，小学加入过合唱团、学过游泳、练过排球、写过毛笔字……初中在天井里打着乒乓，在天文台上赏着明月，穿着汉服吟诵，抱着吉他弹唱，计算机课上编游戏，劳技课上学摄影、学做饭，生物实验室内更是做着课本内外各种有趣的实验，我无比怀念在景山的12年时光"。

景山学校提出培养的学生应从素质和能力上具备10项特色。10个方面的表述实事求是地反映了景山学校的育人特色，体现了全面发展与个性发展的辩证统一。

在AI技术发展大潮的背景下，将人作为工具进行培养的教育培养出来的学生最终难免被工具取代。发现每个孩子的优点，孵化每个孩子的兴趣，让每个孩子在生活的成就感中增加成长的动力，成为推动教育高质量发展的关键问题。

## （四）坚持教师的"专业发展"与"社会发展"相匹配

1978年以来从景山走出大批的优秀干部教师，这些教师都是从景山学校成长起来的。多年来景山学校坚持招聘教师只面向应届大学生，精挑细选，从入口处把握教师队伍的高素质。我们深知素质教育归根结底就是高素质教师进行的教育。

这些教师高度的专业水平体现在渊博的学科知识体系，先进的学科教学方法、学科学习方法等方面。同时，他们具备健全的人格，拥有良好的人际关系、强大的社会实践能力。优秀的教师、有影响力的教师、教育家型的教师都是专业发展与社会发展相协调的。当下教师的社会发展能力薄弱具有普遍性。以学科教学为主体的教师专业发展不利于教育高质量发展。高质量的教育急需提升教师的社会发展能力。只有社会发展能力强的老师才能更好地完成跨学科学习、项目式学习等实践性强的教学任务。只有这样的教师才会把自己的课堂打造成学生与现实世界联通的桥梁，打造成知识的天堂、成长的热土。

当下，教师的社会发展更加依赖职后培养。景山学校对高素质教师的培养品质包括：学习精神、敬业精神、创新精神、良好的心理品质、强烈的科研意识和能力。

学校搭建课程开发与教科研的平台，培养出课程教学理念先进、教学水平高、具有一定的课程开发和科研能力的教师群体。学校课改与教科研成果显著。

陶西平先生说：在景山学校，我们看到尊重，看到快乐，看到敬业，看到创造，看到和谐，景山学校的教育试验不仅提高了广大群众对学校教育的满意度，也对全国教育事业的改革与发展产生了深远的影响。

### （五）坚持学校内涵发展与支持保障的协调

景山学校曾经在9亩多的狭小低矮的空间里创造了名动天下的教改业绩，获得了"三个面向"题词发源地的殊荣。在当下这个20多亩的校园里，培养了数以千计的优秀学子，孵化出一个教育集团，成为全国素质教育的典型之一。在不同的历史阶段内涵发展始终是通向教育高质量的关键途径。

在几十年的教改实验中，学校建立了小初高全周期、长链条、一体化的人才培养模式；建立了一整套人才培养机制，包括学制安排、教材编写、课程设置、德育序列、特长培养等；形成了"低负担，高质量，让每一个孩子健康快乐成长，全面发展，学有特长"的素质教育道路。学校办学质量始终居于北京市前列，成为践行"三个面向"的旗帜学校，办学成果得到国家领导人以及社会各界的充分肯定。

正是党和政府对学校办学的信任和支持，才有了景山人在教改路上放开手脚、大胆创新，开创了"20多项全国第一"；才形成了景山人"敢为天下先、不走寻常路"的自豪，形成了"立愚公移山之志，攀基础教育高峰"的攀峰精神，本质上反映出景山干部、教师忠诚党的教育事业的坚定和自信。景山教改的辉煌成就既是学校内涵发展，打造高质量的办学体系的结果，更是在"三个面向"旗帜的指引下，党和政府为教育高质量发展鼓励学校创新、支持学校教改试验的结果。

## 三、新时代新征程党建引领教改再出发

2021年，时植建党百年之际、"十四五"开局之年，学校提出"景

山教改再出发"的响亮口号,在落实"双减"、推动"双升"工作中,全校教职工凝心聚力,踏上新的教改征程。

## （一）不断深化"三个面向",努力推动教育现代化

党的二十大报告中的关于建设中国特色社会主义文化中提出"全面建设社会主义现代化国家,必须坚持中国特色社会主义文化发展道路,增强文化自信,围绕举旗帜、聚民心、育新人、兴文化、展形象建设社会主义文化强国,发展面向现代化、面向世界、面向未来的,民族的科学的大众的社会主义文化,激发全民族文化创新创造活力,增强实现中华民族伟大复兴的精神力量",表明"三个面向"思想已经融入中国特色社会主义文化建设之中。从教育到文化,明确"三个面向"的落脚点是民族、科学、大众的文化。教育是文化的重要部分,教育是文化传承的重要载体,教育是文化创新的重要动力。"三个面向"最终统一于一个战略定位——实现中国教育现代化和中华民族伟大复兴,统一于一个科学过程——遵循学生成长教育规律推动教育高质量发展之路,统一于一个大众目标——提升全民素质,培育社会主义现代化的建设者和接班人。

北京景山学校因教育改革而诞生,随教育改革而发展。作为一所教育改革试验学校,必须贯彻二十大精神,深化"三个面向"思想,围绕中国特色社会主义文化建设来思考中国式教育现代化和发展高质量教育的办学之路。

## （二）实现党建引领与学校高质量发展的统一

2020年,学校被上级确定为"中小学党组织领导的校长负责制试点校",2021年党组织领导的校长负责制改革正式落地。

以高质量党建推动高质量教育发展为目标，按照中小学校党组织领导的校长负责制要求，首先健全学校党组织全面领导学校工作的组织体系、制度体系和工作机制，推动学校治理体系和治理能力现代化。制定《北京景山学校议事决策规则》《议题管理办法》《北京景山学校党政办工作条例》《中共北京景山学校委员会支部工作条例》等文件，形成"一体双驱"工作机制。一体即以党委会（支委会）、行政会为核心的议事决策机构，双驱即党政办和教科所，党政办落实学校决策实施推动行政各部门联动，教科所提供决策研究建议促进科研引领学校各领域工作全覆盖。以领导体制治理机制改革为主线，以"学校十四五发展规划"为抓手，打造"攀峰党建"品牌，全面整合资源，结合学校十二年一贯制学制特点，跨校区、跨学段，以学科组或行政岗位为基础设置十个二级党支部，加强党支部促进学制贯通的基层堡垒作用，凝聚长链条育人合力，为景山教改再出发提供坚强有力的组织保障。

深入探索学校党建与教育教学深入融合的实施路径，全面推动形成学校党建与教育教学工作协同并进的立德树人新局面，助力学校教育高质量发展。

坚持育人为本，着眼学生身心健康成长，统筹校内、校外教育资源，统筹课内、课后两个时段，整体规划学校教育教学安排。从减轻作业负担入手，实施统筹管理机制；提供优质全面的课后服务，满足学生多样化需求；提高课堂教学质量，打造景山"攀峰"课堂；深化推进教师交流轮岗工作，推进教育优质均衡发展等。

党建引领，融合景山理念和通州区域特点确定通州分校的办学定位、发展定向和培养目标。

## （三）推动学校高质量发展人才建设

人才是党重要的执政资源，学校统筹考虑、系统设计、聚焦人才建设工作，分层、分类实施人才培养计划，突出学科业务和管理水平的双提升，建设高水平专业化干部、教师队伍，为景山教改再出发提供人才支撑。

学校围绕锻造"政治过硬、本领高强"的干部，建立健全"源头培养、跟踪培养、全程培养"的干部培养体系，加强思想淬炼、政治历练、实践锻炼、专业训练，强化干部的政治担当与履职能力，努力探索形成景山学校干部队伍"绿色生态"的方式，成立校级青年后备人才成长营，坚持理论与实践相结合、线上与线下相结合、德才兼备、以德为先、动态培养与管理的原则，为每一个学员邀请一位党委委员作为实践导师，以完成十四五发展规划任务清单为抓手，鼓励学员在跟岗培训的过程中主动思考、主动作为。

成立校级学术委员会，负责各级骨干教师评选推荐、课题研究、学术评价等工作。打造景山学校市、区、校三级骨干教师梯队。加快推进景山学校教育人才孵化器建设，支持教师在景山学校成长为教育名师或教育家。

干部教师交流轮岗。在自愿以及做好相关保障关爱的前提下，交流轮岗对各级各类教师的发展都有显著推动，尤其对发展教师的社会能力效果显著。

## （四）科研引领，研究真问题，服务教育高质量发展

强化教育科研的统筹规划和顶层设计，构建"三级教育科研课题研究和服务体系"。聚焦学校"十四五"期间改革发展的重点，科学设计学校的教改项目，以党组织领导的校长负责制、一体化长链条育人体系构建、"双减"背景下的教学质量提升等统领学校发展的总课题为龙头，引领市级、区级、校级课题，形成多级多维、相互支撑的课题群。学校以科研课题的方式推进教育改革落地生根，积极组织、帮助、引导老师们

申报国家、市、区各级各类课题。实施更高质量、更有实效、更具活力的教育科学研究，真正实现科研引领、更新观念、指导实践、解决问题。

十四五规划启动以来，成功立项中国教育学会课题 3 项，市教工委课题 1 项，市规划课题 1 项，市党建课题 1 项，市教育学会课题 27 项，区规划课题 7 项，都完成开题论证。2022 年 3 月隆重举行中国教育学会课题开题仪式。2023 年 3 月通过举办全国教育论坛集中汇报展示十四五的教科研水平。

## （五）发挥一体化、长链条育人优势

以高质量党建带动高质量团建和高质量队建，落实党团队工作一体化，推动小初高思政教育一体化，构建大思政工作格局。

积极探索推进符合新时代要求的九年一贯学制、课程、教学的整体改革。成立九年一贯工作领导小组，下设语文、数学、英语三个主要学科教学研究组，贯通小学、初中各学科教研一体化。推动东城区"五四学制"教学实验研究组在我校挂牌，逐步建立区教研和校本教研深度融合长效机制。

加大小学、初中、高中一体化课程建设的力度，推进综合实践课程、校本课程、高中自主排课和大学先修课程的试验，形成具有景山特色的一体化、长链条、多层次课程教学体系。推进"特色高中"建设，加强学制贯通的体制机制建设，继续探索十二年一贯制拔尖创新人才培养的模式和机制，加强攀峰班、直升班、贯通班的课程建设，完善优秀学生长链条培养的体制机制。

以"徐特立实验班"为基础，加强与北理工等高校、科研院所的协作，探索高中教育与重点大学早期结合的新模式、新方法和新经验。支部与北京理工大学徐特立学院、山东省沂水县等京内外多支部联学联建

"'弘扬沂蒙精神'探索创新人才长链条培养机制"主题党日活动。

　　从景山学校到景山教育，从"改革创办"到"三个面向"，景山学校秉承"为党育人、为国育才"的初心，在赓续教育改革创新的办学基因中发展，在担当新时代办学的使命中蜕变，提出了"景山教改再出发"的新追求，不断探索基础教育学校全面高质量发展的新路径、新范式。

　　这次出版的教改成果集中展示"景山教改再出发"的新探索，希望得到广大教育同人的批评指正！

北京景山学校党委书记　张斌平

2023 年 8 月

# 目 录
Contents

## 案例篇

## 教学设计篇

培根铸魂 明理润心

# 综论篇

- 中小学党组织领导的校长负责制改革探索
- 党建与教育教学的融合，促进学校高质量发展
- 构建党建、团建、队建工作一体化格局
- 课程思政、学科育人的实践探索

# ● 中小学党组织领导的校长负责制改革探索

## 新时代党建引领学校教育高质量发展的实践探索

张斌平　邱　悦

### 一、新时代党建引领的定位和价值

党的十九大报告提出"中国特色社会主义进入了新时代"。新时代是推进国家治理体系与治理能力现代化的时代，是实现教育"高质量发展"的时代，是推进教育现代化的时代。

学校承担着为党育才、为国育人的历史使命，在推进新时代教育现代化的进程中，必须加强党的领导。在前期试点的基础上，2022 年 1 月，中共中央办公厅印发了《关于建立中小学校党组织领导的校长负责制的意见 ( 试行 )》，明确提出，"加强党对教育工作的全面领导，是办好教育的根本保证。要在中小学校建立党组织领导的校长负责制，关键是坚持党组织的领导核心地位，充分发挥党组织总揽全局、协调各方的作用，统一领导中小学校的各项工作"，标志着中小学党组织领导的校长负责制改革全面推开。

立足新时代，景山学校加强党对学校工作的全面领导，坚持社会主义办学方向，坚持素质教育，坚持德智体美劳五育融合，坚持"全面发展打基础，发展个性育人才"的办学理念，不断攀登教改高峰。

按照中小学校党组织领导的校长负责制要求，学校党建的目标和任务是健全学校党组织全面领导学校工作的组织体系、制度体系和工作机制，推动学校治理体系和治理能力现代化，以高质量党建引领学校教育高质量发展。为深化基础教育改革、办好人民满意的教育，培养德智体美劳全面发展的社会主义建设者和接班人提供坚强的政治保证和组织保证。

## 二、新时代学校高质量发展的特征及内涵要求

2020 年 10 月，《中共中央关于制定国民经济和社会发展第十四个五年规划和二〇三五年远景目标的建议》第一次提出"建设高质量教育体系"。这一体系包括更先进的制度体系、更完善的结构体系、更高质量的育人体系和更现代的治理体系。这是新时代教育发展的新主题、新方向、新目标、新任务，标志着中国教育发展进入历史新阶段。

当前，我国已开启实现第二个百年奋斗目标新征程，正处在从教育大国迈向教育强国的关键时期，教育领域也开启加快教育现代化、建设教育强国历史新征程。

中国式现代化是政治、经济、教育等多领域的现代化，教育现代化是中国式现代化的基础工程和重要组成部分，是支撑、推动中国现代化发展的重要力量。中国式现代化赋予了中国式教育现代化新的内涵特征、历史价值与发展路径。建设高质量教育体系、全面提高教育质量，既是教育改革发展的方向，也是教育发展的历史使命。"推进教育强国建设，办好人民满意的教育"依然是未来中国教育现代化重要的历史使命。

教育是国之大计、党之大计。加强党对教育事业的全面领导是中国式现代化建设的本质要求，也是中国式教育现代化建设的核心，是办好教育的根本保证。

## 三、不断深化"三个面向"，努力推动教育现代化

北京景山学校是 1960 年由中共中央宣传部创办的一所教改试验学校。1983 年，中国改革开放的总设计师邓小平同志为北京景山学校题词——"教育要面向现代化，面向世界，面向未来"，既为景山学校的教育改革指明了方向，也为中国基础教育改革指明了方向。

党的二十大报告中的关于建设中国特色社会主义文化的论述中提出"全面建设社会主义现代化国家，必须坚持中国特色社会主义文化发展道路，增强文化自信，围绕举旗帜、聚民心、育新人、兴文化、展形象建设社会主义文化强国，发展面向现代化、面向世界、面向未来的，民族的科学的大众的社会主义文化，激发全民族文化创新创造活力，增强实现中华民族伟大复兴的精神力量"。

这说明"三个面向"思想已经融入中国特色社会主义文化建设之中，从教育到文化深化对"三个面向"思想的认识。明确了"三个面向"的落脚点是民族、科学、大众的文化。教育是文化的重要部分，教育是文化传承的重要载体，教育是文化创新的重要动力。最终统一于一个战略定位——实现中国教育现代化和中华民族的伟大复兴，统一于一个科学过程——就是遵循学生成长教育规律推动教育高质量发展之路，统一于一个大众目标——提升全民素质，培育社会主义现代化的建设者和接班人。

"三个面向"的精髓就是改革和发展。北京景山学校因教育改革而诞

生，随教育改革而发展。作为一所教育改革试验学校，必须贯彻二十大精神，深化"三个面向"思想，围绕建设中国特色社会主义文化来思考中国式教育现代化和发展高质量教育的办学之路。

立足"三个面向"办学就要努力为学生的一生发展打好基础，而不陷入教育功利化的困境，努力创办人民满意的教育；立足"三个面向"办学，就要自觉寻找教育改革的出路和教育发展的方向，就不会左右摇摆，办学就有生机；立足"三个面向"办学，就要努力实现教育的价值取向，拒绝培养"精致的利己主义者"，为国家各级各类学校输送优秀、有用的人才。

## 四、实现党建引领与学校高质量发展的统一

### （一）聚焦"深度融合"，促进教育高质量发展

景山学校在 1988 年之前实行的就是党组织领导的体制，当时的名称是"党支部领导的校长责任制"，设有专职副书记。1988 年之后改为校长负责制，党支部发挥政治核心和保障作用。2020 年 10 月，学校被上级确定为中小学党组织领导的校长负责制试点校，2021 年北京景山学校党总支被确定升建为北京景山学校党委，学校党委会完成换届，党组织领导的校长负责制改革正式落地。无论实行哪一种管理体制，都是在办学治校中全面贯彻党的教育方针，实现"为党育人、为国育才"，发挥党组织在学校教育教学工作中的领导作用。

在探索实施中小学校党组织领导的校长负责制的过程中，学校坚持加强党对学校的全面领导，加强党委会、行政会班子规范化建设，探索中小学"党组织领导"与"校长负责制"的融合关系，探索党委会发挥领导作用与行政会履行管理职能的分工协作，建立高效的行政运转机制，

提升内部治理水平。

以高质量党建推动高质量教育发展为目标，按照中小学校党组织领导的校长负责制要求，首先健全学校党组织全面领导学校工作的组织体系、制度体系和工作机制，推动学校治理体系和治理能力现代化。制订《北京景山学校议事决策规则》《议题管理办法》《北京景山学校党政办工作条例》《中共北京景山学校委员会支部工作条例》等文件，形成"一体双驱"工作机制。一体即以党委会（支委会）、行政会为核心的议事决策机构，双驱即党政办和教科所，党政办落实学校决策实施推动行政各部门联动，教科所提供决策研究建议促进科研引领学校各领域工作全覆盖。以领导体制治理机制改革为主线，以"学校十四五发展规划"为抓手，打造"攀峰党建"品牌，全面整合资源，结合学校十二年一贯制学制特点，跨校区、跨学段，以学科组或行政岗位为基础设置十个二级党支部，加强党支部促进学制贯通的基层堡垒作用，凝聚长链条育人合力，为景山教改再出发提供坚强有力的组织保障。

充分发挥党组织在推动教育发展、提升教学质量方面的重要作用。引领推进学校教育高质量发展。深入探索学校党建与教育教学深入融合的实施路径，全面推动形成学校党建与教育教学工作协同并进的立德树人新局面，助力学校教育高质量发展。

## （二）推动高质量发展人才建设

人才是党重要的执政资源，学校党委坚持党管干部、党管人才的重要原则，统筹考虑、系统设计、聚焦人才建设工作，分层、分类实施人才培养计划，突出学科业务和管理水平的双提升，建设高水平专业化干部、教师队伍，为景山教改再出发提供人才支撑。

学校围绕锻造"政治过硬、本领高强"的干部队伍，建立健全"源头培养、跟踪培养、全程培养"的干部培养体系，加强思想淬炼、政治历练、实践锻炼、专业训练，强化干部的政治担当与履职能力，努力探索形成景山学校干部队伍"绿色生态"的模式，制定干部聘任及管理办法，健全南北校区干部交流轮岗机制、中层干部提拔选聘程序和退出机制。

成立校级青年后备人才成长营，开展为期一年的分类、分期、分级培养，坚持理论与实践相结合、线上与线下相结合、德才兼备、以德为先、动态培养与管理的原则，为每一个学员分配一位党委委员作为实践导师，以完成十四五发展规划任务清单为抓手，鼓励学员在跟岗培训的过程中主动思考、主动作为。

成立由特级教师组成的校级学术委员会，负责各级骨干教师评选推荐、课题研究、学术评价等工作。打造景山学校市、区、校三级骨干教师梯队。加快推进景山学校教育人才孵化器建设，支持教师在景山学校成长为教育名师或教育家。

重视青年教师的培养工作，为青年教师的发展搭建平台、创造条件，注重思想引领、专业水平的提升与生活方面的关心，引导青年教职工在参与中成长与发展。通过新入职教师集中培训、师徒结对、制定三至五年个人发展规划、班主任基本功大赛等活动，引领青年教师传承景山精神，厚植教育情怀，坚定职业认同，提升职业自信，快速成长。

## （三）科研引领，研究真问题，服务教育高质量发展

新时期学校坚持教改领航，大力发挥教育科研对于学校发展的支撑、驱动、引领作用，明晰教育科研工作方向，寻找教育科研的突破点、示范点和新增长点，打造景山教科研品牌，提升科研影响力和核心竞争力，使景山学校的教改传统在全面提升学校办学品质和教育质量的实践中发

挥更大的作用。

强化教育科研的统筹规划和顶层设计，构建"三级教育科研课题研究和服务体系"。聚焦学校"十四五"期间改革发展的重点，科学设计学校的教改项目，以党组织领导的校长负责制、一体化长链条育人体系构建、"双减"背景下的教学质量提升等统领学校发展的总课题为龙头，引领市级、区级、校级课题，形成多级多维、相互支撑的课题群。学校以科研课题的方式推进教育改革落地生根，积极组织、帮助、引导老师们申报国家、市、区各级各类课题。实施更高质量、更有实效、更具活力的教育科学研究，真正实现科研引领，更新观念，指导实践、解决问题。十四五规划启动以来，成功立项中国教育学会课题 3 项、市教工委课题 1 项、市规划课题 1 项、市党建课题 1 项、市教育学会课题 27 项、区规划课题 7 项。

## （四）探索一体化、长链条育人实践

以高质量党建带动高质量团建和高质量队建，落实党团队工作一体化，推动小初高思政教育一体化，构建大思政工作格局。

积极探索推进符合新时代要求的九年一贯学制、课程、教学的整体改革。成立九年一贯工作领导小组，下设语文、数学、英语三个主要学科教学研究组，贯通小学、初中各学科教研一体化。推动东城区"五四学制"教学试验研究组在我校挂牌，逐步建立区教研和校本教研深度融合长效机制。

在九年一贯五四学制的基础上，推动小学、初中、高中一体化课程、综合实践课程、校本课程、高中自主排课和大学先修课程的改革创新，形成具有景山特色的一体化、长链条、多层次课程教学体系。推进"特色高中"建设，加强学制贯通的体制机制建设，继续探索十二年一贯制和拔尖创新人才培养的模式和机制，加强攀峰班、直升班、贯通班的课程建设，完善优秀学生长链条培养的体制机制。以"徐特立实验班"为基础，加强与北理工等高校、科研院所的协作，探索高中教育与重点大学早期结合的新模式、新方法和新经验。

从景山学校到景山教育，从"改革创办"到"三个面向"，景山学校秉承"为党育人、为国育才"的初心，在赓续教育改革创新的办学基因中发展，在担当新时代办学的使命中蜕变，提出了"景山教改再出发"的新追求，不断探索基础教育学校全面高质量发展的新路径、新范式。

新时代，新征程，景山学校将深入学习贯彻二十大会议精神，自信自强，守正创新，踔厉奋发、勇毅前行，坚定"景山追求"，厚植根本任务，着力培养德智体美劳全面发展的社会主义建设者和接班人，为实现教育现代化做出新的更大的贡献！

［本文系中国教育学会 2021 年度教育科研课题"推进中小学党建与教育教学深度融合的路径研究"（课题立项编号：202100492003B）的研究成果］

# 中小学内设党支部建设策略研究

## ——以北京景山学校为例

张斌平　郑　丹

2022 年 1 月，中共中央办公厅印发了《关于建立中小学校党组织领导的校长负责制的意见（试行）》（以下简称《意见》），指出建立中小学校党组织领导的校长负责制是坚持为党育人、为国育才，保证党的教育方针和党中央决策部署在中小学校得到贯彻落实的必然要求。

北京景山学校从 1960 年建校开始就承载着基础教育改革试验的初心和使命，特别是党的十八大以来，学校深入贯彻国家教育方针，坚持社会主义办学方向，坚持党对学校工作的全面领导。2021 年 12 月，作为党组织领导的校长负责制改革区级试点校，景山学校党组织从党总支升建为党委，着力打造"1+10"攀峰党建品牌，从党委到 10 个内设党支部，形成上下联动、优势互补的党建共同体。其中，学校党委主要负责攀峰党建制度建设、组织建设、教育教学顶层设计，是党组织建设的承重墙；10 个内设支部建设是落实攀峰党建的基本途径，是党组织建设的 10 个各具特色的外立面。

攀峰党建的根本目的是提高育人质量。通过攀峰党建引领，围绕学校教育教学中心工作，加强学校各项重点实践项目统筹推进，全面整合资源，发挥党员先锋模范作用，集中力量破解重点难点问题。

## 一、内设支部设置的问题导向

中央《意见》强调，学校基层党组织要以提升组织力为重点，突出政治功能，优化基层党组织设置，创新活动方式，推动党建工作与教育教学、德育和思想政治工作的深度融合。内设支部设置是关系党组织能否发挥全面领导作用的关键环节。传统支部设置往往局限于按校区、按学段设置，以方便活动开展，却忽视了支部建设和学校教育教学工作的融合促进，容易造成"两张皮"的现象，甚至使得基层党建浮于表面。

景山学校现有党员 217 人，分散在南北校区、3 个学段。学校党总支原来按照校区进行管理，分南北两个党支部，并设置若干党小组。为落实党组织领导的校长负责制改革要求，以高质量党建引领学校治理体系变革，学校以问题为导向，着力解决南北校区不通、学段不通的问题，按照"把支部建在连上"的总要求，把支部建在教育教学一线，打破校区、学段界限，以学科组或行政岗位为基础设置 10 个内设党支部，比如数学支部，包括高中、初中、小学南北校区党员教师共 35 人，支部学习时间也是我们党员教师研究学段衔接和学科贯通培养的时间，通过支部建设将党建与教育教学重点任务深度融合，达到以党建推动教育教学改革发展的根本目的。

以解决问题为导向，以学科为基本标准设置党支部有三个优势：一是相对稳定，与年级组相比，教研组在中小学教学管理中相对稳定，有利于建设长效机制；二是能够促进交流，在一贯制学校，不同学段的教师往往不能够互相了解，按学科建立支部非常有利于不同学段的教师相互沟通了解，有利于推动学段衔接；三是能够促进党建与教育教学业务深度融合。以景山学校为例，10 个内设支部书记中有 7 个为行政干部，其余 3 个均为本学科教研组长。支部书记在推进支部党建的同时必然要考虑与学科教研、日常教育教学管理的深度融合，保证教改的方向与党建方向相一致。

根据组织建设的要求和学校重点工作的需要，10 个内设党支部选举产生书记、组织委员、宣传委员、纪检委员，规模较大的支部选举了青年委员，负责重点联系青年党员教师。

## 二、内设支部管理的目标导向

习近平总书记强调，要把党建工作作为办学治校的重要任务，发挥基层党组织作用，加强党员队伍建设，使基层党组织成为学校教书育人的坚强战斗堡垒。针对内设党支部支委对党务工作不了解、没有头绪的基本情况，学校制定了《中共北京景山学校委员会内设支部工作条例》《北京景山学校党政办工作条例》等文件，在建章立制和支部规范化建设中锻炼队伍，提高支委党务工作能力，壮大党务干部力量。以牢固树立"学校最大的政治就是教育质量的提升"的认识，切实提高内设支部组织力和行动力为目标探索支部管理和考核的实施路径。

### （一）建立支部培训制度

分类实施以"党建＋教育"为核心的支部工作培训，加强对内设支部的跟进性指导。以支部书记为核心，对支部组织工作、宣传工作、青年工作进行专题培训。通过支部规范化建设凝聚力量和共识，在改革攻坚、守正创新中形成战斗堡垒。培训主要围绕以下四个方面设计实施。

① 全面提升内设党支部组织力，强化党支部政治功能。推进"三会一课"学习教育常态化制度化，做好思想政治工作和意识形态工作。

② 发挥支部战斗堡垒作用，鼓励内设支部参与学校重要事项的决策，在学校新一轮教改中做急先锋、领军者。

③ 进一步明确党支部是学校党委开展工作的基本单元，应承担起直接教育党员、管理党员、监督党员和组织群众、宣传群众、凝聚群众、服务群众的职责。

④ 重视学校特色党支部品牌建设，树立"党建＋教育"融合思想，激发内设支部建设活力。

## （二）建立工作沟通机制

通过夯实内设支部建设，确保学校党组织履行好把方向、管大局、作决策、抓班子、带队伍、保落实的领导职责。习近平总书记指出："党的力量来自组织。党的全面领导、党的全部工作要靠党的坚强组织体系去实现。"学校党委的组织力主要依靠内设支部建设来落实提高，这就需要建立常态化、有实效的上传下达机制，将一线教师和全体党员的意见建议反馈到学校党委，将党委的决策部署落实到每一名党员、每一位一线教师，破解思想教育和执行力层层衰减的"上热中温下冷"现象。

工作有计划、有总结。每个学年各支部根据学校党委计划制订工作计划，主动承担教改任务，突出支部特色。建立支部每学期向党委会述职汇报制度，汇报内容包括本支部学期重点活动、学习计划、党员发展计划，以及各支部对党委工作的建议等。活动有特色、有质量。每个支部每学年至少确定主持一项教改项目，参与或主办一次区级或以上教改展示、研讨等学术活动。

## （三）建立工作反馈制度

党政办公室是落实党组织领导的校长负责制改革的重要中枢部门，

要充分发挥专职党务干部的作用，加强支部工作指导和监督。以支部手册的规范化指导为抓手，对各支部发展党员、三会一课、政治理论学习、主题党日、组织生活会、民主评议党员等工作在党政办公室建立统一台账、统一管理。

定期组织支部书记和支委交流座谈会，分享各支部党建工作先进经验。统筹学校专兼职党务干部的力量，将上级党组织部署的各项党务工作要求学懂弄通，并制定本土化可实施的方案部署至内设支部落实，做到党建工作"低负担、高实效"。要求内设支部按要求高标准完成"必选动作"，鼓励各支部在"党建＋教育"可选动作范围内充分结合学科特点，争创特色品牌。如语文第二党支部开展"红色阅读，日诵传情"学习品牌创建，发掘语文课程最核心的育人功能开展特色阅读活动，引领带动全体教师扎实持续开展理论学习，不断提升理论素养。同时探索长链条培养人才的新模式，为学生编写《古诗词日诵》（小学版和初中版）读本，把诵读优秀古诗文落实到每天的语文教学中，为学生思想政治教育助力。

## （四）建立支部考核制度

为进一步明确内设支部党建任务目标，层层落实党建主体责任，夯实党建工作基础，创新党建工作载体和形式，着力打造"攀峰党建"品牌，学校制定《中共景山学校委员会党支部考核实施方案》，内容涉及支部班子、工作机制、党员队伍、支部活动和群众基础5个方面，包括18个考评要素。党委每学年末组织内设支部书记述职，支部书记需对照考评要素梳理本支部学年工作总结，提炼支部党建工作特色和亮点。每学年开展一次"攀峰党支部"评选活动，对能够在内设支部建设方面发挥示范引领作用的支部，参考优秀教研组标准予以表彰奖励。

## 三、内设支部建设的政治导向

内设支部的建设要结合基础教育综合改革，推动党建工作与教育教学、德育和思想政治工作深度融合，探索符合学科特点、时代要求和学生成长规律的教育管理模式，不断提升育人能力和水平。所以，内设支部建设的核心在于坚持将党建和学校重点工作相结合，全面整合资源，勇于实践创新，将党建作为学校各项事业发展的重要牵引。通过内设支部建设推动干部教师队伍建设，凝聚建设学校的最大合力，具体来说分为两步走。

第一步，建设学习共同体。

从机制保障上，通过"1+10"学习共同体建设，构建能够保障学习型党组织建设的长效机制。学校党委分工明确，党委会专题讨论教职工理论学习相关议题，每年制订理论中心组学习计划和教职工理论学习计划，统筹学校级层面理论学习。10个内设党支部结合学科建设，按学年制订学习计划，通过学习树立典型，沟通思想，促进发展。10个内设支部认真执行"三会一课"等组织生活制度，保证党内组织生活的政治性、原则性、战斗性，确保党员先锋模范作用的有效发挥。

从学习内容上，聚焦跨学科、跨学段理论学习和业务学习，在教改实践中以主动的理论武装凝聚发展共识。提高全体党员的思想觉悟，加强党性修养，使党员教师始终能够在教育改革攻坚克难的各项任务中发挥先锋模范作用，真正落实一个支部就是一座堡垒，一名党员就是一面旗帜。从2021年4月开始，10个内设支部结合教研组工作，分别召开新课标学习研讨会，深入学习义务教育新课程标准，强化课堂教育主阵地，提升教学水平。通过跨学段的学习，进一步在学科教师范围内明确了贯通培养的整体思路。

从大思政工作格局上，建设纵向学段衔接、横向课内外贯通、家校共育的具有景山学校特色的十二年一贯一体化德育体系。以思政心理党支部为核心力量，创新九年一贯活动组织方式，做到活动同部署、队伍同培养、活动同参与。充分发挥其他内设支部的力量，探索课程思政分年级实施纲要，在构建大思政工作格局方面重点发力。例如，创新开展攀峰讲堂系列活动，包括攀峰学生讲堂、攀峰教师讲堂、攀峰家长讲堂，通过内设支部建设筑牢学生和教师思想政治教育防火墙。

第二步，建设发展共同体。

统一思想是为了进一步统一发展意志，统一改革实践。党员是党组织的"肌体细胞"，是党在基层学校的代言人，也是党的教育方针的直接践行者。内设支部建设的根本落脚点在于队伍整体提升，以学校高质量发展愿景为引领，形成发展共同体。

发挥内设支部建在教育教学一线的优势，在教育教学一线发现人才、培养人才、锻炼人才。不断强化对思政课教师、班主任等关键群体的政治引领和政治吸纳。鼓励内设支部积极参与学校干部教师队伍建设，精准培养岗位骨干，争取支部工作范围内的骨干教师数量的增长。培养和推荐思想政治过硬和专业素质优秀的党员进入学校后备干部队伍。建设把骨干教师培养成党员、把党员培养成骨干教师的双向人才培养机制。通过"1+10"攀峰党建品牌建设，努力培养一批高素质、专业化、成长型的优秀年轻干部，形成学校干部队伍的绿色生态，为中小学校党组织领导的校长负责制改革进一步推进，努力蹚过改革深水区提供坚实的人才保障。

中小学校党组织领导的校长负责制改革是一项系统工程，直接影响学校治理基本生态，必须坚持稳中求进的总基调。这也是推动新时代中小学教育综合改革的重要契机，特别是在把握办学方向、解决为谁培养人等教育的根本问题上意义重大。要把中小学校党组织领导的校长负责制和培养拔尖创新人才、发展科技强国战略统筹起来考虑，从基层党组织建设入手抓治理、提质量、建队伍，体现党建融入学校治理的实践价值，探索"党建＋教育"新时代基层党组织实践模式。

# ● 党建与教育教学的融合，促进学校高质量发展

## 落实"双减"，围绕高质量教育体系建设，深化教学改革

张斌平

　　学校积极推进"双减"工作，必须准确贯彻中央政策精神，按照全面贯彻党的教育方针，落实立德树人根本任务，遵循教育发展规律，强化学校教育主阵地作用的基本要求展开。学校坚持育人为本，着眼学生身心健康成长，统筹校内、校外教育资源，统筹课内、课后两个时段，深化教学改革。学校整体规划学校教育教学安排，坚持因地制宜和循序渐进，从制定健康科学的作息时间表、开足开齐国家规定课程、提高课堂教学质量、加强统筹的作业管理和提供优质全面的课后服务等方面，从根本上满足学生多样化教育需求，促进学生的健康发展，全面提升学校办学质量。

### 一、以五育并举为立足点，设计教学改革

　　在"三个面向"思想的指引下，学校的素质教育探索有深厚的积累和优良的传统，"学生快乐成长高于一切"的理念深入人心。在学生能力素质培养的"十项要求"的基础上，立足五育并举，补短板，强弱项，

让优势更强。学校办学一直致力于德智体美劳五育并举，形成育人合力，遵循"坚持德育为先，提升智育水平，加强体育美育，落实劳动教育"的指导思想，并探索优化五育融合的新路径。比如体育方面，在规范体育课、课间操、课后锻炼等集体活动的同时，更加重视每个学生的身体素质和体育素养。多年来学校要求每名学生"掌握一项运动技能，养成一个良好的锻炼习惯，学会一种科学的锻炼方法"。在普及排球、游泳等优势项目的同时，把引体向上等科目纳入学生运动会比赛项目，激发学生的锻炼兴趣。新学期提出对学生所选体育项目的运动技能进行分级考核并颁发证书，并纳入学生毕业评价。

## 二、以作业管理为切入点，推进教学改革

"轻负担高质量"的教学观念深入人心。学校一直坚持控制各学段、各年级的作业量。今年把强化作业设计，调控作业难度作为切入点，明确提出"作业育人"的理念，以建设高质量的学科作业体系为目标推进教学改革。

健全作业管理机制。学校制定作业管理办法，加强教研组、年级组作业统筹，合理调控作业结构，确保难度不超国家课标。建立作业校内公示制度，严控作业完成时间。提高作业设计质量，发挥作业诊断、巩固、学情分析等功能，将作业设计纳入教研体系，系统设计符合年龄特点和学习规律、体现素质教育导向的基础性作业。通过作业设计模板，引导各学科开发具有学科特色的作业样本，通过样本示例，带动学科作业体系建设。

学科特色作业主要体现在学生的可选择性上，如弹性作业、分层作业。学科特色还要体现在作业的育人功能性方面，如突出"合作"的资

料收集、表演；突出"表达"的演讲、主持；突出实践练习的家务劳动、健身操等。学科特色还体现在作业的时效性方面，有每日作业、周作业、月作业。功能决定内容，内容决定形式，一份高质量作业往往从不同角度体现学科特色。

在"学习——研讨——实践"的循环中，景山学校的老师加深了对作业的认识。第一，作业是学生为完成既定学习任务而进行的探究活动，是课程的一种形态，是课堂学习活动的延伸，指向核心素养的实现，以立德树人为根本目的。作业的过程，本质上是学生自主学习的过程，关联着课程、教学和评价。第二，关于作业的功能，对学生而言，在于促进理解，巩固知识，培养能力，养成自主学习的习惯与品格等。对教师而言，在于延展课堂活动，了解教学实施情况，诊断学生学习效果，引导教学改进，促进家校沟通等。对学校而言，则在于完善教学管理，开展科学评价，从而促进学校的发展。第三，关于作业的形式，作业是丰富多彩、形式多样的，根据不同标准可以分为书面纸笔类、实践操作类，长作业类、短作业类等不同形式。第四，作业设计是教师参与课程研制的重要方式，是达成教学目标的活动之一。以学生为中心的高质量作业和"教——学——评"的一体化设计，能够促进学生对于学科知识的掌握，关键能力的发展，核心素养的提升。

设计以核心素养为立意的多样化作业，我们围绕提高作业质量这个核心，结合景山学校的学制特点和师生情况，主要在两方面着力。第一，作业内容的适切性，即作业内容与不同年龄段学生的认知水平相匹配。第二，在作业形式上要体现多样性，各学科结合素养培养目标、学科特色给学生提供不同类型、不同层次的、可以选择的多样化作业。从而在内容和形式上和谐统一，以实现共同促进学生发展，提升核心素养的这个目标。

## 三、以课堂提质增效为主渠道，落实教学改革

作业设计的强化，倒逼备课的提升。高质量的作业依托课堂教学的系统设计。课堂提质增效是落实双减的关键。老师们深刻意识到落实双减，是减轻学生过重课业负担，不减学习态度、习惯和质量。减负是为了增效，要想作业负担轻，要想优秀生有发展，主阵地仍然是课堂，向课堂四十分钟要质量，这是教学的规律。

新时期，学校提出建构景山"攀峰"课堂。攀峰是学校的精神，"立愚公移山之志，攀基础教育高峰"是景山学校几代人的信仰。一直以来，学校始终秉持着以学生的发展为本的原则，在"全面发展打基础，发展个性育人才"的办学理念与"攀峰"学校精神的指引下，持续开展课堂教学改革尝试。在各教研组共同的积极探索中，在景山精神的滋养下，学校逐渐形成了独具景山气质的"攀峰课堂"教学特色，并从基本目标、推进路径、内容处理与技术运用四个角度不断演化、深入发展，逐渐形成了以"攀峰课堂"教学理念为核心，以优化学生的学习活动为核心，以夯实基础与深度学习相结合为推进路径，以多样综合利用信息化手段为重要技术支撑，以基于大概念的单元整体教学统整知识结构的课堂教学特色体系。

在迎接建党百年的主题教育活动中学校推出了特教教师、骨干教师的攀峰课堂。这些优秀教师用示范课向建党百年献礼，也是学校探索高效课堂的开路先锋。"让每一节课精彩"的理念曾经影响了一大批教师，在区域内产生重要影响。初步形成"攀峰课堂"框架，就是向课堂四十分钟要质量，是探索基于学生核心素养培育的有效课堂形态，推进课程改革和教学改进，实施常态课优质化工程。强化课堂责任意识，修订了课堂教学反馈。学校积极推进幼小、小初和初高科学衔接的研究，促进

课堂长链条有效衔接，发挥十二年贯通培养的教育优势，完善考试和质量评价体系。

## 四、以课后服务为落脚点，反馈教学改革

学校充分利用资源优势，实现课后服务全面覆盖，引导学生自愿参加。周一至周五面向全体义务教育阶段学生提供课后服务。学校课后服务工作在"整体规划、精准服务、优化供给、创新活动、拓展资源"等方面进行着积极探索，并以课后服务为切口，从进一步转变教育教学理念、推进学校治理体系系统性变革等方面入手提升课后服务水平。

学校做好顶层设计，制定课后服务实施方案，充分利用好课后服务时间，指导学生认真完成作业，对学习有困难的学生进行补习辅导与答疑，为学有余力的学生拓展学习空间。系统设计体育、美育、劳动教育、主题德育活动、实践活动及课业辅导等内容，鼓励学生自主选择。

小学课后服务开设课程 137 门，参与课后服务总人数为 2680 人次，初中开设课程 108 门，参与学生总人数为 2867 人次。事实证明，学校开设的课后服务对学生和家长具有很强的吸引力，满足了绝大多数学生的成长需求。

为了全面了解学生发展的需求和家长的期望，我校编制了针对义务教育阶段教师、学生和家长的《北京景山学校课后服务调查问卷》。在分析师生家长需求的基础上，学校推出了一系列改革举措。建立工作专班，加强课后服务统筹协调；加强课程建设，抓住课后服务提质关键环节；建立规章制度，确保课后服务规范运行；加强资源平台建设，保障课后服务运行。形成了多元途径建设的课后服务专业教师队伍，大大促进了学生全面发展，进一步推进了家校社协同育人，解决了城区中小学课后

服务管理过程中的问题，提升了课后服务实施的品质，实现了学校、教师、学生共同的可持续发展。

对学生需求进行调研后发现，家长对课业辅导的需求非常强劲，尤其是在数学、语文等基础学科领域。教师在学校通过课后服务的方式指导多数学生完成作业的同时，进一步发现作业调整和课堂改进的空间，对课堂教学研究和作业设计起到促进作用。

## 五、以科研课题为动力点，推动学校高质量教育体系建设

在长期的教改实践中，我们深切认识到，教育科研是让教师认识教育教学规律、探索实施课程教学的有效方式和途径，也是教师专业成长和发展的重要途径。景山学校关于高素质教师的品质培养包括学习精神、敬业精神、创新精神、良好的心理品质、强烈的科研意识和能力的培养。作为新时代的教师，应追求成为研究者，成为教书育人的"大先生"。

学校坚持把教育科研与提高教育教学质量工作有机结合起来，使景山学校的教改传统在新时代教育高质量发展的实践中发挥更大的作用。

学校把落实"双减"作为解决教育治理的政治任务来攻坚克难，以学校高质量教育体系建设为目标，以科研的方式推动学校治理的系统变革，重塑学校教育形态。

学校强化教育科研的统筹规划和顶层设计，构建"三级教育科研课题研究和服务体系"。聚焦"十四五"期间学校改革发展的重点，科学设计学校的教改项目，以党组织领导的校长负责制、一体化长链条育人体系构建、特色高中创建等统领学校发展的总课题为龙头，引领市级、区级、校级课题，形成多级多维、相互支撑的课题群。学校积极组织、帮助、引导老师们申报国家、市、区各级各类课题。实施更高质量、更有实效、更具活力

的教育科学研究，真正实现科研引领，更新观念，指导实践，解决问题。

2021 年学校以落地"北京市中小学探索党组织领导校长负责制试点"为契机，立项了中国教育学会课题"推进中小学党建与学校教育教学深度融合路径研究""基于九年一贯制的初中学生作业多样化实践研究""践行'五育融合'，发展核心素养——中学化学教学与社会实践相结合的实践研究"3 项课题，此外立项了市教工委课题 1 项、市规划课题 1 项、市党建课题 1 项、市教育学会课题 32 项、区规划课题 7 项，共计 45 项。全校 396 位教职员工人人参与课题，课题研究涵盖了学校教育改革的各方面，各有侧重，又相互支撑，形成了对学校整体发展具有支撑作用的课题框架，为落实"双减"强化教育规律发挥作用。

以教育科研为载体，不仅能得到一批成果，更重要的是可以带出一支队伍，成就一批人才。3 年来，我校有 25 位教师获得全国教学大赛特等奖、一等奖；60 多位教师在北京市和东城区教师基本功大赛中获得一等奖。目前我校具有正高级职称的教师有 6 人，特级教师有 7 人，市级学科带头人和市级骨干教师 14 人，区级以上骨干教师有 88 人，集团和校级骨干教师有 50 名左右。各级骨干教师的数量在全区名列前茅。做到骨干教师学科全覆盖，并在不同区域范围内发挥了示范引领作用。学校完善激励评价机制，重视教师对教育科研投入过程的激励作用，为学校营造了一个良好的科研氛围，极大地调动了教师参与科研的积极性，保障了教育科研工作的可持续发展，促进了学校高质量发展，形成了教育科研投入和学校内涵发展的良性循环。

促进学生全面而有个性地发展，培养"强国一代"青年是长期的战略任务。落实"双减"是解决问题的切入点，在坚持教育综合治理的策略下，需要学校围绕高质量教育体系建设，保持定力，持续深化教学改革。

# 攀教学之峰，育攀峰之才
## ——以"攀峰"课堂打造育人场域
吴　鹏

"攀峰"是景山学校的精神，取"立愚公移山之志、攀基础教育高峰"之意。建校以来，几代景山人发扬景山人敢为天下先的"攀峰"精神，呕心沥血、矢志不渝，在教育教学改革方面勇于实践、大胆探索，为党和国家培育了一批批德才兼备的栋梁之材，谱写了一首首催人奋进的教改之歌。

站在新的历史起点，景山人守正创新、继往开来，学校新时代的办学目标是培养具有"攀峰"精神的创新人才，而人才的培养，要扎根于生命成长的主阵地——课堂，2020 年，学校依托新时代教育综合改革和新一轮课程改革，提出"打造攀峰课堂、助力生命成长"的口号，鼓励教师攀教学改革之峰，倡导将课堂打造成师生探索知识、提升素养、传承文化、激活生命的重要场所，为培养新时代的社会主义建设者和接班人奠基。

## 一、"攀峰"课堂首在育人

教育的根本任务是立德树人。从国家层面而言，就是要培养能够担当中华民族复兴大任的建设者和可靠接班人；从社会层面而言，就是要培养适应现代社会的合格公民；从个人层面而言，就是要为学生的幸福人生奠基。鲁迅先生说过："中国欲存争于天下，其首在立人，人立而后凡事举。"作为教师，我们首先是一个教育者，其次才是一个学科教师，每一门课程的最终目的都应该指向育人，每一次课堂教学都要渗透育人。作为教师，首先要自立、自育，唯有如此才能立人、育人。立人要先立德，教师要坚持以德立身、以德立学、以德施教，帮助学生成为一个积极、乐观、正直的人，一个友善、包容、合作之人，一个自主、独立、创造之人。作为学科教师，我们要积极发掘学科中共有的和独有的育人价值，在课堂中将知识传授、能力培养和价值塑造有机地融为一体，实现显性教育和隐性教育的有机结合，真正实现学科育人和协同育人。

## （一）育爱国明理之人

爱国是中华民族几千年来的优良传统，是社会主义核心价值观最重要的组成部分，是中华民族继往开来的精神支柱，是实现中华民族伟大复兴中国梦的动力，也是实现个人人生价值的力量源泉。习近平总书记在庆祝中国共产主义青年团成立 100 周年大会上讲道："清澈的爱，只为中国。"成为当代中国青年发自内心的最强音。用青春的能动力和创造力激荡起民族复兴的澎湃春潮，用青春的智慧和汗水打拼出一个更加美好的中国。"攀峰"课堂理应成为厚植爱国情怀的沃土，教师理应做好学生奉献祖国的引路人。首先，教师自己应该将家国情怀植入心灵深处，并用一言一行去感染和浸润学生，激发学生的认知情怀和思想共鸣。其次，教师应该结合所教学科的特点，将传统文化、先贤英雄、辽阔疆土、科技创新以及我国社会主义现代化建设取得的瞩目成就转化为教育资源和教学素材，提升学生对祖国的认同感、自豪感。最后，教师还应该引导学生将实现中华民族伟大复兴的中国梦与个人的学习、成长和奋斗结合起来，了解实现民族复兴、国家富强所面临的巨大挑战，增强忧患意识，树立报国之志。

"明理"是景山校训的第一个关键词，明理，意指明辨是非和知情达理。一个人不论做大事还是小事，在做之前都要遵循一定的思路，也就是在做之前要知道为什么做？怎么做？学习的过程，往往也是明理的过程。习近平总书记说："学生要沿着求真理、悟道理、明事理的方向前进。"作为景山人，首先要明爱党爱国、报效祖国之理，立志听党话、跟党走，立志扎根人民、奉献国家；同时还要明"三个面向"之理，自觉践行"三个面向"，要立足当下，放眼世界，面向未来；明做人、做事之理，加强品德修养；明刻苦学习之理，心无旁骛，潜心学问。"攀峰"课堂应该激发学生的求知欲和明理心，引导学生探究事物或问题本来的、真实的产生过程、作用过程及其发挥影响的过程，明白事物存在和发生的前因后果，做到知其然并知其所以然。应该引导学生在不断实践和积累的基础上感悟科学的思维方法，理解事物发展的原理和规律，逐步达到知识、方法、思想之间的融会贯通。

## （二）育勤奋严谨之人

勤奋、严谨亦是景山学校校训的关键词，勤奋意指勤于思考，善于钻研，顽强拼搏，奋发有为；严谨意指严密谨慎，严于律己，求真务实，细致周全，追求完美。勤奋、严谨不仅是做人、做事必不可少的品格，更是做学问的关键品质。韩愈在《进学解》中说："业精于勤，荒于嬉；行成于思，毁于随。"胡适也曾说："大胆地假设，小心地求证；认真地做事，严肃地做人。"因此，在"攀峰"课堂中，教师要把培养学生勤奋的态度和严谨的习惯作为最重要的目标之一。学高为师，身正为范，教师首先要在勤奋、严谨上示范引领，做学生的表率，用勤奋、严谨的工作态度和教学风格影响学生。其次要严格要求，帮助学生养成勤奋、严谨的习惯。最后要及时鼓励强化，让学生体会勤奋、严谨所带来的成果和收获，自觉将其内化于心、外化于行。

### （三）育开放创新之人

习近平总书记在党的二十大报告中指出，要培养造就大批德才兼备的高素质人才，是国家和民族长远发展大计，要加快建设世界重要人才中心和创新高地。景山学校作为"三个面向"的发源地，理应承担起为党育人、为国育才的重任，着力培养立足当下、放眼世界、面向未来的创新人才。"攀峰"课堂应该着力提升学生的眼界、胸襟和担当，培养学生开放、多元、创新的品格和思维。要在尊重学生的个性和呵护学生的想象力、好奇心方面下功夫，引导和鼓励学生在提出问题、解决问题时主动探索独特、新颖的方法；要在建构开放式的课堂教学模式和多元评价上下功夫，积极营造民主、平等、和谐、合作的学习氛围，倡导探究式、项目式、情境式、合作式、主题式等新型教学模式，坚持个性化评价，关注学生个性化的学习体验、实践经历、兴趣特长及取得的标志性的学习成果；要在提升学生思维的深刻性和广阔性上下功夫，培养学生的辩证思维能力、系统思维能力和发散思维能力。

## 二、"攀峰"课堂重在素养

核心素养是指学生应该具备的，能够适应终身发展和社会发展需要的必备品格和关键能力，其核心是培养全面发展的人。学科核心素养是在特定的学科或某一领域的知识学习过程中形成的，体现学科思维特征及态度，能够适应终身发展和社会发展的必备品格和关键能力。是学科课程目标和育人价值的集中体现。核心素养在不同学科中既有所侧重，又相互渗透。在"攀峰"课堂中，教师应该以核心素养发展为统领来设计和实施课堂教学，提升学生的综合素养，夯实五育并举之基。除发展学生各学科核心素养外，还应该重视提升以下素养。

## （一）提升学生健康素养

坚持健康第一的理念，把全面提升学生健康素养纳入高质量的教育体系，作为学校教育的重要目标和评价标准，是国家对新时代学校健康教育提出的具体要求，也是景山学校一直以来的办学特色。在景山学校的培养目标中，明确提出学生要有一两项各自的特长或爱好，能掌握一两项适合自己身体条件的体育项目。当然，健康素养不仅指的是身体素养，还包括健康观念、健康知识、健康方法和健康管理能力等多个方面。提升健康素养也不仅仅是体育课、健康课等单一学科或几门课程就能完成的事情，而是要形成全员促进、人人健康的良好氛围，要在提升健康意识、普及健康知识、养成健康行为习惯、增加体育锻炼时间、加强心理健康教育等多方面加以重视和改进。要通过课内外相结合的方式拓宽健康素养提升的渠道，而课堂依然是提升学生健康素养的主渠道，因此，"攀峰"课堂要把提升学生的健康素养作为重要目标。

## （二）提升学生思维素养

孔子说："学而不思则罔，思而不学则殆。"爱因斯坦说："学习知识要善于思考，思考，再思考，我就是靠这个方法成为科学家的。"可见，思考是深入学习的前提，更是创新的源泉。"攀峰"课堂要引导学生学会思考，把培养学生的学科思维品质，提升学生的思维素养摆在重要的位置。思维品质实质上是思维的个性特征，主要包括思维的深刻性、灵活性、独创性、批判性、敏捷性和系统性等方面。"攀峰"课堂要在学生思维品质的提升上下功夫。

提升学生的思维素养，首先是激发学生的思考欲，让学生主动思考。在课堂上，教师要调动学生的积极性，让学生感受到学科思维的魅力，同时，教师要努力增强教学的艺术性，通过营造民主、和谐的氛围，通过教师的言传身教、循循善诱、因势利导帮助学生插上思维的翅膀。提升学生的思维素养，其次要打破固有的思维定式，让学生敢想。教师要鼓励学生善于发现问题、提出问题，要鼓励学生发表不同的见解，要鼓励学生的"奇思妙想"甚至在一定程度上的"标新立异"，鼓励学生静心思考、全面思考和深入思考。提升学生的思维素养，还要教给学生科学的思维方法，让学生会想。学科思想是指学科的基本规律、基本观念和思想方法，是学科本质特征的概括和升华，是学科体系中的深层结构。在"攀峰"课堂中，要根据学科特点强化学科思想的渗透，让学生通过知识应用、知识迁移和知识创新感悟学科本质。通过思维的碰撞和交锋优化思维品质。

## （三）提升学生审美素养

审美素养是指人所具备的审美经验、审美情趣、审美能力、审美理想等各种因素的总和。审美素养既体现为对美的接受和欣赏能力，又转化为对审美文化的鉴别能力和创造能力。审美素养是学生核心素养的重要组成部分，习近平总书记说，要坚持以美育人、以文化人，提高学生审美和人文素养。审美不仅仅是视觉上的体验，还包括感性的体验，在很大程度上与人的价值观相联系，审美更多的是体现一个人的思想、视野、格局。美育既是审美教育、情操教育、心灵教育，也是丰富想象力和培养创新意识的教育。学生审美素养的提升不仅仅是集中在某几个学科，而是渗透在教育教学的全过程尤其是课堂教学中。

在"攀峰"课堂中，要努力发掘学科中的美育功能和美育元素，让学生在每堂课中都能受到美的熏陶，如语文中的汉字美、语言美，数学中的数字美、几何美，英语中的语言美、人文美，物理中的和谐美、操作美，化学中的变化美、微观美，生物中的差异美、生命美，地理中的自然美、人文美，历史中的人物美、事件美，体育中的运动美、姿态美等。

在"攀峰"课堂中，首先要以美育美，引导学生欣赏美的作品，如音乐、绘画、书法、舞蹈、文学、戏剧等作品以及理科学习中的公式、定理、结构、模型等，引导学生发现、体验、感悟事物的美，全方位受到美的熏陶，在欣赏美的同时创建自己之美。其次，要注重以真启美，通过探索和揭示事物的客观规律来体会事物的规律美、内在美、理性美、科学美，激发学生的好奇心和求知欲，激发学生对科学创造产生强烈的美感和激情。最后，还要注重以善求美，教学要符合学生身心自由、全面发展的内在要求，让学生在向善的过程中感悟人文之美，塑造人格之美。

## 三、"攀峰"课堂贵在攀峰

学习本身就是一个不断探索、不断攀爬、不断超越的过程，"欲穷千里目，更上一层楼"。打造"攀峰"课堂，就是要秉承学校的"攀峰"精神，上下求索，艰辛跋涉。教师要攀教学之峰，学生要攀学习之峰，师生都要有"海到无边天做岸，山登绝顶我为峰"的志向，不断追求更高的目标和境界。

## （一）攀"立意高远"之峰

文章追求立意，艺术作品追求立意，一件作品能不能成为传世佳作，往往就决定在立意上。教学同样追求立意，教学立意是教师基于学科研究成果和学生的实际情况对教学内容和教学活动提出的核心观点或主张。优秀的课堂教学，既要脚踏实地，立足当下，也要仰望星空，谋划长远。教师在教学时，高远的立意是课堂教学的灵魂，体现了学科的魅力和教师的教育理想、教育智慧与价值追求。深刻、灵动、富有思想的教学立意是撬动教学的杠杆，对教学具有统摄的作用，对促进学生思维进阶、素养发展、智慧生长具有重要作用。打造"攀峰"课堂，教师要提升教学立意的水平，要在深谙知识本质、熟知学生学情、尊重学习规律的情况下创造性地设计教学活动和教学环节。要深入发掘教学内容对学生的发展价值，要不囿于已有的经验和模式，敢于打破思维定式，从全新的视角思考问题，从培养"全面发展的人"和"具有'攀峰'精神的创新人才"这一长远目标思考课堂教学的立意。

## （二）攀"激活生命"之峰

叶澜老师在《让课堂焕发出生命活力》一文中说道："课堂教学蕴含着巨大的生命活力，只有师生的生命活力在课堂中得到有效发挥，才能真正有助于新人的培养和教师的成长，课堂上才有真正的生活。"在景山学校，每一个学生都是独一无二的鲜活生命，都是无与伦比的瑰宝，都有无限发展的潜能。在"攀峰"课堂上，教师不仅自己要彰显生命的活力，还要用生命唤醒生命，要将课堂教学看作师生共同成长的重要生命历程。课堂上，教师灿烂的微笑、优雅的教态、聪慧的语言、深厚的学养、严谨的态度、适时的点拨都会潜移默化地影响学生，都无时无刻不在激发兴趣、激荡思维、激活潜能和激励创新。"攀峰"课堂应该注重生命气息的传承和人文精神的培养，让学生充分汲取生命的养分，释放天性、张扬个性、获得灵性，让生命开枝散叶，茁壮成长。

### （三）攀"超越自我"之峰

教育的本质在于唤醒，而生命的高贵在于超越，高尔基说过："真正的高贵不是优于别人，而是优于过去的自己"。"攀峰"课堂的超越体现在两个方面，首先，教师要攀教学上的"超越自我"之峰，教学是一门科学，也是一门艺术。教师要在深化学科认识、创新教学方法、优化技术手段等方面下功夫。要敢于走出自己的舒适区，敢于打破天花板，不断提升自己的教学技艺、不断淬炼自己的教学风格、不断完善自己的教育思想，向专家型、学者型教师方向成长。其次，教师要激励学生攀"超越自我"之峰，引导学生大胆想象、勇于探索，激励学生持之以恒、锲而不舍。"攀峰"课堂的学习要富有层次性和挑战性，要让学生在不断攀爬的过程中感受体力、智力、思维以及意志上的挑战，体验"山重水复疑无路，柳暗花明又一村"的惊喜和"蓦然回首，那人却在灯火阑珊处"的顿悟。让每个学生在体会到学习乐趣的同时进一步了解自身的潜能，养成挑战极限、超越自我的习惯和品格。

路漫漫其修远兮，"攀峰"课堂应该是开放的、与时俱进的。而景山人对课堂的探索更是动态的、无止境的。愿景山教师进一步发扬教改精神，开拓创新，攀教学之峰，育攀峰之才。

# 打造"攀峰"课后服务体系，
# 助力学生全面成长

郝立萍　卢广伟　郝瑞宁

　　高质量设计、安排和实施课后服务，是贯彻落实《关于进一步减轻义务教育阶段学生作业负担和校外培训负担的意见》《进一步做好义务教育课后服务工作的通知》《北京市关于进一步减轻义务教育阶段学生作业负担和校外培训负担的措施》等文件精神的重要途径。

　　北京景山学校是一所十二年一体、九年一贯的完全学校。注重学生全面而有个性的发展是景山学校的办学特色。北京景山学校作为党组织领导的校长负责制的试点学校，在党委的领导和顶层设计下，积极落实"双减"的各项要求。特别是，我们深刻认识到，课后服务对推动形成良好教育生态，强化学校育人主体功能，促进学生全面健康成长，增强育人服务能力，切实提高教育质量等具有重要意义。

　　学校课后服务工作在"整体规划、精准服务、优化供给、创新活动、拓展资源"等方面进行着积极探索，并以课后服务为切口，从进一步转变教育教学理念、推进学校治理体系系统性变革等方面入手提升课后服务水平。

## 一、党建引领，加强课后服务顶层设计

　　北京景山学校党委对"双减"形成高度共识，党委把落实"双减"，

提升办学质量当作最核心的任务之一。党委对高质量开展课后服务工作进行统筹规划和组织协调，成立以党委书记、校长为组长的领导小组，多次召开党委专题会就提升课后服务质量、效益等问题进行研讨。为了全面了解学生发展的需求和家长的期望，我校编制了针对义务教育阶段教师、学生和家长的《北京景山学校课后服务调查问卷》。在分析师生家长需求的基础上，学校推出了一系列改革举措。

## （一）建立工作专班，加强课后服务统筹协调

为了更好地开展课后服务工作，进一步提升我校课后服务的质量，提高课后服务工作的效率，北京景山学校党委研究成立课后服务工作专班。专班基于现有部门，但改变了过去"铁路警察各管一段""职能互不交叉且内卷"的问题，实现了专班内各部门之间紧密相连、相互协调、部门职能共享。专班包括课程管理组、学生管理组、安全保障组、数据统计组、活动信息组和科研组，各组再根据实际工作情况分设相关小组（具体如图 1-1 所示）。

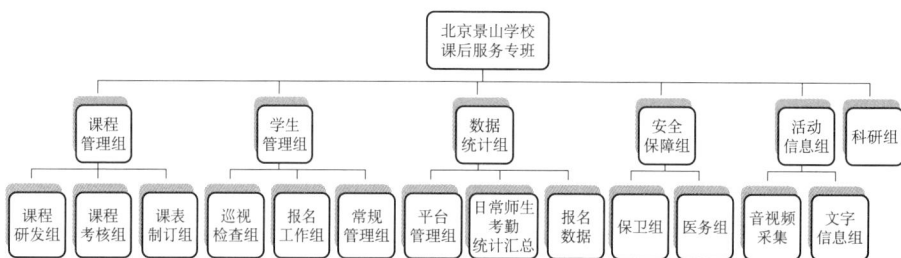

图 1-1　北京景山学校课后服务工作专班结构图

其中，课程管理组包括课程研发组、课程考核组和课表制订组，课程研发组由九年一贯主管校长、主任和各个相关学科的教研组长以及课外办组成，主要负责校内外课程开发、设置和师资安排；课表制订组由

九年一贯主管主任以及一至九年级组长组成，主要负责制订一至九年级课程菜单和安排本年级教室。学生管理组包括巡视检查组、报名工作组和常规管理组，学生管理组由主管主任、团队干部、年级组长和相关教研组长组成。数据统计组包括平台管理组、日常管理组。

## （二）加强课程建设，抓住课后服务提质关键环节

景山学校在进行课后服务工作顶层设计时，加强课后服务课程建设，抓住课后服务提质关键环节，抓准教研组组长这一关键少数。教研组要将开发、探索课后服务课程，作为教学研究的一部分，把课后服务常态化，使之成为课内教学的补充、延伸和拓展，促进课后服务工作提质增效。

课后服务课程面向全体参加课后服务的学生，体现了多样性和可选性。目前，我校开设的课后服务课程分为课业辅导、素质拓展、体育锻炼、学科实践和精品社团等 5 大类型，涉及德智体美劳各个方面，既充分发掘校内教师的潜力，也依托校外的丰富资源。我们努力将放学后教育的"空白期"提升为"五育并举"培养学生全面发展的"可为期"。

学校统筹校内校外资源，不断升级课后服务课程体系，同时协调教师课后服务和支部活动、全校活动的时间，以学部为横向基础，以党支部为纵向延伸，增强跨学段和跨学科的联动，针对不同学段和年级学生的生理发育状况与心理发展特点，设计适合北京景山学校宽领域长链条不同特点的课后服务课程体系。继 2021 年 9 月课后服务 1.0 版，到 2022 年 9 月课后服务 2.0 版，不断丰富、完善课程体系，完善课后服务管理机制。

2022—2023 学年第二学期，学校在充分调研的基础上，共开设 5 大类，72 门课程，涉及 380 余个课程班级。从整体上看，一至三年级，以

体育锻炼、素质拓展和学科实践为主，以学科分层次培养为辅；而四至七年级，增加了面向部分有特长发展需求的学生的学科辅导、素质拓展和学科实践课程；八九年级，以学业辅导为主，面向有科技、艺术和体育特长的学生开展更加专业的素质拓展类课程。另外，我校还特别注重发挥九年一贯的学制特色，打造长链条的特色课程。以排球、游泳、舞蹈、书法和机器人等素质拓展类课程为例，我校从小学三年级开始到初中九年级，在课后服务时间每周至少开展4次集体训练；以思维拓展训练为代表的学业培优为例，我校从小学三年级到初中九年级均开设有数学思维培养课程，为有数学兴趣爱好的学生提供了长链条的学习机会。

在研发实施丰富多彩的课后服务课程的同时，学校还多渠道拓宽课程路径，与专业课程实施机构合作，创生特色课程。特色课程的研发与实施，提高了教师的课程整合力。如我校依托人工智能设备，研发实施人工智能课程。充分利用生物长廊，开设"长廊里的科学课"，等等。

学校课后服务课程初步形成"塔式"课程体系，面向全体学生的学业辅导、体育锻炼和学科实践，作为课后服务课程体系的基础；以培养兴趣为主的素质拓展类课程，为学有余力的学生提供了更多的机会和选择；面向学有所长的学生，提供了高水平的社团活动、学科实践和素质拓展。

## （三）建立规章制度，确保课后服务规范运行

为了更好地规范课后服务工作，北京景山学校课后服务专班制定了《北京景山学校课后服务工作实施方案》《北京景山学校课后服务工作教师工作手册》《北京景山学校课后服务工作安全责任书》《北京景山学校学生参与课后服务活动管理办法》《北京景山学校课后服务教师管理办法》，对参与课后服务的师生行为进行规范。

以教师、学生课后服务管理办法为例，文件明确规定，学生要严格考勤制度，有事须提前向班主任请假报备，严格遵守校规校纪，自觉遵守课堂纪律，服从任课教师的管理；学生认真参与课后服务活动，尊重所有的任课教师和知识成果。老师要根据学校课后服务工作的要求和安排需要，根据自己的学科专长积极主动报名参加课后服务工作；严格按照规定的时间上课，每节课前和课后做好学生签到工作；教师要提前做好教学计划认真备课，按照正式上课的要求进行授课，未经允许不能随意调课、停课；课后服务结束后，任课教师需按规定时间组织学生整队并送到校门口离校，小学学生需手递手交给家长，待学生全部离校后才离开。两部管理办法具体规范了课后服务学生与老师需要遵守的纪律要求和工作流程（如图 1-2 所示），确保课后服务活动顺利有序地开展。

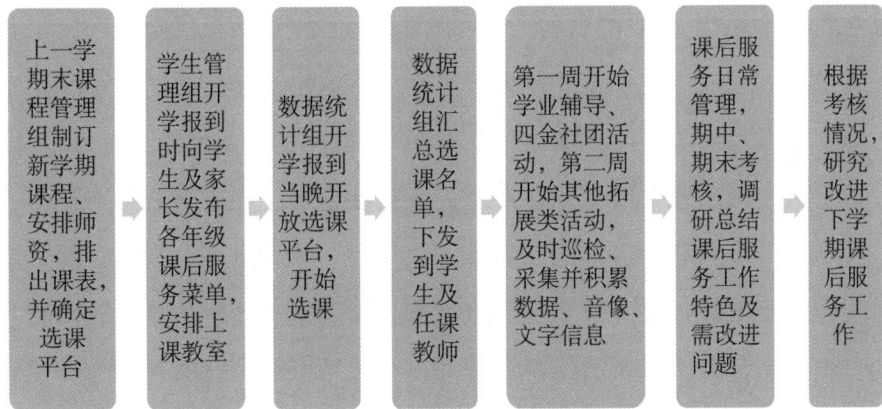

图 1-2　北京景山学校课后服务工作流程

## （四）加强资源平台建设，保障课后服务运行

为了给课后服务顺利开展提供坚实的技术支持和平台保障，学校经过充分调研，与线上平台合作，共同开发符合景山学校实际情况的选课平台。新建立的平台可以提供包括课后服务课程的排课管理、选课管理、

监督管理评价、校园课程管理、日常考勤管理等一系列功能。课后服务手机端是一个为家长量身定做的选课服务系统，家长可以通过手机端轻松地进行选课报名、请销假，并能了解孩子的学习情况，等等。新的平台满足了学校、家长、教师围绕课后服务工作而产生的各类需求，为课后服务的开展提供了技术保障。

## 二、管理机制运行顺畅，助力学生发展见成效

### （一）新的体制机制运行顺畅

2021 年北京景山学校党委会完成换届，党组织领导的校长负责制改革正式落地。学校党委重点建设二级支部，以学科组或行政部门为基础，结合我校十二年一体学制特点，跨校区、跨学段设置二级党支部，加强党支部引领促进学制贯通的基层堡垒作用。这种设置打破了学段和部门之间的界限，调动了各方面的资源，为课后服务的开展提供了有力支撑。

以科技与艺术学科党支部为例，该支部聚集了我校书法、舞蹈和音乐等学科的优秀教师。学校以党支部为平台，大力推进跨学科、跨学段科技、艺术类教师之间的相互交流学习，特别是充分发挥党员教师的示范引领作用，凝聚了长链条育人合力，有效地推进了科技艺术特长课后服务工作。

此外，新成立的课后服务工作专班定期召开例会，统筹各方力量，研究解决问题，完善修订课后服务工作方案，发布相关信息等，大大提高了课后服务管理的效率和质量。学校围绕建设高质量的育人体系，以学生的全面发展为目标，将课后服务与"攀峰课堂"建设相结合，推动了"课内"与"课后"的共同发展。

## （二）有益于学生的全面可持续发展

通过一系列制度、管理和供给侧的课程建设，北京景山学校课后服务取得满意的成果。根据《北京景山学校课后服务调查问卷》显示，我校小学和初中学生课后服务参与率几乎达到 100%，超过 95% 的学生和家长对学校课后服务感到非常满意或满意。

一方面，学生、家长和教师均认为丰富多彩、有层次、可选择的课后服务课程，极大地满足了不同的学生的需求，为每个学生在学业、素质拓展和身心健康方面提供了有力的支持和帮助，极大地缓解了部分家庭由于工作时间等问题存在的托管压力。另一方面，学校引导家长树立科学育儿观念，理性确定孩子成长预期，努力形成"减负"共识。

北京景山学校作为党组织领导的校长责任制试点校，以课后服务为切口，大力提升学校的治理能力和水平，集合各个行政部门人员建立专班，制定规章制度，统筹课内课外资源，打造科学的课后服务课程体系，建设课后服务资源平台，最终初步建立了学校课程体系和管理体系，形成了多元途径建设的课后服务专业教师队伍，大大促进了学生全面发展，进一步推进了家校社协同育人，解决了城区中小学课后服务管理过程中的问题，提升了课后服务实施的品质，实现了学校、教师、学生共同的可持续发展。

# 党建引领，文化传承

## ——北京景山学校的中华优秀传统文化教育

### 郝立萍

　　文化是民族的血脉，是人民的精神家园。文化自信是更基本、更深层、更持久的力量。中华文化独一无二的理念、智慧、气度、神韵，增添了中国人民和中华民族内心深处的自信和自豪。

　　党的十八大以来，以习近平同志为核心的党中央特别强调传承和弘扬中华优秀传统文化。习近平总书记多次强调："中华文化积淀着中华民族最深沉的精神追求，是中华民族生生不息、发展壮大的丰厚滋养；中华优秀传统文化是中华民族的突出优势，是我们最深厚的文化软实力。"

## 一、深入学习，提高对中华优秀传统文化教育的认识

　　北京景山学校是 1960 年由党中央创办的教改试验学校，与生俱来就承担有继承和弘扬中华优秀传统文化、革命文化和社会主义先进文化的重任。

　　我们充分认识到：面临世界百年未有之大变局，文化软实力在国家综合竞争力中占有重要的地位，而中华民族悠久的历史文化是我国文化软实力的重要来源。加强中华优秀传统文化教育，是构建中华优秀传统文化传承体系、推动文化传承创新的重要途径，是培育和践行社会主义

核心价值观、落实立德树人根本任务的重要基础。在中小学加强中华优秀传统文化教育，对于永续中华民族的根与魂，坚守中华民族的共同理想信念，筑牢民族文化自信、价值自信的根基，维护国家文化安全，增强国家文化软实力，培养青少年做堂堂正正的中国人，具有重要意义。

学校在 63 年的办学历程中，全面贯彻党的教育方针，围绕立德树人根本任务，始终坚持"全面发展打基础，发展个性与人才"的办学理念，以弘扬爱国主义为核心的团结统一、爱好和平、勤劳勇敢、自强不息的民族精神为主线，以推进小初高十二年中华优秀传统文化教育一体化为重点，整体规划、分层设计、有机衔接、系统推进，促进青少年学生全面发展，积极打造"1+N"的传统文化教育形式，培养富有民族自信心和爱国主义精神的社会主义事业建设者和接班人，取得了显著的效果。

## 二、党建引领，顶层设计学校传统文化教育

2021 年景山学校成立党委，在党委的统一领导下，坚持用习近平新时代中国特色社会主义思想铸魂育人，把党的领导融入办学治校、教书育人的各个环节，充分发挥党组织的政治核心和保驾护航作用，为学校开展传统文化教育把方向，做好顶层设计。

学校成立了以党委书记、校长为组长，主管校长为副组长，学科教研组长为组员的传承优秀传统文化工作专班，负责统筹规划学校传统文化教育。经过长期的探索和实践，我们提出了加强优秀传统文化教育的几条原则：坚持正确价值导向，强化经典意识，结合时代要求，衔接古今，赋予中华优秀传统文化新的时代内涵和现代表达形式，促进创造性转化和创新性发展，使其成为涵养社会主义核心价值观的重要源泉。坚

持整体设计，科学合理布局，贯通中小学各学段，使核心思想理念、中华人文精神、中华传统美德等贯穿教育过程始终；结合学科特点，注重有机融入，充分发挥语文、历史和政治等学科在传承中华传统文化方面得天独厚的优势，其他学科在教学中结合教学内容，将传统文化教育有机融入；遵循学生认知规律，贴近学生实际，努力贴近学生生活、学习、思想实际，确定不同学段的教育目标以及具体学习内容、载体形式，区分层次、突出重点，内容和形式适宜，容量适中；坚持将课堂主渠道与课后实践教育相结合，既充分发挥课堂教学的主渠道作用，又注重发挥课外活动和社会实践的重要作用，建立"1+N"教育形式，在课上课下，课内课外开展多角度、多层次的传统文化教育。

## 三、提升教师素养，打造中华优秀传统文化师资团队

提高教师的中华优秀传统文化素养和知识水平，是开展中华传统文化教育的重要保障。在打造一支中华优秀传统文化教育骨干队伍方面，景山学校坚持多措并举：首先，学校统筹安排开展中华优秀传统文化的师资，做到人尽其才；其次，为调动教师的积极性，打造传统文化教师队伍，学校借助高校、科研院所等资源单位，组建景山学校中华优秀传统文化课程实施指导专家团队，北师大、首师大、故宫博物院等一批学者成为我校的指导专家；再次，为提高教师的传统文化知识水平，学校鼓励老师们"走出去""请进来"，先后请原故宫博物院院长单霁翔、秦始皇帝陵博物馆原馆长曹玮、中央民族大学教授严庆等为老师们开展讲座，为老师们搭建学习中华传统文化的平台，引导教师充分继承和发扬传统文化精神，并将中华优秀传统文化融入教育教学活动中；最后，学校积极搭建平台，为有志于中华优秀传统文化教育的教师

的成长创造条件，如在课题申报、教学研讨活动、外出学习参观、专著出版等方面，予以支持，目前我校有一批优秀中青年骨干教师活跃在中华优秀传统文化教育的舞台上，值得一提的是，其中党员老师超过半数。

## 四、多渠道融通，打造"1+N"传统文化教育形式

"1"即一个课堂主渠道，通过必修课、选修课对学生开展传统文化教育；"N"即社团、主题教育、社会实践活动、研学等多个课后教育渠道。学校开设了吟诵、天籁诗社、汉字书写、中医药、武术等学生社团或兴趣小组，利用研学、非遗进校园，主题教育（家风教育）、社会主义核心价值观教育等开展传统文化教育。

### （一）利用课堂主渠道，传承中华优秀传统文化的内涵

课堂是教育的主渠道、主阵地，学校充分发挥课堂教学在中华优秀传统文化教育中的主渠道作用，在课堂教学中以经典篇目、人文典故、基本常识、科技成就、艺术与特色技能、其他文化遗产等主要载体形式积极融入传统文化教育内容。

语文课是落实中华优秀传统文化教育的核心课程。我们坚持在语文课教学中引导学生阅读中国古代经典作品，开阔视野，充实心灵，丰富精神，是我校进行人文素养教育和传统文化培育的一个重要途径。学校在各学段开设了古诗文诵读课，学习内容包含了大量的中华传统文化内容，其中有《诗经》《孟子》《礼记》《论语》《庄子》中的多篇佳作，此外还有大量的唐诗宋词。古典文学以及课堂上的国学知识延伸，都是为了扩大学生的阅读量，丰富学生的文言知识，从而提高文化素养和中华

传统文化底蕴。还着力将吟诵作为古诗文教学的主要形式之一，鼓励教师在课堂中渗透吟诵教学法，借助吟诵，更为深刻、直观地把握古诗文意境、诗人情感和创作技巧，从而激发学生热爱我国优秀的经典文化。老师们先后整理并出版了《中华经典素读本》《声律启蒙新注》《含咏小集》等几部书，为学生提供了诵读材料。高中开设了很多专业性强、底蕴厚、充满中华传统文化气息的校本课程，唐诗宋词赏析、先秦散文、《论语》选讲、《史记》研读等课程为学生提供了更多的学习中华传统文化的机会。

历史课在传承人类文明的共同遗产方面起着不可替代的作用，有助于学生系统、深刻地理解中华优秀传统文化的历史渊源、形成发展过程及其在人类文明进程中的重要地位，理解中华文化的博大精深、源远流长，领悟中华民族的独特智慧。在历史课上，老师们从教材中深入发掘优秀传统文化与学生共同进行传统文化作品的鉴赏，在教学过程中引导学生对传统文化进行拓展延伸。例如中国古代史《百家争鸣》这一课，在讲述孔子的儒家思想时，引用经典《论语》中"为政以德，譬如北辰，居其所而众星共之"，"道之以政，齐之以刑，民免而无耻。道之以德，齐之以礼，有耻且格"。学生通过这两则材料既了解了孔子的民本、道德教化思想，同时对我们今天提倡以德治国、建设和谐社会也有重要的意义。

道德与法治课上，在端午节、中秋节等，对小学生进行传统文化的宣传；初中生利用社会大课堂实践的机会，把道德与法治课程同社会实践活动结合起来，通过参观园博园，感受中华文化的博大精深；高中的教学中还深化中华优秀传统文化精神研究阐释，运用中华优秀传统文化的思想精髓总结提炼社会主义核心价值观中所蕴含的精神元素和底蕴，进而不断发掘新时代传统文化的内涵和时代特征。

此外，我们还利用艺术、体育与健康、数学、地理、物理、化学、生物等学科，选择有关学科领域典籍、人物故事、基本常识、成就、文化遗存等，引导学生体会其中蕴含的思想方法，感悟中华民族的智慧与创造，培养学生勇于探索、自强不息的精神，坚定文化自信，增强民族自豪感。

除了必修课，学校还充分利用北京地区丰富的优秀传统文化资源开设老北京文化、中国历史文化名城、中国四大名著阅读、《论语》选读、中医药文化、戏曲和武术等选修课，进一步丰富传统文化教育的内容，开阔学生的视野。

## （二）丰富课后活动，着力增强中华优秀传统文化教育的多元支撑

学校还注意构建多层次的、课上课下相结合的传统文化教育。通过社团活动，主题教育，文化节等多种途径，传承中华优秀传统文化。学校成立了吟诵、天籁诗社、书法、篆刻、戏曲等社团组织，开展"诗词大会""经典阅读手拉手""我的家风"、社会主义核心价值观等主题教育，在活动中推进传统文化教育。

2012 年学校成立了书法社团，2018 年在市、区各级领导的关心与支持下，书法社团加入北京市学生金帆书画院的行列，成为北京市金帆书画院书法分院。书法社团经常开展丰富多彩的书法兴趣活动，如春节临近时写福字、写春联，夏天题扇，书法家进校园，专家讲座等活动，在这些活动中，学生得到了传统文化的浸润。

2015 年开始，学校每年以营造书香景山，传承中华优秀传统文化为主题，开展文化节活动，为学生播下传统文化的种子。学生在中华优秀传统文化的氛围中，感受其魅力，传承其精髓。

2018 年，学校开展"传承优秀家风"主题教育。语文老师指导学生们进行《傅雷家书》整本书的阅读，感知我国传统优秀家风。通过阅读这本垂范后世的教子家书，学生体会到傅雷深厚的艺术修养和严谨认真的作风，感受到父亲对儿子的挚爱、期望以及对国家和世界的高尚情感。并为学生提供拓展书单，如《曾国藩家书》《红色家书》《抗战家书：我们先辈的抗战记忆》《见字如面》等。通过阅读，同学们学习到优秀的家风，并潜移默化地将这些家风与自己的家风相对比和联系，从而在实践中提升自己的家风。各班召开主题班会，鼓励学生收集自己家族中的优良家风故事，以征文、绘制小报、演出情景剧、观看家风故事小视频、进行社会调查等符合学生年龄特征的方式进行展示，寓教于乐，大力弘扬勤俭、节约、孝顺、坚韧等中华民族传统家庭美德，使学生感悟到好的家风对于家庭的良好影响，并积极思考如何传承优秀家风，为形成新时代的优秀家风献计献策。

2022 年端午节之际，组织开展了线上"端午传情"的综合实践活动。融合了语文、英语、绘画、历史、体育和劳动等多个学科，学生在诗歌吟咏、用英语介绍端午来历、介绍端午民间活动、制作粽子、制作艺术作品等活动中，感受并传承传统文化。

中华优秀传统文化是中华民族的"根"与"魂"，"优秀传统文化是一个国家、一个民族传承和发展的根本，如果丢掉了，就割断了精神命脉"，"文明特别是思想文化是一个国家、一个民族的灵魂"。一个国家和民族如果丧失了根脉、丢掉了灵魂，就无法在世界上立足，更何谈成长与壮大。教育是党之大计，国之大计，肩负立德树人、培根铸魂、启智润心的历史使命，在新时代，我们将继续传承和弘扬中华优秀传统文化与社会主义核心价值观，建设中国特色社会主义精神文明，为铸就中华文化新辉煌做出不懈的努力！

# 科技"培根"，艺术"铸魂"，
# 党建引领全面育人之路

张　凯　张南捷　于克寒

加强党对教育工作的全面领导是办好教育的根本保证。建立中小学校党组织领导的校长负责制，是坚持为党育人、为国育才，保证党的教育方针和党中央决策部署在中小学校得到贯彻落实的必然要求。

景山学校长期以来将培育"完人"作为己任。"敢为天下先"是我们的志向，"攀峰"是我们的精神品质，"全面发展打基础，发展个性育人才"是我们的办学理念，全面深化教育改革，大力推进素质教育是我们矢志不渝的努力方向。1983年国庆前夕，邓小平同志亲笔为景山学校题词："教育要面向现代化、面向世界、面向未来"。"三个面向"题词不仅为景山学校更为中国的基础教育改革指明了方向。

多年来，学校在素质教育的征程上，不断探索课内外联动发展模式，丰富教育资源，搭建展示平台，构建完整的育人体系，开拓新时代背景下的课外教育之路。德智体美劳全面发展一直是学校素质教育所追求的目标，学校将拥有一两项特长、爱好，能掌握一两项体育运动，能写一手好字等列入学校的十大育人目标。学生在成长的过程中，不仅能够学到课内的知识和技能，还可参与丰富多彩的课外活动——无论是享受美、感受美、表现美的艺术活动，还是动手实践、改变生活、创意无限的科技活动都成为景山学子独有的回忆。

## 一、科技培育创新"根"

党的二十大报告强调，要坚持教育优先发展、科技自立自强、人才引领驱动，加快建设教育强国、科技强国、人才强国。教育是科技兴旺、国家强盛的基石，科技强必须教育强。科教兴国的根本要靠人才，人才培养要靠教育，教育质量决定了科技人才培养质量的高低。

学校将一年一度的科学节作为科技教育的重要组成部分，辐射全年的科技教育工作。常规科技课程、社团、竞赛、体验活动等贯穿科学节始终，小、初、高各学段联动，开展系列科技活动，全方位打造以学生为主体的校园科技氛围。其成为学生科技创新探索、综合素质发展的重要途径。

### （一）活动育人，紧跟时事

科学节主题紧密结合时事进行统筹策划和组织，涵盖数、理、化、生、地多学科。其作为全面育人的重要载体，充分发挥学生的能动性，将深受学生喜爱的活动形式与育人内容相结合，旨在激发学生的创造力，提升创新意识，达到科技培育创新之"根"的目的。以往的科学节包含"筑梦天宫，探索宇宙""科技冬奥我参与，科学高峰我攀登"等与时事息息相关的主题，并搭建学科学、用科学、爱科学的交流平台，让同学们在繁忙的课内学习之余，充分学习前沿科技知识、感受科技魅力、展示创新能力、提升科学素养。

### （二）参与其中，激发创新

学校鼓励全体学生充分参与科学节，鼓励学生参与各类科技项目设计和实践活动，让学生通过动手实践体验创新魅力，提升综合素养。例如科学嘉年华通过组织多种形式、主题的项目让每位学生都能身临其境地感知、思考科学问题。科学嘉年华不仅让学生开阔了眼界，同时丰富了科学前沿知识，培养了科学思维能力，激发了科学理想志向。

### （三）共享展示，塑造自信

科学节还注重学生的成果展示与推广。活动成果不仅包括图纸和模型，还将学生在活动中所体会到的创新灵感和火花传递出去。学校利用媒体宣传和社交网络等多媒体渠道，将学生的作品和成果向社会展示、推广，延伸科学培养的影响与意义。

科学节活动需要学生分组进行，在团队合作中相互协助，共同完成最终任务，其对学生的团队协作能力的培养具有重要意义。团队意识的增强又能提高学生统筹规划与沟通协作等能力，助力未来的工作和生活发展。

### （四）动手实践，锻炼全面

科学节与传统的授课方式不同，是更为系统地体验知识产生的过程，可以极大地提高学生的实践能力。科学节甄选游戏、比赛等多种形式向学生呈现科学知识，使学生轻松愉快地吸收知识、提高素养。活动亦注重深层次的引领和指导，教师在活动中引导学生养成复盘与迭代的思维模式，从而提高学生的综合素质和思想觉悟。

科学节不仅是科学活动，更是综合性的文化活动，其打破了年级壁垒，让不同学段的学生充分交流、互动；通过对艺术、人文等不同领域的学习和体验，更加全面地帮助学生了解世界、开阔眼界，进而促进学生的个性化和多元化发展，最终培育了具有景山特色的科技创新之"根"。

## 二、艺术铸造"中国魂"

习近平总书记指出："一个国家、一个民族不能没有灵魂。文化文艺工作、哲学社会科学工作就属于培根铸魂的工作，在党和国家全局工作中居于十分重要的地位。"

艺术教育的根本是"立德树人，以美育人"，通过对中国传统文化的学习与理解，树立青少年的艺术认同、文化自信，从而铸造"中国魂"。通过学习，提高认识美、创造美、交流美的能力，达到陶冶心灵、培养情怀、享受人生的终极目标。从社会发展来说，美育也是中华文明重要的精神内涵，是创造高品质幸福生活、实现中华民族伟大复兴的重要基础。从学生本体而言，学会自我教育，学会自我娱乐、休闲，是一生幸福的保障，也是良好心理和高尚品德的催化剂。

学校始终高度重视艺术教育工作，充分发挥十二年连贯学制特色，依托"北京市艺术教育特色学校""北京市学生金帆艺术团"，积极承办相关活动，鼓励师生积极参加各类文化艺术活动，引领全校师生增强文化自觉、坚定文化自信、向美向善而行。

学校已成功举办 37 届文化节，并将其打造成学校特色品牌活动。学校坚持以文化节为契机，串联起各项艺术教育主题活动，主打特色办学，着力打造景山文化品牌。文化节不仅是师生展示自我、交流互动、发掘创新的平台，也是不断推进党建工作深入、充分展现学校文化特色、持续凝聚师生向心力的重要途径。

### （一）利用学校文化节展现思政教育成果

学校文化节是一个独特的宣传党的方针政策和理论知识、展示思想文化的平台。通过开展各种形式的比赛、文艺表演等活动，向全校师生传达党的精神和宣传思想，弘扬社会主义核心价值观，引导师生树立正确的世界观、人生观和价值观。例如，2021 年是建党 100 周年。第 35 届文化节中，加入了"党史知识竞赛""重走长征路"等特色活动，旨在加强青少年党史教育，激发其爱党爱国热情，提高思想政治觉悟，增强责任感和使命感。

## （二）积极开展有益于师生身心健康和全面发展的活动

文化节不仅是一种精神教育，更是一种对师生身心健康和全面发展的关注和呵护。文化节期间，学校安排了丰富多彩、形式多样的音乐会、展览等活动，使师生得到了更全面的发展，培养了健康的生活方式和良好的心态。

每一届文化节，学校都会积极筹备丰富多彩的活动，并坚持"请进来，走出去"相结合的原则，先后邀请中国爱乐乐团、国家大剧院合唱团等国家级专业院团走进校园，组织师生前往人民艺术剧院、中山音乐堂等专业剧场，观看话剧、音乐会等，接受多种形式的艺术熏陶。通过近距离的艺术体验，师生得以开阔艺术视野，提高艺术鉴赏力和审美情趣。

## （三）注重教育引导，坚定思想道德建设

学校文化节是一个倡导文明、传播文化的平台。通过开展多种形式的活动，引导师生树立正确的文化观、审美观和人生观，在思想上更加坚定、道德上更加高尚、行为上更加文明。

文化节期间，各班会根据文化节主题召开主题班会，坚持将社会主义核心价值观融入中华传统文化的弘扬传承，融入课堂教育教学，紧密联系我校师生思想和工作实际，做到人人皆知、入脑入心，使文化的传承内化于心、外化于行。

## （四）加强实践引导，提高社会责任感和公益意识

在学校文化节中，还会组织具有社会责任感和公益意识的活动。通过活动，引导师生关注社会公共事务，内化爱心和责任感，同时促进学生团队合作精神和创造力的发挥。

学校亦紧跟时事热点，在文化节中组织相关活动，如结合 2022 年举办北京冬奥会、2023 年第 60 个"学雷锋纪念日"、共建"一带一路"倡议提出十周年等相关时事，让师生学会用世界的眼光看问题，自觉培养全球意识，为构建人类命运共同体而贡献力量。

## （五）鼓励创新创意，培养创新意识和实践能力

文化节是一个展示学生创新创意和实践能力的舞台。通过鼓励学生参加各种类型的比赛或参与不同项目的策划执行，达到培养学生的创新意识和实践能力、激发其对文化的热爱和追求的目的。

学校文化节是以全校师生为活动主体，自愿参与享受文化氛围为活动理念，全面满足内在精神需求的校园活动，是师生在校学习生活幸福感、获得感的一种集中体现。只有学生主动参与学习过程、实践过程，才能开出更多的智慧之花。

1960 年建校至今，学校一直注重优秀传统文化对师生的熏陶，文化节旨在丰富学生的校园文化生活，培养和提高学生的文化品位与艺术修养，实现优秀传统文化在学校里落地、生根、发芽、开花、结果。

建校 37 年来，我们不断积淀学校深厚的校园文化底蕴，让师生在多彩的校园里和谐发展，在艺术的天地里放飞梦想，在参与中享受，在享受中升华。同时坚持党建引领，弘扬社会主义核心价值观，充分发挥党

组织在文艺工作中的核心作用，展现教育工作者的初心与使命，增强文艺红色堡垒的向心力和战斗力。

## 三、党建改革促融合

在中小学"党组织领导的校长负责制"的改革实施中，结合多年来教改试验的经验及改制要求与方向，学校做出了大胆尝试。根据我校十二年连贯制、九年一贯、五四分段的学制特点，基于十二年长链条培养的特色，建立了分学科领域的党支部，这也是利用党组织的力量加强学段之间的沟通交流，增进学科培养先后呼应，加强校区融合的重要一步。在学校二级党支部建设中成立了"科技与艺术党支部"，引领学科间融合，将努力培养德智体美劳全面发展的社会主义建设者和接班人作为有力抓手，将"培根铸魂、启润心灵"作为育人的主要方向。

### （一）支部工作增了解

在"科技与艺术党支部"建立的背景下，加强了学校各学段科技、艺术教师的沟通，增进了教师间的相互交流，促进了科技与艺术的融合。

支部组织党员、积极分子以及学科教师结合新课标，开展了"新课标"的集中学习。跨领域、跨学科、跨学段的课标学习活动，更加准确地把握了新课标的导向与内涵，启发了老师们在教学环节的有机整合。

线上教学阶段，党支部积极开展教师思想引导的工作。同时借助信息教师专业优势，结合不同学段的教学实际情况分享了线上教学技术手段的应用技巧，在融洽的氛围中增进了学科及教师间的了解。

## （二）传承改革促融合

在开展科学节、文化节活动的基础上，逐步加强党对教育教学活动的引领作用。在党建改革的指引下，将教育教学工作和党建全方位融合，突出"立德树人"目标。

科学节、文化节是通过"小"项目建设"大"党建格局，实现二者"共荣"的典型例子。在落实推进"党建＋"的过程中，在学校党委的指导下，科技与艺术党支部注重学制特色，结合各部特点，积极推动与党建工作的深度融合，动员最广泛的力量和最优质的资源参与到党建工作中来，探索完善了"党建＋"新模式，构建"1+N"的党建工作新格局，推动基层党组织从"战斗堡垒"建设到"先锋引领"发挥的转变，实现"小"项目与"大"党建"共荣"的最佳效果，完成教育工作者"举旗帜、聚民心、育新人、兴文化、展形象"的使命任务，为国家、为民族"培根铸魂"做出应有的贡献。

## （三）党建引领谋发展

科技与艺术这两个看似迥然不同的学科，其实在很多方面都相互依存、相互促进。科学与艺术的融合让学生更加深入地了解科学知识，同时启发其对艺术创作的灵感和思考。

科技与艺术教师有很多相似点，又有各自的特长与经历，扬长避短、百花齐放的师资环境铸造了充实的师资宝库。在党支部的交流与沟通中老师获得了更多的教学灵感，衍生出舞蹈课程与航天教育的融合、信息技术与美术教育的融合、在艺术活动中强化国家认同的思想火花。

在党建引领下，科技与艺术党支部既包含着科技的理性，又包含艺术的感性，逐渐形成了有温度、有态度、有速度的教育共同体，为新时代学校科技与艺术教育指明了新方向，开启了新篇章，谋求了新发展。

科技"培根"，艺术"铸魂"。在党建改革中促进科技与艺术的融合，促进小、初、高各学段的融合，促进教师的融合，促进课程与活动的融合，为学校的全面育人道路指明了方向，充分凸显党对教育方向引领的重要性。通过党的活动凝聚教师的心，通过党的学习汇聚教学的力，通过党的建设促进学校发展，从而充分发挥党对于学校工作的引领作用。

# 数学党建引领中小学数学教学高质量发展的探索

凌　杰　郭宇凡　刘文慧

教育的发展面临许多新形势、新要求。构建德智体美劳全面发展的高质量教育体系，落实立德树人根本任务，提升学校育人水平，是新时代国家对学校教育提出的新使命和新要求。

北京景山学校义务教育阶段实行五四学制，学生在小学阶段学习结束后直升本校初中，没有小升初的压力。虽然同在一所学校，但是小学部和初中部是两个部门，虽有联系，但教师交流的机会比较少。学生升入初中六年级后，会面临学习内容的增多、学习方法的改变等中小衔接存在一些问题。面对新形势、新要求，学校育人质量有待进一步提升，九年一贯一体化、长链条、多层次的人才培养体制机制有待进一步探索与加强。

习近平总书记在主持召开中央全面深化改革委员会第二十二次会议时强调，要把党建工作作为办学治校的重要任务，发挥基层党组织作用，加强党员队伍建设，使基层党组织成为学校教书育人的坚强战斗堡垒。这一重要论述对新时代学校党建工作提出了新任务、新要求。

2022年1月，北京景山学校按照中小学党组织领导的校长负责制的改革精神，成立了数学学科党支部。数学学科党支部由南北校区小学、初中、高中的数学党员教师组成。在学校党委的领导下，数学学科党支部除了按照标准化、规范化要求做好基础性党建工作之外，以高质量党建引领推动学校教育高质量发展为目标，切实发挥组织的战斗堡垒作用，努力打造景山"攀峰"党建品牌，为学校长链条、多层次人才培养探索方法和路径。

通过党建工作搭建平台，聚力集智推动教学科研工作，将党组织的政治优势、组织优势、资源优势转化为教学改革的能量支撑和强大动力。数学学科党支部成立后，中小学的数学党员教师们一起学习、一起活动，互相听评课，密切交流。主要在学习新版课程标准、景山攀峰数学课堂教学、长链条数学特长生培养、中小衔接的课程研究、骨干教师引领示范作用发挥等方面开展了一些交流和实践，努力提升学校中小学数学教学质量。

## 一、党支部搭平台，聚焦核心素养深研新版课标

2022年新课标落地，党支部要为教师们学习新课标搭平台。2022年6月2日数学学科党支部以"聚焦核心素养 深研新版课标"为主题开展了主题党日活动，邀请了首都师范大学刘晓梅教授做讲座。数学学科党支部的全体党员老师及景山教育集团的所有数学教师共同参加了此次数学新课标学习研讨活动。刘教授首先从发展的角度，整体介绍了这二十年来课程标准的变化，然后从"整体结构""核心素养与课程标准""内容要求及主要变化""教学实施与教师专业发展"几个部分展开对《义务教育数学课程标准（2022年版）》的解析。刘教授的讲座引发了党员教师们关注教学建议中的提示并思考理论与实践之间的联系，中小学的教师们积极讨论、提问、交流，其理论水平明显提高。中小学教师通过交流研讨，加深了其对各学段核心素养的认识，为中小衔接打下了

良好的基础。

通过主题党日活动，老师们认识到核心素养是教学的出发点。教学的首要问题是为什么而教的问题。为素养而教还是为知识而教是新旧教育的分水岭。为素养而教意味着要根据核心素养的要求选择和组织学科知识，并根据核心素养形成的规律设计和开展教学活动。核心素养是教学的方向、教学的目的，是确立具体教学目标和设计教学实施方案的"根据""理由"，确立教学目标和任务时聚焦核心素养，使教学有清晰的核心素养指向。

新一轮课程改革的核心环节是新课标新课程的实施，而教师在课程实施的过程中扮演着重要的角色，党员教师们表示要积极继续研究，要积极主动学习新版数学课程标准，尤其是在核心素养方面，把新课标的核心素养要求自觉融入数学教学中，对学生的终身学习负责，为学生的成长服务。不断完善自己的课堂教学，切实提高教学质量。

## 二、党员先锋引领打造"攀峰课堂"

树立"每一节课都精彩"的根本目标，强化课堂责任意识，向每一个 40 分钟要质量。每位教师都要加强课堂的管理和研究，优化教学方式。2022 年数学支部组织老师们探索"攀峰数学课堂"的标准，结合"基于学生核心素养培育的有效课堂形态"展开讨论，形成北京景山学校《数学"攀峰"课堂标准》，主要包括 9 条课堂标准：把握方向立德树人；氛围和谐关系融洽；目标准确重点突出；创设情境激发兴趣；教法鲜活兴趣盎然；注重推理提升思维；明理育人文以化人；板书设计有序合理；评价合理诊断有效。有了标准，更重要的是按照这个课堂标准开展教学，激发学生的学习兴趣，提高学生课堂学习的效率。

除了提升课堂教学质量，作为党员教师更要注重"数学育人"的作用，抓好课程主渠道，推进数学学科的德育渗透，落实义务教育阶段学科德育指导纲要。我们根据不同年级的特点，充分发掘数学的德育资源，将社会主义核心价值观教育有机融入教学中，融合到课堂教学的各个环节。

在双减背景下，支部重点研究作业的内容、形式、实效性，指导教师们如何设计分层作业、实践类作业等。指导学生认真完成作业，对学习有困难的学生进行补习辅导与答疑。深入落实"双减"要求，充分利用好课后服务时间，重点在分层指导、学生培优补弱及作业辅导，比如开设数学史、几何画板、趣味数学等课程，不断丰富课后服务供给，全面提高数学学科课后服务水平和质量。

2022年初，初中数学召开了北京市数学学科教学展示活动，展示了新课程标准理念下初中数学课堂教学的成果。

2022年底，小学、初中、高中数学学科联动，以"双减"促"双升"，落实新课标精神，进行了数学跨学科综合实践活动展示，取得了较好的效果，得到了东城区教研中心领导的好评。

## 三、党员骨干潜心培养数学特长生

配合学校整体课程体系建设，提升学校办学质量，学校小学、初中、高中数学组合作构建数学思维能力培养的长链条课程体系和管理模式。党员教师许云尧担任学校数学长链条培养教研组组长，负责组织小学至高中各年级数学特长生的培养工作，统筹教学内容、教师资源等，确保长链条培养的课程体系和管理模式的落实。

目前已经在三至八年级选拔了一批品学兼优，且数学思维能力表现突出的学生组成数学思维训练课程卓越班。为保证课程的顺利开展和质量，确实能培养出一批在数学上有较高素养的优秀学生，还需要进行数学思维训练课程的专业化、规范化、制度化的研究。

长链条培养数学特长生，党员骨干教师发挥了重要作用。党员骨干积极承担卓越班的数学教学工作，带动青年教师成长，争取早日形成系列成果《景山攀峰数学》。通过研究整理编写《景山攀峰数学》，既能锻炼教师，更能培养学生，实现"双成长"。

## 四、党组织建设推动"中小数学教学衔接"工作

党支部积极探索推进符合新时代要求的九年一贯学制、课程、教学的整体改革。学校成立了九年一贯数学教学研究组，探索贯通育人改革的机制。九年一贯数学教学研究组由数学学科党支部书记担任组长，有利于中小学教师开展活动。目标是通过集体研究，进一步提升九年一贯数学学科的教学质量。重点工作是：遵循教育规律，认真研究数学课程标准，切实提高数学课堂教学时效，加强数学作业的设计和研究，加强中小学考试的研究，使景山学校的数学成绩再上新台阶。

九年一贯数学教学研究组每双周召开一次例会交流工作情况。结合新课标，梳理一至九年级各册教材知识细目，梳理明确一至九年级教学内容。立足我校小、初、高一体化的办学特色，重点研究五、六年级数学教学衔接工作，研究制定小初衔接数学学业质量标准，研讨五、六年级衔接的具体知识内容、教法、学法，积极开发学段衔接课程。2023年着手编写《北京景山学校五六衔接数学课程》，其内容要求高于小学，与初中衔接，难度适中，面向全体。在小学毕业考试后进行教学试验，后期根据实际效果进行修改完善。

以五、六年级衔接为抓手，组织中小学教师互相参加教研活动，组织五、六年级数学教师互相听课，并在例会上交流体会，提升教学实效，互相组织学生交流、访谈、评教评学等，切实帮助学生顺利过渡。探索小初老师互换执教，相互学习的试验。2022 年初中数学教研组长承担了小学五年级的数学拓展班的教学工作，新学年计划安排小学具有高级教师资格的教师到初中进行一轮的完整教学，这样更有利于获得中小衔接的教学经验。本学期还要加强初高衔接研究，尤其是贯通班和直升班的教学衔接工作。

党支部协助教研组长组织骨干教师一起研究试题。重点是五年级毕业考试试题研究和九年级中考试题研究。小学五年级以骨干教师为主，收集历年各区统考题目，进行精选、组合，形成期末复习专题试卷和模拟试卷，专项训练与综合模拟相结合，帮助学生提前做好统考准备。初中安排全体骨干教师每人设计一到两个微专题，对中考一类试题（中考原题和各区模拟题）进行分析，形成方法，帮助学生找到解题思路，突破考试难点，并由执笔的骨干教师亲自给九年级学生进行讲座式授课，帮助学生快速提高成绩。

## 五、发扬攀峰党建，提高育人质量

数学支部围绕学校教育教学的中心工作，通过攀峰党建引领，全面整合资源，发挥党员先锋模范作用，集中力量破解重点难点问题，努力把党建优势转化为学校教育改革的发展优势。

### （一）加强数学党支部组织建设，筑牢教育高质量发展根基

党的力量来自组织，组织能使力量倍增。数学学科党支部将传承景

山党建优势传统，加强党支部标准化、规范化建设，全面提升党支部组织力，强化党支部政治功能，不断增强党支部思想引领力、群众组织力、社会号召力。坚持把党的政治建设摆在首位，强化政治理论学习，明确"提高教育教学的质量"是党建的目标、是根本。将党的领导贯穿教育教学全过程，以强有力的组织工作护航高质量教育发展。发挥党组织的科学理论的实践力量，确保数学支部的各项工作始终保持正确发展方向和强发展动力。

努力提高党员素质，坚定理想信念，增强党员的党性。严格贯彻落实组织生活，严格落实"三会一课"，创新丰富主题党日活动，日常开展党支部谈心谈话、开展批评和自我批评、民主评议党组织和民主评议党员，努力发挥每一位党员的先锋模范作用。

## （二）选优配强数学支部基层骨干，锻造高质量发展队伍

党建兴则事业兴，党建强则发展强。高质量发展离不开高素质专业化教师队伍。要培养一支政治素质高、工作作风优良的党员干部队伍，当好基层组织的"领头雁"。

目前数学学科党支部的多位党员教师担任学校年级组长、主任、副校长等职务，能发挥党组织的领导把关作用。数学学科党支部坚持德才兼备、任人唯贤方针，严把政治关、能力关、素质关，拓宽数学学科支部教师成长成才之路，培厚优秀党员教师成长的土壤，鼓励年轻教师勇于当担、敢于接受挑战。通过支部引领，充分调动党员教师工作的积极性，让党员教师的成长和事业发展相互促进，在新时代展现新气象、新作为。

（三）夯实数学学科党支部基层治理基础，凝聚高质量发展合力

党的战斗力基础在基层，最坚实的力量支撑在基层。积极发现和培养身边优秀党员的感人故事和先进事迹，通过党员大会等形式展示宣传优秀党员的感人故事和先进事迹。充分发挥数学学科党支部组织引领作用，在价值引领、组织动员、志愿服务、统筹协调等方面，整合九年一贯教育教学资源，提升九年一贯协同育人的能力。

数学学科党支部积极创新党建工作，充分发挥党组织政治核心及战斗堡垒和党员的先锋模范作用，凝聚力量、服务群众、推动发展，为景山教改再出发持续加油助力。

# 面向新时代的学校"党建＋行政"深度融合的实践探索

张成红　袁立新　杨亚清

党支部是党的基础组织，是党在社会基层组织中的战斗堡垒，是党的全部工作和战斗力的基础。加强基层党支部建设是提高党的执政能力，夯实党的执政基础的一项基础性工作，是提高党建科学化水平的必由之路。

习近平总书记在党的二十大报告中指出："增强党组织政治功能和组织功能"，"坚持大抓基层的鲜明导向"，"把基层党组织建设成为有效实现党的领导的坚强战斗堡垒"，"激励党员发挥先锋模范作用"，"保持党员队伍先进性和纯洁性"。这一重要论述意味着对新时代学校党建工作提出了新任务、新要求。

在学校基层党组织中，党建工作与行政工作缺一不可且互为依托。党建为行政工作提供指引，行政工作为党建提供支持，党建与行政工作相辅相成、融通并进。实践表明，如若脱离党建谈行政工作，会使行政工作迷失方向、丢失初心；如若脱离行政工作谈党建，会使党建工作流于形式、浮于表面。推动党建工作与业务工作深度融合，有利于将党的全面领导落实到一切工作、贯穿到每一环节当中，充分发挥基层党组织的战斗堡垒作用，将党建优势转化为发展优势、将党建活力转化为发展动力、将党建成效转化为发展实效，推动基层党组织建设高质量发展，锻造更加坚强有力的党组织。

2020 年 10 月，学校被上级确定为中小学党组织领导的校长负责制试点校，2021 年学校党总支被确定升建为北京景山学校党委，学校党委会完成换届，党组织领导的校长负责制改革正式落地。学校跨校区、跨学段设置二级党支部，其中行政党支部是唯一以行政岗位为基础设置的支部，党员人数最多且包含的部门范围最广。行政党支部共有党员 26 人，由党政办公室、信息中心、教科所、管理处、教务处、医务室、工会等学校行政部门党员同志组成，为我校教育教学工作做好了服务保障。新时代需要准确把握学校行政党支部职责定位的时代内涵和实施路径，推动新时代学校"党建 + 行政"深度融合，使党员更加有为、党组织更加有力、党建工作更加有效。

## 一、学校"党建 + 行政"深度融合的现实意义

### （一）落实基础教育立德树人根本任务的必然要求

党的二十大报告指出："教育是国之大计、党之大计。培养什么人、怎样培养人、为谁培养人是教育的根本问题。育人的根本在于立德。全面贯彻党的教育方针，落实立德树人根本任务，培养德智体美劳全面发展的社会主义建设者和接班人。"立德树人是学校教育的根本任务，是学校党建工作的切入点，也是学校党建工作的目标。党建工作的有效开展，能够发挥政治引领作用，为落实立德树人根本任务保驾护航。

行政党支部作为学校党组织的重要组成部分，推动落实立德树人根本任务是应尽之责、分内之事，行政支部党建工作的重要职责就是充分发挥战斗堡垒和政治引领作用，确保党的教育方针能够在学校办学实践

中得到有效落实，领导全体行政教师把立德树人这一根本任务落实在科研、管理、服务、协调、保障等各项重要制度里，贯穿于教书育人、服务育人、管理育人各项工作中，通过党的建设与行政工作的有机结合，赋能行政支部建设，确保党的领导更加坚强有力，坚守学校党组织立德树人的初心使命，落实好立德树人的根本任务。

## （二）推动学校教育高质量发展的现实需要

学校以高质量党建推动高质量教育发展为目标，按照中小学校党组织领导的校长负责制要求，健全学校党组织全面领导学校工作的组织体系、制度体系和工作机制，推动学校治理体系和治理能力现代化，形成"一体双驱"工作机制。一体即以党委会、行政会为核心的议事决策机构，双驱即党政办和教科所，党政办落实学校决策实施推动行政各部门联动，教科所提供决策研究建议促进科研引领学校各领域工作全覆盖。

党的建设与行政工作深度融合，是落实党组织领导的校长负责制的现实需要与必然要求。学校行政党支部由包括党政办与教科所在内的学校行政管理服务部门组成，担负着学校管理、教育科研、教务与考务、信息技术、后勤保障、安全保卫等学校中心工作的决策、指导、落实、服务等职责，是落实校党委各项安排部署的排头兵，是连接教育教学一线师生的桥梁纽带，在学校改革发展中发挥着不可替代的重要作用。

只有保持学校行政党支部党建与行政工作同频共振、同向同行，实现"以党建促行政工作，以行政工作强党建"的深度融合，才能充分发挥行政党支部的政治功能和组织功能，为学校高质量发展提供坚强支撑和有力保障。

## 二、学校"党建＋行政"深度融合的实践

### （一）坚持党建引领，发挥支部战斗堡垒作用

加强支部组织建设。行政党支部是学校党委工作和战斗力的重要基础。加强支部建设，必须加强支部标准化、规范化建设，首先加强支部班子建设，学校党政办主任担任行政支部书记，教科所主任与管理处主任担任支委，南北校区分别选派一名优秀党员担任党小组组长。支部书记带头履行"一岗双责"，建好班子，带好队伍，不断发挥党支部推动发展、服务群众、凝聚人心和促进和谐的先锋模范作用，强化行政业务和党建能力培训，努力成为既懂行政又懂党建的"行家里手"。充分发挥支部领导核心作用，加强自身建设，将行政党支部建设成政治过硬、作风优良、勇于创新的党支部，全面贯彻落实学校党委精神，落实党委交办的每一项工作，充分发挥积极性、主动性、创造性，推进学校治理体系改革工作，着力推动支部组织工作高质量发展。

健全支部管理制度。严格规范党支部各项党组织生活制度，严格落实"三会一课"、组织生活会、主题党日活动、民主评议党员等制度，确保组织生活"走心"不"走样"，在实用、实际、有效上不断探索实践。严格执行党员教育、管理和监督制度，完善党务公开，使党员享有更多的知情权、参与权、表达权和监督权。通过全方位的教育，增强行政党员的向心力、凝聚力，切实推动支部工作的开展。

加强对行政支部党员的教育、管理、监督和服务，提升党组织凝聚力和战斗力。坚持将党建与行政工作作为整体协同推进，建设一支政治坚定、与时俱进、无私奉献的党员队伍，促进行政支部党员成为各个处室的业务骨干，引领全体党员在服务一线教育教学、服务师生等工作方

面努力争先，在各自的岗位上争先创优，在"急难险重"中一马当先，担负起新时代学校立德树人的责任，为景山学校新时代改革发展做出行政党员的贡献。

## （二）坚持思想铸魂，筑牢思想根基

深化看齐意识，筑牢思想根基。推进学习型党组织建设，建立党员常态化的政治理论学习制度，坚持每月集中学习制度，坚持个人自学和集体学习相结合，坚持理论学习与实践同步，用思想理论武装头脑。学习贯彻党的二十大精神、习近平总书记系列讲话精神，党章、党史以及与师德师风建设有关的文件精神，认真阅读《习近平谈治国理政》第四卷、《中国共产党第二十次全国代表大会报告》、2023年全国教育工作会议精神等。

创新学习方式，提高学习实效性。以党支部"三会一课"、主题党日、专题培训、民主生活会等学习教育为载体，创新学习内容形式，充分利用红色资源，以行政党支部工作特点提炼关键词，因地制宜开展"同心抗疫共赢胜利""信仰、榜样、传承——七一主题党日活动"等主题党日，"守护健康安全，强化育人主责"的组织生活会，进一步增强"四个意识"，坚定"四个自信"，做到"两个维护"。开展党内联学活动。加强党支部共建、学习、交流。结合"双减"政策与中国教育国际交流研修学院开展座谈交流研讨。结合"大思政"与意识形态、舆论宣传与中国传媒大学开展座谈交流，参观融媒体中心和国家重点实验室等。

学用结合、学以致用。将党的创新理论学习教育与党员本职工作切实结合，找准理论与实践的结合点，把学习的出发点和落脚点放在解决实际问题上，通过学习开阔视野、打开思路，做到学思用贯通。引导广大党员把理论学习的成果与推动学校教育高质量发展的行动有机结合起来，自觉运用习近平新时代中国特色社会主义思想武装头脑，指导实践，推动工作。了解把握教育新形势，研究教育面临的新情况，解决学校发展过程中出现的新问题，在各自的岗位勇于扛起责任，有效推进学校整体工作向高水平迈进。

## （三）坚持立足岗位，发挥党员先锋模范作用

加强党建工作，最终目的是推动党员立足本职岗位，提高党员意识和党性修养，发挥党员先锋模范作用。党员主动加强党性修养是自身受教育的过程，也是锤炼、弘扬高尚师德，以德立身、以德育德的管理育人、服务育人的过程。

提高党性修养。支部通过宣传教育和多种活动引导全体党员时刻铭记共产党员的信仰，时刻牢记新时代首都党员教师的责任担当。学习党章、遵守党章和践行党章，坚定政治方向、自觉爱国守法、坚守廉洁自律等，全方位恪守党员底线，努力做一名合格的共产党员。不断提高党性修养和意识，增强党员政治思想觉悟，提升党员精神境界，加强党性锻炼。

树立全心全意为师生服务的思想，不断提升服务育人、管理育人的能力。立足本职岗位，认真践行以人民为中心的发展思想，坚持立德树人的根本方向，肩负"办好人民满意的教育"的职责。全心、全情、全力投入行政工作，强化为党育人、为国育才的初心使命，厚植教育情怀。

发扬密切联系群众的工作作风。各行政部门以党员为先锋，开展党内激励、关怀、帮扶活动，优化内部办事流程，聚焦学校"十四五"规划议题清单，全面提升为群众办实事的能力和水平，提高行政支持保障水平。

发挥党员先锋模范作用。行政党支部在抗疫过程中积极发挥党组织

的战斗堡垒作用。党员们克服自身困难，积极参与校内各项防疫工作，第一时间参与到整理数据、数据上报、后勤支持、核酸检测、线上教学、社区志愿服务、校园志愿服务等多项防疫工作中，大家充分发挥党员的先锋模范作用，无私奉献，确保了学校的防疫安全和教育教学工作的顺利开展。

在党组织急需青年党员教师投入抗疫工作之际，青年党员张鹏主动请缨，积极加入东城区抗疫青年党员先锋队。虽然工作强度很大，也没有固定的休息时间，但是张鹏老师牢记党员责任，不怕吃苦、不怕累，无惧感染风险，一直奋战在抗疫最前线，显示出了景山学校党员的优良作风。

坚持和加强党对学校的领导，是一项长期而又艰巨的任务。新时代新征程，必须深刻认识新时代学校党建的重要地位和作用，全面领会新时代党的建设的丰富内容，深入贯彻全面从严治党要求，加快构建科学的"党建＋行政"工作融合机制，以高质量党建引领学校教育高质量发展。

# ● 构建党建、团建、队建工作一体化格局

## 北京景山学校党团队一体化建设模式构建的实践探索

郑　丹　张　硕　刘顺平

### 一、问题的提出

#### （一）推进党团队一体化建设，全链条传承红色基因

党的二十大提出，"要把青年工作作为战略性工作来抓"，全面加强新时代少先队工作，既是青年工作的重要一环，也是引领少年儿童成长成才的重要举措。始终把培养好少年儿童作为一项基础性工程，全面加强党对少先队工作的领导，加强党团队一体化建设，努力培养德智体美劳全面发展的社会主义建设者和接班人。在庆祝中国共产主义青年团成立 100 周年大会上，习近平总书记指出，在实现中华民族伟大复兴的征程上，少先队是预备队，强调要"着力推动党、团、队育人链条相链接、相贯通"。

#### （二）推进党团队一体化建设，为学生健康成长引路

共青团中央、教育部全国少工委《关于深入贯彻落实党建带团建队

建加强少先队工作体制机制建设的意见》中指出，全面贯彻全国教育大会和共青团十八大精神，聚焦少先队政治启蒙和价值，塑造主责主业，深入贯彻落实党建带团建、队建，着力加强少先队工作体制机制的建设，为切实增强少先队员荣耀感，培育德智体美劳全面发展的社会主义建设者和接班人提供坚实制度保障。有利于促进青少年学生的全面发展，全面落实青少年学生的中长期发展规划任务，提高学生的综合素质。学校充分发挥党建带团建、队建的优势，实实在在地将红色教育落实到每名学生的心坎上，引领学生全面健康成长。

### （三）推进党团队一体化建设，充分发挥党组织领导作用

北京景山学校作为中小学校党组织领导的校长负责制首批试点校，争当教育综合改革的先锋，在东城区委少工委的指引和北京景山学校党委的领导下，全面贯彻党的教育方针，坚持党对学校工作的全面领导，坚持立德树人根本任务，学校党委聚焦"为党育人、为国育才"时代使命，推动学校高质量发展，争当教育综合改革的先锋。以社会主义核心价值观为引领，全力打造"攀峰"党建品牌。推进党建、团建、队建工作一体化，全面实现九年一贯少先队工作贯通衔接，着眼于构建党团队一体化传承红色基因的全链条，站在为党育人的战略高度，积极探索党建带团建、队建的落实路径和方式，凝聚育人合力。

## 二、探索党团队一体化建设模式

北京景山学校党委充分发挥党组织的领导作用，努力做到党团队同部署、同推进，队伍培养相衔接、相贯通，党团队活动同步搞、党团队阵地同步建等创新党团队一体化模式。逐步形成了"党建带团建带队建，

党团队共同发展"的工作格局，凝聚力、战斗力和号召力得到进一步提升。在党团队一体化建设中深化要求，完善体系，夯实行动，在工作中研究，在研究中发展，在发展中反思，形成一体化教育实践的优秀成果，认真落实立德树人根本任务。通过开展党团队一体化的实践活动，构建由党委领导，共青团牵头，少工委统筹，各部门协同的责任体系，团员、队员大手拉小手，共同参与实践活动，使少先队员建立起对党、团的真挚情感和政治向往，传承红色基因，让革命薪火代代相传。

## （一）创新党团队建设同部署、同推进管理模式

北京景山学校进一步推进党团队一体化建设。组织领导一体化，定期开展团、队工作研究，给予团、队工作经费保障；定期组织开展团队辅导员培训；促进党建、团建、队建同频共振、共同提高。党团队手拉手一体化建设，就是要号召少先队与党团的组织和成员，共同参与活动的一体化模式。将共青团、少先队工作纳入学校党建工作计划，在校党委的引导下，统筹推进共青团和少先队工作，形成了制度共建、队伍共管、活动共融、资源共享的党团队共建新格局。以实践活动为载体，切实落实"五育并举"。

## （二）推动队伍培养相衔接、相贯通模式

习近平总书记强调，"入队、入团、入党，是青年追求政治进步的'人生三部曲'"。少先队作为中国少年儿童加入的第一个政治性组织，播撒红色种子、进行思想引领、培育信仰萌芽，将奠定孩子们一生健康成长的重要基础。要始终围绕增强少先队员光荣感工作主线，构建阶梯式成长激励体系，落实好队前教育、分批入队、分段教育、推优入团等关键环节，完善少年儿童思想政治引领内容体系，充分发挥红领巾等少先

队标志标识以及庄严仪式的教育感染作用，多措并举增强少先队员荣誉感和组织归属感，强化少先队员追求入团、入党的政治向往，为党、为团涵养源头活水。

### （三）创新党团队阵地同步建、实践活动同步搞模式

在党团队阵地建设中，实践活动至关重要。构建党团队实践活动同步搞模式，充分尊重少年儿童的主体地位，注重自我教育、同伴教育，多用孩子们的方式和语言组织活动、开展教育，在丰富多彩的实践活动中锻炼团员、队员的自主意识、自主能力，不断提高青少年的社会责任感、主人翁意识和实践创新能力，让青少年在实践活动中汲取奋进力量。以团、队日活动为载体，通过"学习二十大　争做好队员"系列主题实践活动，培育少先队员、团员青年的家国情怀，引导少先队坚定不移听党话、跟党走，确保红色基因代代相传。结合党的二十大精神，北京景山学校少工委和团委以"学习二十大，奋进新征程"为主题，带领全体少先队员、团员共同开展了"二年级、九年级联合主题队日""'学习二十大精神，争做新时代好少年'少先队活动课展示""'红领巾相约火焰蓝'11.9校园安全节实践体验""'学习宣传贯彻党的二十大精神，自觉维护宪法权威'系列主题教育"等活动。活动的开展，不仅拓宽了队员和团员们的活动领域，而且充分发挥了组织积极开拓、自立创新的作用，切实落实"五育并举"。在活动中，队员们大手拉小手，加强沟通互动，注重少先队员、团员一体化贯通培养，围绕同一主题，紧扣不同学段队员、团员特点，系统开展小学、初中、高中一体化主题教育。小队员与大队员、团员小手拉大手，共同设计活动主题，在活动中相互配合，相互分享活动感受，相互评价与反思，增进友谊。大队员也帮助小队员更加精准地设计活动目标，帮助小队员在活动开展过程中解

决问题，带动小队员发掘活动深层意义，在活动中共同收获成长、收获快乐。

## 三、党团队一体化建设实践活动路径研究

### （一）推动实践锻造相衔接、相贯通，发挥实践育人特色优势

习近平总书记强调，要"引导广大青年在思想洗礼、在实践锻造中不断增强做中国人的志气、骨气、底气，让革命薪火代代相传"。有组织的实践活动是少先队的主要教育形式和独特优势，让少先队员在潜移默化中接受政治启蒙和价值观塑造。为了增强队员和团员的荣誉感和组织归属感，北京景山学校召开"喜迎二十大　攀峰向未来"主题队日活动，为九年级、二年级举行集体离队、入队仪式。赓续红色血脉，探索构建党团队传承红色基因长链条育人体系，教育引导广大少先队员增强对少先队组织的荣誉感、归属感，鼓励少先队员要从小学先锋，长大做先锋，听党话，跟党走，接过奋斗的接力棒，努力成长为实现中华民族伟大复兴的中坚力量，早日奏响入队、入团、入党的人生政治进步三部曲。四、八年级召开"红领巾相约火焰蓝"活动。大队员带领小队员积极参与实践体验活动，着力增强在遇到火灾时逃生、自救能力，认真学习和掌握遇到火灾时的逃生技巧和方法。通过实践体验活动，少先队员们从小接受消防安全教育，增强安全意识，掌握安全知识，提高防范技能。充分利用传统节日和重要纪念日，在全市范围内开展弘扬中华传统文化、爱国主义教育、感恩教育等系列活动，形成学校党团队活动体系。这一系列活动的开展，让师生铭记历史，树立远大理想，努力传承传统文化，为实现中华民族的伟大复兴而不懈奋斗。

## （二）打造社会实践活动必修载体，全链条传承红色基因

不断开展少先队社会实践活动，借助东城区区位优势，着力打造"少先队实践红色地图"，广泛开展"争做新时代好队员"主题实践，提升红色教育的代入感、时代感、获得感，让青少年在校内、校外两个舞台上成长。利用寒暑假、节假日，学校少工委及团委组织各中队、各团支部开展校外实践活动。充分利用传统节日和重要纪念日，开展弘扬中华传统文化、爱国主义教育、感恩教育等系列活动，形成学校党团队活动一体化体系。团员及队员们小手拉大手走进东城区红色教育基地，十一期间，结合东城区委宣传部依托域内丰富的爱国主义教育基地资源，开展"学习二十大 发展看东城"主题参观寻访活动，队员们及团员们积极地探访北京中轴线，感受古都魅力，通过多种方式探访北京中轴线，走进博物馆，在实践活动中感受同学之间合作的默契，感受北京中轴线的文化魅力，体会人文故事，深入了解了古老北京城丰富的文化魅力。在寒暑假，团员和队员有的深入街道、社区清洗公共设施，担当"小小交通员"，有的走进公园、烈士陵园、博物馆等公共场所担当志愿者，做公益服务。

## （三）提升辅导员管理水平，构建党团队一体化培训体系

党团队一体化建设中，进一步加强队伍的培养与建设，着力于培养素质优良、精干实效、开拓进取的团队辅导员队伍。为增强团队工作的力量配置，创新设置共青团、少先队工作辅导员岗位，在各党支部、团支部挑选素质好、能力强、热情高的教师担任中队辅导员和团支部辅导员。学校少工委针对辅导员在工作中遇到的困难进行充分调研。根据辅导员存在的实际困难，设计并制订了专题培训方案和计划，每周进行一

次辅导员专题培训。通过培训，切实帮助辅导员解决了工作中的难题，进一步促进辅导员管理水平的提高。

### （四）建设"家校社协同育人"机制，家校社协同共促共育

北京景山学校非常重视开发社会教育实践基地和校外辅导员资源，积极探索和发掘家校社协同育人新模式。学校以建设"家校社协同育人"机制为导向，家校社协同配合，形成合力。学校少工委、团委进一步完善班级、年级、校级家委会的架构和运行机制，整合学校、社会、家庭等各方面的力量，形成齐抓共管、协调统一的德育工作新模式，家校社协同育人。学校协同校外党员家长辅导员推出主题鲜明、极具教育特色的"攀峰家长讲堂"，主题分别是："学习英雄　缅怀先烈　争做新时代强国少年""少年强则国强　科技兴则国家兴""祖国的传统医学""学习宪法知识，维护宪法权威，争做尊法学法守法用法小公民"。通过家长攀峰讲堂，进一步推动了学校教育、家庭教育、社会教育的有机结合，形成家校社协同一体化育人共同体。在四、八年级联合开展的"红领巾相约火焰蓝"活动中，进一步加强家校合作，小手拉大手，以家庭为单位自愿参与到实践活动中，共同学习消防安全的相关知识，突出家庭教育在学生安全意识培养中的重要地位，协同助力学生的健康成长。

## 四、思考与展望

党团队一体化从制度建设到实践探索进一步增强党团队的凝聚力和战斗力。学校党委、团委、少工委务实创新，稳步推进，以青少年实践活动为重要载体，不断增强党团队组织的先进性和示范性，让党员当好青少年引路人，少先队始终牢记为党育人的职责使命，聚焦政治启蒙和

价值观塑造主责主业，不断创新教育方式和活动方式，更加坚定广大少先队员、团员感党恩、听党话、跟党走的决心，激励每位少先队员、团员青年担当使命，用实际行动把红色基因传承下去。

## （一）推动党团队一体化建设的制度建设

建议各校在推荐党团队一体化建设中，提高政治站位，加强对党团一体化建设的认识，推进实现在党团组织管理工作规划上的统一思想，围绕党、团、队组织建设，注重"共建 + 共享"。促进组织间的交流和沟通，在党组织建设中，要把团建和队伍建设工作纳入学校党建工作的总体布局，大胆探索新时期学校党团队一体化建设的新路径。

## （二）拓展党团队一体化建设校内外实践活动路径

在开展党团队一体化建设的实践活动中，充分发挥党团队一体化建设优势，认真筹备、开展丰富多彩、富有教育意义的校内外课外实践活动，团员带队员，大手拉小手，积极参与实践活动。让青少年在实践活动中汲取奋进力量。

## （三）完善党团队一体化建设评价体系

各校建立适合学生成长的评价激励机制，注重学段衔接积极推进教育教学综合改革，强化课堂铸魂育人主阵地作用，让党建在铸魂育人的核心问题上发挥关键作用，推动党建与教育教学业务深度融合、同频共振。

# "五个一体化"探索九年一贯少先队工作新格局

## ——以北京景山学校为例

郑　丹　张　硕

《中共中央关于全面加强新时代少先队工作的意见》明确指出："全面加强党、团、队一体化建设"，"着眼党、团、队特殊政治关系，完善政治培养链条。"这是新中国历史上第一次以党中央的名义印发的少先队工作文件，体现了以习近平同志为核心的党中央对少年儿童和少先队工作的高度重视。其中"全面加强党对少先队工作的领导""夯实共青团组织全团带队责任"等论述，进一步明确了长链条培养和一体化建设的路径与要点。

当前，以"初中团队一体化""团队衔接""党团队一体化建设""九年一贯制学校德育"等为研究对象的成果比较丰富，具有一定的理论和实践基础，而对于九年一贯制学校少先队贯通培养、衔接机制、一体化建设等方面的研究成果微乎其微。少先队员是涵盖了 6 ～ 14 岁，小学和初中两个学段的少年儿童，目前普遍存在的问题包括：小学、初中少先队工作发展不均衡，少先队员光荣感和组织归属感不强，中学少先队组织建设存在短板，初中生存在政治发展盲区等。因此，进行九年一贯少先队实施策略研究十分必要。

北京景山学校少工委在学校党委的领导下，基于学校一贯制的学制优势，大力开展九年一贯少先队工作改革，将少先队教育纳入构建"大思政一体化格局"的生动实践中。在巩固各学段少先队的实践育人成果的基础上，全面实现学段间、校区间少先队工作的贯通、融合和衔接。站在"确保党和人民事业薪火相传、后继有人""红色基因代代相传"的战略高度，加强少先队工作的一体化建设，进一步完善党团队一体化的政治培养长链条。"一体化"是指将原本相互独立的小学和初中各校区少先队组织相联合，主要从组织建设、队伍建设、阵地建设、活动实施、评价体系等方面进行探索实践，是少先队组织各个核心要素全面、系统、完整的互动过程。

## 一、组织建设一体化：健全组织机构，强化组织力量

学校少工委是学校少先队的领导机构，是少先队建设的关键。景山学校少工委在推进组织建设一体化的过程中，始终坚持党对少先队工作的全面领导，进一步强化组织基础，建立实现少先队工作九年一贯整体运行、统筹推进的工作机制。成立九年一贯少先队大队，设九年一贯少先队总辅导员一职并兼任少工委办公室主任，总体策划、整合协调少先队工作。在各校区、各学段设执行大队辅导员，负责落实少先队的具体工作。总辅导员及大队辅导员队伍建设保持相对稳定，形成"一总四辅"的工作模式。目前，已初步形成了同学段步调一致，跨学段衔接贯通，校区间统筹融合的九年一贯少先队工作格局。学校少工委建立大队辅导员例会制度，执行大队辅导员直接向九年一贯少先队总辅导员汇报工作的汇报制度。

针对初中大队、中队组织建设的盲区，学校少工委进一步加强基层组织规范化建设，各年级规范成立中队，设立联合中队辅导员，各中队配备一名中队辅导员。全面规范小学、初中的少先队大队和中队组织建

设，规范健全、充分利用组织生活制度，每学年召开一次少代会，定期组织各级队会、队委会，健全各级队委的选举和任命流程。各级组织配齐配强工作力量，为少先队工作整体运行提供了动力支持。

学校少工委突出核心职能，规范制定少先队工作制度文件《北京景山学校九年一贯少先队工作指导纲要（试行）》《北京景山学校团队活动任务清单》《北京景山学校"红领巾奖章"评价激励体系指导意见》等，确保工作执行统一标准。

## 二、队伍建设一体化：配齐配强力量，打造专业队伍

少先队辅导员是党的少年儿童思想政治工作者，是少年儿童亲密的朋友和指导者，是党的少年儿童思想政治工作中的重要力量，是中小学思政教师队伍的重要组成部分。辅导员的队伍建设是推动少先队工作高质量发展的关键因素，直接决定着学校少先队工作的专业水平。

学校顶层设计、系统培养，提升辅导员专业履职能力。研究制定少先队辅导员教育培训规划，形成"点线面"相结合的系统培训模式，即"点"——加强"一总四辅"大队辅导员的常态培训，突出发挥大队辅导员的引领作用；"线"——规范中队辅导员的日常培训，大队辅导员加强对中队辅导员的指导，形成各校区、各学段的纵深培养态势；"面"——定期组织覆盖全员、凸显共性的辅导员集体培训活动，有层次设计，突出目标、问题和需求导向的培训指导，系统推进辅导员履职能力的整体提升。通过组织辅导员风采展示活动，宣传展现优秀辅导员的工作事迹，为辅导员专业发展搭建展示平台。

学校少工委以课题研究和少先队活动课实施为抓手，助力辅导员实现专业化发展。针对新时代少先队工作中的实际问题，学校鼓励各级辅

导员积极参与少先队课题研究，组织涵盖小学、初中全学段的骨干大、中队辅导员，开展关于"仪式教育增强少先队员光荣感"和"新时代背景下九年一贯少先队劳动教育"的实践研究。通过组织"攀峰杯"少先队活动课展示，为辅导员相互观摩学习提供平台，为辅导员专业化发展提供动力支持。通过组织、指导辅导员整理少先队优秀成果，参与论文评选，发表学术论文，形成辅导员专业发展新的增长点。

## 三、阵地建设一体化：拓宽实践平台，实现自主发展

少先队阵地是指以一定的硬件和软件条件为依托，由少先队员参与建设管理，队员经常活动的场所或平台，它是少先队组织对少年儿童进行思想教育引导和开展实践体验的重要途径和基本形式。学校少工委规范建立少先队活动室，统一升旗仪式旗前讲话、红领巾广播的主题，并以自主教育阵地和少先队社团的建设为抓手，统筹推进少先队阵地建设一体化。

组建"3+2"少先队员自主教育阵地。少先队员是少先队的主体，只有在少先队活动中使主人翁精神得到充分发挥，少先队才具备强劲的内生动力，才能不断地发展壮大。学校少工委组建"3+2"少先队员自主教育阵地，"3"即3支自主实践队伍——红领巾讲解团、手拉手志愿服务队、攀峰研学队。这三支以少先队员为主体的自主实践队伍，从少先队员成长需求的实际出发，以宣讲、服务、研学为活动方向，为少先队员搭建自主实践活动的舞台。"2"即2个自主实践基地——突出少先队员自主管理，畅通少先队员自主参与少先队工作决策渠道的"红领巾议事厅"；强化少先队员自主设计、自主策划、自主组织少先队活动的"红领巾创意社区"。这2个自主实践基地，是在辅导员的指导和支持下，少

先队员作为主体，发挥自主意识和自主能力，实现自主管理、自主探究、自主创造的实践教育阵地。

成立六大少先队"攀峰社团"。社团是学校校园文化建设的重要载体，更是学生课外学习活动的一种有效形式。学校少工委紧抓落实"双减"政策，大力开展课后服务的契机，聚焦主责主业，以立德树人为根本目标，以"五育并举、助力成长、全面发展"为出发点，开展特色少先队社团建设。着力打造广播站（电视台）、鼓号队、队报社、戏剧社、国旗护卫队、红通社小记者站六大"攀峰社团"，以矩阵式阵地建设的发展模式，校区间统一进度、学段间递进衔接，在社团活动中突出少先队员朋辈引领的优势，九年一贯少先队整体打造具有校园影响力、区域辐射力的"攀峰社团"，促进少先队员的全面发展。

## 四、活动实施一体化：加强统筹设计，提升育人实效

没有活动，就没有少先队的发展。根据少先队员的年龄特点和所处不同学段，注重课内外、校内外的有机结合，坚持开展少先队组织教育、自主教育、实践教育，将九年一贯少先队活动进行系统整合，是推进少先队活动实施一体化，突出长链条培养优势，整体提升活动育人实效的必由之路。

开展目标整合的主题式活动。少先队以"培养少年儿童共产主义远大理想和中国特色社会主义共同理想为目标"，对少先队员要持续加强政治启蒙，所以开展少先队活动要牢牢把握思想政治引领这一灵魂主线。系统设计、由浅入深地引导少年儿童认识理解党团队的关系，引导少先队员传承红色基因，是做好全体少先队员思想政治工作的目标。学校少工委积极开展各类主题教育活动，对党史教育、法治教育、安全教育、

节日教育等主题教育活动，进行统一主题设计，形式分层设计，开展"红领巾爱学习""红领巾心向党""学习二十大"等主题教育活动，聚焦思想引领和政治启蒙，助力少先队员健康成长。

开展学段衔接的联合式活动。九年一贯少先队活动的开展要深入发掘一贯制的学制特色，充分发挥跨学段贯通培养、联动育人的机制优势，注重少先队员小初衔接的组织意识培养，增进互动交流。通过大手拉小手的联合活动模式，强化少先队员榜样引领作用和学习榜样意识，持续增强少先队员的光荣感和组织归属感。学校少工委组织共青团员给少先队员进行团队衔接的团前教育，组织大队员给小队员上队课，组织少先队员给一年级学生进行队前教育。立足"六一"、1013 建队日等少先队相关节庆日，探索开展跨学段的少先队仪式教育，开展二、九年级集体入队、离队主题队日活动，突出仪式教育的庄重性和感染力，增强组织生活的吸引力。

开展资源共享的协同式活动。协同教育是少先队组织与学校、家庭、社区和社会联建共育的方式。在推进少先队活动实施一体化过程中，学校少工委加强学校、家庭、社会协同共建，探索家校社协同共育的实践路径，充分发挥家校社协同共育作用，携手助力少先队员的健康成长和全面发展。通过开展丰富多样的活动，形成育人合力。大力整合家长教育资源，建立以中共党员为主体授课群的家长辅导员资源库，组织"攀峰家长讲堂"，开展了"祖国的传统医学——中医药文化""少年儿童健康知识科普""法律相伴 护航成长"等主题家长讲堂，发挥家庭教育作用，开阔少先队员视野，增进家校共育氛围，探索家校协同育人的新思路、新模式。学校少工委加强与街道、社区、爱国主义教育基地等校外机构、社会单位的互动联系，建立联建共育机制，引进优质社会教育资源进校园，建设校外实践教育基地，为少先队员成长成才提供更广阔的实践平台。

## 五、评价体系一体化：正向阶梯评价，激励成长赋能

《关于构建阶梯式成长激励体系增强少先队员光荣感的指导意见》中指出："探索设计导向鲜明、形式多样、交织贯通、阶段上升的阶梯式成长激励体系，引导少先队员在追求一个个小目标的过程中接受政治启蒙和价值观塑造。"学校少工委制定少先队员阶梯式成长激励体系的相关工作文件，严格规范红领巾争章、分批入队、分级激励、推优入团的操作流程，以结果准度、目标高度、进阶深度为导向，进一步推动评价一体化促进育人功能最大化的实现。

整体构建九年一贯衔接贯通、阶梯上升的成长激励体系，坚持组织培养纵向一体化，建立健全从"队前教育"到"分批入队"、"团队衔接"到"推优入团"的贯穿少先队员成长全过程的阶梯式成长激励体系。坚持荣誉激励横向一体化，通过用好、用足"红领巾奖章"，表彰"优秀少先队员""优秀少先队集体""攀峰少年"，实施分级激励、评优争先，持续激发、强化少先队员的光荣感。坚持队干部管理制度一体化，形成队干部分级培训、定期述职、过程评价的管理制度，对少先队各级队干部严格选拔标准，统一选举流程，规范做好任职期间的考核和激励，对严重违反纪律、不称职的队干部，采取"能上能下"的选任机制。确保队干部履职担当，发挥示范带头作用，实际激励到少先队员增强光荣感，传承红色基因，成长为能够担当民族复兴大任的时代新人。

下一步学校将继续发挥学制优势，将九年一贯少先队组织作为试验田，大力开展少先队改革实践探索，进行长链条育人培养的实践研究。侧重初中少先队建设的实施策略研究，继续拓展工作思路，强化总结经验意识，为党团队一体化建设、少先队员贯通培养提供易推广、可借鉴的实践经验，健全九年一贯少先队工作的新格局。

# ● 课程思政、学科育人的实践探索

## 整体把握义务教育新课标的特点，
## 把立德树人写进学生心里

张斌平

2022 版的义务教育课程标准正式发布了，这是新时代我国基础教育改革发展的重要里程标志，是落实新时代立德树人根本任务的重大推动力。真正实现义务教育课标进教材、进学校、进课堂，把新课标的目标融入学生的精神血脉，把新课标的任务变成学生健康成长的能量，特别需要学校、教师、家长等各方面全面理解新课标的精神，整体把握新课标的特点。本着同中求异、异中求同的原则，新版义务教育的课标有六个方面的特点值得关注。

### 一、以课程核心素养统领课程目标任务和内容评价

这是整体理解新版各学科课程标准的首要任务。学生核心素养，高中阶段称之为学科核心素养，在新义务教育课标中统一改成了课程核心素养。课程核心素养是课程育人价值的集中体现，是学生通过学习各门课程而逐步形成的正确价值观、关键能力和必备品格的综合性表述。关于新版义务教育课标中的核心素养统领作用，至少可以从两个维度来深化认识，一就是义务教育课标与 2017 版（2020 修订版）的高中课标比较，二就是涉及与 2011 版的义务教育课标的比较。

2011版义务教育的课标多用"三维目标"来表达课程目标，新版用核心素养来统领是一种发展和提升。我们所说的三维目标是指知识与技能、过程与方法、情感态度价值观。三维目标的表述基于心理学、教育学概念表达，三维目标既关注学科也关注学生，缺乏深度融合不够，没有体现各学科课程的育人本质。现在用核心素养来统领是对三维目标进行的整合，以关注学生成长为基本理念，饱含了学科意味，体现着学科育人本质。由此对课程性质也有新的认识定位。在强化课程育人的目标导向上更加明确清晰。新版义务教育课标对2011版来说是一个发展提升。

与2017版（2020修订）高中课标相比，2022版义务教育新课标的核心素养是一种继承和完善。可以细分为两种情况，一类就是与高中的学科核心素养的表述是一致的，体现了义务教育阶段向高中阶段的看齐。比如说英语学科、历史学科、地理学科课程对核心素养的表述完全一致。虽然核心素养的表述没有变化，但是针对义务教育各学段的学业提出发展核心素养的具体要求不同。比如历史课程核心素养的表述，初中和高中一致，但针对义务教育学段特点，把核心素养的达成要求简化为：掌握历史发展过程的重要史事、了解历史发展过程中的各种联系、认识历史发展的基本规律和趋势。

另一类是义务教育阶段与高中阶段对核心素养的表述是不同的，这种不同是对高中阶段表述的一种完善。比如语文课程核心素养高中的表述为：语言建构运用思维发展与提升，审美鉴赏与创造，文化传承与理解。新版义务教育阶段简化成了文化自信、语言运用、思维能力、审美创造。说明新的表述适应义务教育阶段要求进一步凝炼了核心素养，内在精神是一致的，但比原来高中阶段更精练简化。数学课程全都统一成了"三会"，就是小学、初中、高中对数学课程核心素养全都表述为三句话，"会用数学的眼光观察现实世界、会用数学思维思考现实世界、会用数学的语言来表达现实世界"。2017 版高中数学学科表述是六个关键词。虽然现在义务教育阶段数学都统一成这三句话，但是在保持核心素养的一致性、整体性的同时，也突出阶段性。小学阶段侧重对经验的感悟，初中阶段侧重对概念的理解。小学阶段主要表现为数感、量感、符号意识、运算能力、几何直观、空间观念、推理意识、数据意识、模型意识、应用意识、创新意识。初中阶段主要表现为抽象能力、运算能力、几何直观、空间观念、推理能力、数据观念、模型观念、应用意识、创新意识。

在新版义务教育课标中，科学及理化生各科的核心素养表述几乎是一样的。科学课程表述为科学观念、科学思维、探究实践、态度与责任。物理课程的表述是物理观念、科学思维、科学探究、科学态度与责任。化学课程的表述是化学观念、科学思维、科学探究、科学态度与责任。生物课程的表述是生命观念、科学思维、探究实践、态度与责任。之前高中阶段基本上物理、化学、生物对核心素养的表述是各不相同的。这种对课程核心素养表述纵向（高中与义务教育阶段）的不一致、横向（不同学科）的基本一致，说明核心素养的凝练在不断地深化，更是核心素养统领课程育人功能的一种体现。

**表 1-1 义务教育阶段与高中阶段课程核心素养表述对照表**

| 学段＼学科 | 高中课标 2017 版 | 义务教育课标 2022 版 |
|---|---|---|
| 思政 | 政治认同、理性精神、法治意识、公共参与 | 政治认同、道德修养、法治观念、健全人格、责任意识 |
| 语文 | 语言建构与运用、思维发展与提升、审美鉴赏与创造、文化传承与理解 | 文化自信，语言运用，思维能力，审美创造 |
| 历史 | 唯物史观、时空观念、史料实证、历史解释、家国情怀 | 唯物史观、时空观念、史料实证、历史解释、家国情怀 |

续表

| 学段\学科 | 高中课标 2017 版 | 义务教育课标 2022 版 |
|---|---|---|
| 数学 | 数学抽象，逻辑推理，数学建模，数学运算，直观想象，数据分析 | 会用数学眼光观察现实世界、会用数学思维思考现实世界、会用数学语言表达现实世界 |
| 英语 | 语言能力、文化意识、思维品质、学习能力 | 语言能力、文化意识、思维品质、学习能力 |
| 物理 | 物理观念、科学思维、实验探究、科学态度与责任 | 物理观念、科学思维、科学探究、科学态度与责任 |
| 化学 | 宏观辨识与微观探析<br>变化观念与平衡思想<br>证据推理与模型认知<br>科学探究与创新意识<br>科学态度与社会责任 | 化学观念、科学思维、科学探究、科学态度与责任 |
| 生物 | 生命观念、理性思维，科学探究，珍爱生命 | 生命观念、科学思维、探究实践、态度责任 |
| 地理 | 人地协调观、综合思维、区域认知、地理实践能力 | 人地协调观、综合思维、区域认知、地理实践能力 |

由表 1-1 可见新版义务教育课标与 2011 版旧课标相比是一种发展提升，与 2017 版高中课标相比是一种继承完善。

无论是继承还是发展，认识新版义务教育课标核心素养的统领作用，都要归结到深化落实立德树人的根本任务。坚持德育为先，提升智育水平，加强体育美育，落实劳动教育，继续强化课程教学的五育协同水平，推动教育高质量发展。在提升学生生命安全健康教育的基础上，进一步增强对习近平新时代中国特色社会主义思想的理解和认识，继续推进社会主义先进文化、革命文化、中华优秀传统文化进课程、进教材、进课堂，继续把国家安全、生态文明等重大主题教育有机融入课程，培养有理想、有本领、有担当的一代新人。这是核心素养的统领作用，这是发掘课程育人功能的关键。

## 二、以结构化作为课程内容整合的突出特点

各个学科的义务教育的课程标准，都强调课程内容的结构化，避免课程知识的碎片化，尽可能地让课程内容结构化程度更高。整个数学课程内容分为 4 大学习领域，包括数与代数、图形与几何、统计与概率、综合与实践。这 4 大领域贯穿义务教育的 4 个学段。语文课标和劳动课标里设置了若干个"学习任务群"，"学习任务群"就是结构化的课程内容。科学课程由 13 个学科核心概念和 4 个跨学科概念组成（见图 1–3）。

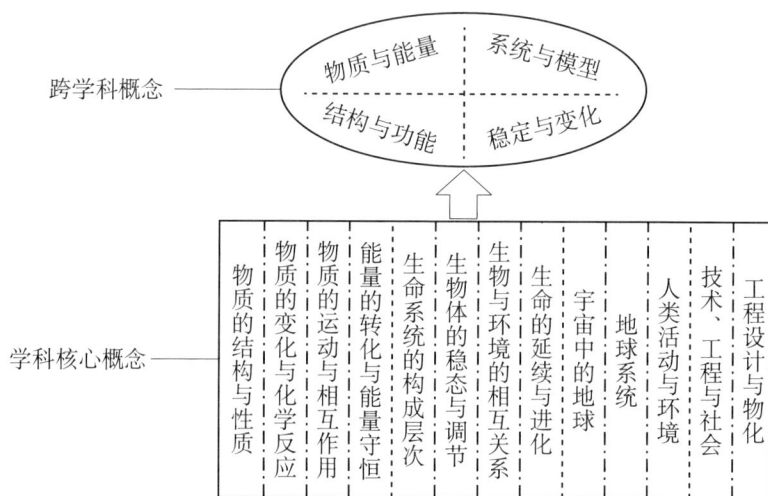

图 1–3　科学课程的内容结构

地理课程围绕认识全球和认识区域，借助地理工具，开展地理实践，形成课程内容系统。其他学科课程也都对课程内容进行了"主题式"的结构化整合（见图 1–4）。

在课程内容结构化的过程中，各个学科标准都强调课程知识的整合与简化。例如新版生物课程把 2011 年的 10 个学习主题整合为 7 个学习主题（见表 1–2）。知识的整合与简化，本身是为了符合结构化内容

体系、主题式学习的需要，但是也包含着减轻学生学业负担的理念在里面。

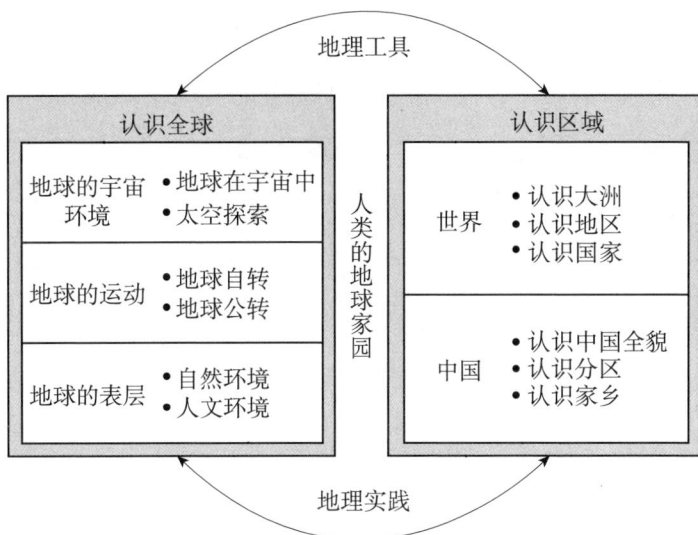

图 1-4　地理课程内容结构

表 1-2　2011 版与 2022 版课标比较表

| 2011 版课标学习主题 | 2022 版课标学习主题 |
| --- | --- |
| 科学探究<br>生物体的结构层次<br>生物与环境<br>生物圈中的绿色植物<br>生物圈中的人<br>动物的运动和行为<br>生物的生殖、发育与遗传<br>生物的多样性<br>生物技术<br>健康地生活 | 生物体的结构层次<br>生物的多样性<br>生物与环境<br>植物的生活<br>人体生理与健康<br>遗传与进化<br>跨学科实践 |

课程内容结构化的本质就是不断强化学科知识内容的内在逻辑，通过内在逻辑来构建课程的知识体系。通过主题、核心（大）概念进一步

整合知识点，促进学科内的综合与学科间的融合，凸显全面育人价值，为整体构建学科体系和学科观念清除障碍。这种知识体系的建构过程引导教师和学生形成动态的、系统的思维方式。课程内容的结构化有利于强化学科课程的系统性，发掘了课程知识的学术价值和时代意义，有利于指导教学把"死知识"变成"活文化"。课程内容的结构化必然对教师的教学逻辑提出更高要求，教师要在学生认知逻辑的基础上，实现学科知识逻辑与教师教学逻辑三者相统一。让学生学习在课堂真实发生，推动课堂成为深度学习场域，促进学生的思维品质得到提升。让教学持续从"教师教会"向"学生会学"转变。让教学成为学生智育的主渠道，不断改善提升智育水平。对于进一步打破死记硬背、机械模仿的学习状况必然起到促进作用，对于批量制造"做题家"的情况也会起到遏制作用。

## 三、以学业质量标准为核心来落实"教——学——评"一体化

新课标是通过学业质量标准来进一步地促进教什么、学什么和怎么评价的一致性。改变之前一些课程按照三维目标分别评价的做法，促进"教——学——评"有机整合。最突出的表现就是划分学业水平层级，每个学科都有学段进阶目标。通过学段进阶来突出过程性评价。把日常评价、日常反馈融入日常教学过程当中，改变仅以学期期末考试或者学年评定来决定学生学业表现的评价机制。实际上它本身也是发展核心素养的一个具体表现形式，就是通过学生在核心素养的表现来体现学业质量。而且几乎各个学科课程都是分3～4个学段。像语文、数学都是4个学段。高中课程作为1个学段，高中主要讲水平层次，高中主要是4个或5个水平层次。合格性考试是水平一、水平二，高考选拔的是水平三以

上，但义务教育具有基础性、周期长的特点，主要是分学段，按水平层次划分的情况较少。每个学段对核心素养的达成表现提出明确要求，把学业质量评价落到实处。

## 四、以统筹九年的课程设计来突出义务教育的整体性

新版义务教育各门课程方案提出，注重学段衔接，包括幼小衔接和小初衔接。各门课程基本上都是以学段为单位。道德与法治课程整合了2011版义务教育品德与生活、品德与社会、思想品德3个课标，按照大中小学思政课一体化的要求，设计了义务教育九个年级的课程内容，课标中规定是一年级到九年级的内容，按照"二二二三制"，分为4个学段。信息科技课程规定，三到八年级开设独立的信息科技课。一、二年级和九年级不独立开课，但是一、二年级和九年级是融入其他学科的模块里，共设计了9年的学习内容。艺术课程是一到七年级主要开设音乐、美术，融入舞蹈、影视、戏剧等内容，然后八、九年级分项选择开设，5门课程全都作为正式的义务教育课标课程。

科学、体育与健康都是设计了9年的课程安排，没有单独划分初中课程内容、小学课程内容，明显淡化了传统"六三""五四"两种学制小学与初中的界限。而以学段和年级来作为能力进阶的划分，更注重9年整体统筹和贯通。

## 五、以跨学科、实践性、综合性学习深化教学方式改革，推动全科育人

按照五育并举的方针，凸显学生主体地位，满足学生个性化、多样

化发展需求，推动教学方式改革。新版课程方案把劳动、信息科技从综合实践活动课程中独立出来。科学、综合实践活动提前到一年级开设课程。原有的课程都突出课程实践活动。科学课程取消了学科领域，按照核心概念设计课程，突出其作为综合课程的特点。体育与健康课程着力解决"不出汗的体育课""没有掌握运动技能的体育课"等问题。

新版义务教育新课标跨学科融入点非常多。最大的变化就是各门学科都设计了 10% 课时的跨学科学习，各学科都安排跨学科学习主题。化学课程设计了包括基于"碳中和"理念设计低碳行动方案、基于特定需求设计和制作供氧器、海洋资源的综合利用、制盐等在内的 9 个跨学科实践活动。其他各个学科都把综合实践学习活动作为教学方式改革的一个重要支撑点。就是在学科内主题学习的学段，也都是强调课程实施的实践性。数学课程有 4 个学段，前 3 个学段都是主题式学习，第 4 个学段是项目式学习。这种学习设计既是教学方式变革的需要，也是课程内容结构化的必然要求。物理课程涉及 3 个领域，包括物理内容、实验探究、跨学科实践。只有物理内容是纯物理学科的。实验探究和跨学科实践，这两大领域都体现了学生动手操作和实践性内容。也就是说这 5 个一级标题，只有 3 个是学科内的，两个都是跨学科的，或者说是实践性的。跨学科的主题包括 3 个二级主题：物理学与日常生活、物理学与工程实践，物理学与社会发展。地理课程也是特别突出地理的活动和实践特色。

2021 年，教育部印发了《生命安全与健康教育进中小学课程教材指南》，提出生命安全与健康教育主要包括健康行为与生活方式、生长发育与青春期保健、心理健康、传染病与突发公共卫生事件应对、安全应急与避险 5 个方面，要求结合学科特点，将生命安全与健康教育全面融入中小学课程教材。在新版的道德与法治的课程标准中，一到九年级授课，每个年级的课程内容都有一个必备的学习主题"生命安全与健康教育"。这就是跨学科特点，例如道德与法治课程也要把生命安全健康教育放在突出位置，这是加强生命健康教育的一个表现。其他学科课程也都承担了一部分生命健康教育的功能。

科学课程实践活动贯穿一年级到九年级，明确了每个学段必须完成的实践活动清单，体现出科学课程的本质特点。

新版义务教育课标强化实践性学习，注重跨学科融合，力度大、成果多，通过各门课程的横向联系强化了义务教育课程的整体性。这既是尊重义务教育阶段教育规律的内在需求，也是适应新时代人才培养需求的必然结果。作为一线教育工作者应深入认识学科课程分科教学和整体育人的关系，进一步弥合分科教学与整体育人的巨大裂痕。

## 六、以信息技术与课程教学的深度融合，推动教育高质量发展

信息技术的迅猛发展持续塑造教育教学的形态。疫情的影响加剧线上线下结合课程教学成为基础教育教学的常态。而青少年因为过度使用电子产品影响身心健康的情况也日益普遍。如何在适应数字技术时代要求的情况下，促进学生身心健康发展是新课标无法回避的话题。

信息科技课标集中反映了在义务教育阶段课程培养的理念。信息科技课程把培养学生科技科学精神和科技伦理，提升自主可控意识，培育社会主义核心价值观，树立总体国家安全观，提升数字素养与技能作为课程性质和宗旨。发挥课程育人功能，帮助全体学生学会在数字时代的知识积累与创新的方法，引导学生在使用信息科技解决问题的过程中遵守道德规范和科技伦理，促进学生在数字世界与现实世界中健康成长。

把信息意识、计算思维、数字化学习与创新、信息社会责任作为课程核心素养。各个学科课程标准也都在"教学提示"部分要求利用信息技术，拓展教学资源，线上与线下结合开展教学活动。

这就要求在新课标的实施中，各学校各学科教师都要关注义务教育阶段学生信息科技素养的发展，恰当运用信息技术形式，在确保学生生命健康的前提下，推动教学方式改革。

对新版义务教育课标的认识肯定不止以上 6 个维度，但我们已经明确地看到新版课标在继承的基础上实现了巨大创新。在落地实施的过程中，急需全面系统地把握课标特点，整体设计教学活动，在坚持分科课程教育的基础上提升全科育人、整体育人水平，推动基础教育高质量发展。

例如学校音乐老师在寒假不能外出旅游的情况下设计了"跟着音乐去旅行"的"假期作业"。以"国乐之旅"为例，内容的选取以中小学音乐教材中集思想性、艺术性、鉴赏性于一体的经典的中国民族民间音乐作品为依托。在"旅行"中夯实课内知识与技能，凝练提升核心素养。设计内容采用课上、课后相结合，涵盖民歌空间之旅、民乐时间之旅、梨园戏苑时空之旅三部分内容。项目式学习与重大节日、民俗节气相融合，音乐学习与人文学科相融合，将学到的知识技能应用于艺术表现，通过创意实践、文化理解，在"音乐旅行"实践中感受音乐学习的乐趣。小学低年级采用故事导言、游戏、歌舞的形式引领民歌空间音乐之旅；中高年级采用将音乐要素加入学习单的方式，带着一目了然的知识点开启"音乐旅行"。"国乐之旅"注重学科融合，将民间器乐的学习融入古诗或历史故事。在开学后的课堂上深化假期的"国乐之旅"。在《江南行》音乐艺术综合课中，利用双师课堂技术条件，教师组织学生在通过视听感受江南自然风光、风土人情的气氛中学唱越剧《西湖美》片段，学生现场聆听教师用吴侬软语示范演唱，学生似置身于江南，通过自创舞蹈动作表达江南文化气质。引导学生深入了解我国优秀的民族民间音乐文化，通过听、唱、奏、动、创感受民族音乐之美，提升核心素养。

语文教师在教学中更加注重设计学生自主的言语实践活动。例如"我的植物朋友"习作活动，在科学课上学种植，在语文课上来观察记录，制作植物记录卡。在小组合作养植物的过程中，体验关心、担忧、喜悦、激动等复杂的心情，和植物成为朋友。习作中就自然而然地讲述着植物生长规律方面的科学知识，比只描写好看的花花草草要丰富和充实。语文教师与科学教师合作完成教学。

新版课标把书法纳入语文课程。书法课中体验特殊技艺。书法教师发挥个人特长，在课堂引导学生学习传统的拓印技术。学生在体验拓印的过程中，不仅可以加深对书法的认识，也能体会到工匠精神的伟大，体会文化传承的价值。

总之，贯彻落实新版义务教育课标理念，特别需要整体把握课程理念。素养提升统领就是凸显学生主体地位。强化课程育人，落实立德树人。课程内容结构化，关键就是提升学生智育水平。注重学业质量标准，就是促进教学育分与育人相统一。注重学段贯通课程统筹设计，就是尊重学生成长规律，促进课程教学全程育人。注重跨学科、实践性学习，关键就是回归真实生活，培养创新意识。信息技术与课程内容的深度融合，就是适应社会发展需求，造就时代新人。

# 新时代背景下整体构建学校德育体系的实践探索

袁立新

党的十九大报告提出了中国发展新的历史定位——中国特色社会主义进入了新时代。党的十九大报告再次强调"要全面贯彻党的教育方针，落实立德树人根本任务，培养德智体美全面发展的社会主义建设者和接班人"。习近平总书记在全国教育大会上强调，"培养什么人，是教育的首要问题。我们的教育必须把培养社会主义建设者和接班人作为根本任务，培养一代又一代拥护中国共产党领导和我国社会主义制度、立志为中国特色社会主义奋斗终身的有用人才。这是教育工作的根本任务，也是教育现代化的方向目标。要在坚定理想信念上下功夫、要在厚植爱国主义情怀上下功夫、要在加强品德修养上下功夫、要在增长知识见识上下功夫、要在培养奋斗精神上下功夫、要在增强综合素质上下功夫。"这是党中央在新时代对教育根本任务的新概括，是对学校德育地位和作用的新认识，是对人才培养的新要求。

德育作为构建德智体美劳全面培养的教育体系的关键领域和重要环节，必须以立德树人为目标统领，全面贯彻落实党的教育方针，充分发挥道德教育在立德树人过程中的主体地位，着力解决存在的突出问题，形成全员育人、全程育人、全方位育人的德育工作格局，是今后很长一段时期德育工作的重中之重。站在新的历史起点上，全面加强顶层设计，整体构建学校德育体系建设，是加强和改进学校德育工作的应有之义和必然要求。

新时代背景下，景山学校尊重德育特有的发展规律和学生身心发展的特点，从立德树人的高度总揽全局，加强各学段的协同育德，使德育工作贯穿于基础教育十二年全过程。创设不同学段德育协同发力、和谐共生的德育生态格局，促进学生道德意识的螺旋式上升，进而整体构建学校德育体系。

## 一、确立整体构建德育体系的思想基础

德育理念是学校所遵循的德育思想，是全体教师对学校德育价值的理性思考与实践追求，它关乎学校德育的存在价值、前进方向，关乎学校全体教师立什么样的德、育什么样的人。因此，一所学校德育理念的确定，应源于学校的办学理念。这样德育理念才能与办学理念匹配一致，也才能以德育的有效作为去实现办学理念所希冀的教育理想与育人目标。

我校始终在思考为谁培养人、培养什么人、怎样培养人的教育根本问题。在"全面发展打基础，发展个性育人才"办学理念的指导下，坚持素质教育，坚持改革创新，大力弘扬社会主义核心价值观，坚持社会主义办学方向，努力践行"立德树人"根本任务，面向未来，培育德智体美劳五育并举、全面发展的中国特色社会主义的合格建设者和可靠接班人。

新时代背景下整体构建德育体系，我们站在时代发展和深化教育改革的战略高度，坚持方向性、主体性、整体性、层次性原则，从人的整体、全面发展需要综合考量、统筹安排、协同推进，整体构建学校德育体系。

整体构建学校德育体系运用系统科学的思想方法，构建学校德育体系时不局限于某一年级或某一学段，而是以整体性的视野，立足于小学到高中道德教育的全过程，对小初高德育体系进行统一规划和整体架构。不仅注意加强各学段之间的交流和沟通，而且着力解决内容存在交叉、重复和倒置等违背学生发展规律的问题，保持德育体系各要素和各层次横向贯通、纵向衔接、分层递进、螺旋上升，进而构成一个时间上具有全程性，空间上具有全面性的，能够产生更大整体效应的德育系统。

在整体构建德育体系的过程中应注意中小纵向衔接以及学校、社会、家庭横向沟通，针对不同年龄及学习阶段的学生的理解和接受能力所采用的教育方式和侧重点有所不同。还坚持以学科为主渠道，课内外、校内外相结合。遵循由浅入深，由低到高，由近及远，由具体到抽象，由感性到理性的原则，针对学生思想品德发展的实际和各个年龄阶段学生的心理特点，整体构建十二年一贯制发展性德育体系，进行小初高一体化的顶层内容架构，依据各阶段学生的认知特点构建分层递进、螺旋上升、整体衔接的德育序列体系。

## 二、制定整体构建德育体系的原则

新时代背景下整体构建德育体系，要站在时代发展和深化教育改革的战略高度，坚持方向性、主体性、整体性、层次性原则，从人的整体发展需要综合考量、统筹安排、协同推进，构建德育体系。

一是方向性原则。党的十八大报告明确指出"把立德树人作为教育的根本任务"，这是对"育人为本，德育为先"教育理念的进一步深化，为学校德育工作提供了行动指南。教育的根本是"育人"，这是学校德育的核心价值。坚持育人为本、德育为先的办学理念，把理想信念教育、公民意识教育、优秀传统文化和革命传统教育、社会主义核心价值观教育作为德育的重点，实现培养社会主义合格建设者、可靠接班人和具有现代素养的公民的目标。

二是主体性原则。德育工作的目标应该是促进人的全面发展。学校德育坚持以人为本的教育理念，着眼于时代发展和学生个体发展的需要，遵循学生身心发展的规律，尊重学生，解决、满足、引导和提高学生自我发展的需要，把学生培养成为真正的道德主体，为学生的可持续发展和实现人生幸福打好基础。

三是整体性原则。现代德育是一个大系统，宏观上，学校德育工作需要与社会教育、家庭教育各司其职、各负其责，实现有机衔接，发挥其整体合力。微观上，需要进一步完善学校德育体系，实现各个教育阶段德育的有效衔接，体现德育的整体性。学校要形成全员育人、全面育人、全程育人、全方位育人的氛围，建立责、权、利相统一的教书育人、管理育人、服务育人、环境育人的工作体制机制。

四是层次性原则。由于德育内容层次有别、德育要求高低不同，德育对象的个体差异，因而在德育工作中必须坚持层次性原则。依据德育自身的层次性、德育对象的差异性和德育过程的规律性，提出不同的目标和要求，分年级、分层次、有针对性地开展德育工作。

## 三、尊重学生身心发展规律，构建德育体系

人的全面发展需要系统整体的教育来培养和支撑，学生的发展既具有阶段性又具有发展性，因而，德育目标的制定、德育内容的选择既要满足学生阶段性的短期需求，也要满足学生道德成长的长远发展需要。我们在构建学校德育体系时不局限于某一年级或某一学段，而是以整体

性的视野，立足于小学到高中道德教育的全过程，对小初高德育体系进行统一规划和整体架构。不仅注意加强各学段之间的交流和沟通，而且着力解决内容存在交叉、重复和倒置等违背学生发展规律的问题，保持德育系统各要素和各层次横向贯通、纵向衔接、分层递进、螺旋上升，进而构成一个时间上具有全程性，空间上具有全面性的，能够产生更大整体效应的德育系统。

学生在不同的发展阶段有着不同的发展特点，德育要确保其针对性和实效性就需要了解其阶段特征，从而采取相应的德育措施和手段。整体构建学生发展性德育体系，着眼于时代发展和学生个体发展的需要，遵循学生身心发展的规律，尊重学生道德主体的个性化、多样化需求，根据不同教育阶段学生身心发展的规律特点、思想实际和理解接受能力，科学制定德育目标和内容，积极开展主题教育活动，努力拓展德育途径，有针对性地进行教育和引导，把国家和社会对学生的道德要求，转变为学生追求自我完善和发展的动机和愿望，更好地实现德育目标和任务，更好地促进青少年学生全面健康成长。

## 四、构建"纵向衔接，横向贯通"德育体系

新时代背景下，我们从马克思主义辩证法出发，尊重德育特有的发展规律，了解学生身心发展特点。纵向上，用整体和动态的眼光统筹德育各学段，用系统方法整体实现小初高德育目标和德育任务的有效衔接，突出重点，层层推进；横向上，实现各学段德育内容、德育方法和德育评价的一致性和协调性，使各要素有机融入，相互渗透，构建不同学段德育协同发力、和谐共生的良好德育工作格局，进而形成一体化德育理论和实践体系。

　　整体构建学生发展性德育体系的构架基本上总括了学校德育体系中各要素的不同层次、不同方式、不同范围的联系形式。从纵向看，是小学到高中 12 个年级的纵向衔接。这种衔接要求每年级的德育目标、内容、实施细则、评价都应遵循不同年级学生的特点和品德形成发展的规律，建立分层递进、螺旋上升、和谐衔接的有机联系。通过这种联系，可以反映体系自身构建的整体性。从横向看，是德育目标、德育内容、德育实施细则、德育评价几大方面的横向贯通。这种贯通要求每个方面都要落实到 12 个年级中去，遵循德育工作的规律，使德育目标、内容、实施细则、评价环环相扣、互相依存、和谐贯通。通过这种联系做到各年级自身构建的整体性。

## 五、创建一体多元的德育评价体系

　　开展中小学德育评价是落实立德树人根本任务的重要举措，既能够保证学校德育工作的正确方向，也能够推进育人长效机制的建设。

　　学生的成长是在不断循序渐进的过程中发生的，对学生进行德育评价，最终目的是要在"育德"的过程中达到"育人"的目的。我们在整体构建德育体系时，注重一体化德育评价，注重德育评价有效衔接，将评价贯穿于学生德育发展的始终，德育评价采用诊断性评价、过程性评价、发展性评价等评价方式，强调对学生的表现进行动态的评价，如实记录和评价每次德育活动的开展情况，积极发挥评价机制的鼓励与导向作用，创建以学生发展为本的德育评价系统，在评价过程中进行教育、发挥作用，在发展过程中实现进步，达到改进完善的目的，这对于学生良好道德品质的形成及自我发展有着重大的意义与作用。

德育评价注重采用多样化的评价方法对学生的品德发展状况以及学校德育工作的成效进行科学合理、客观全面的评价，构建多元化的评价方式。在评价主体上采用多元主体评价，包括教师评价、学生评价、家长评价；在评价形式上，采用成长档案袋、道德积分卡、攀峰成长手册等；在评价内容上，通过一体化的德育评价理念、目标以及多样性的德育评价方法的构建，德育评价更有利于学生的综合道德素养的发展，并且德育评价能够更好地发挥诊断、导向和激励的功能，促进德育效果的提升。

## 六、构建年级特色主题教育活动体系

我校多年以来一直通过开展内容丰富多彩、形式灵活多样的主题教育活动来促进德育工作的落实，在尊重教育规律和学生身心发展规律的基础上，根据不同年龄阶段学生的身心特点，对中小学德育目标、内容进行了系列化设计，把德育渗透于教育教学的各环节，构建了贯穿于学生从小学一年级入学到高三年级毕业的整个基础教育阶段 12 年的德育主题教育活动体系，体现学段性、主题性、全局性特点，环环相扣、贯穿始终、有效衔接，针对学生成长的每一个阶段的需要开展特色主题教育活动，将主题教育活动贯穿于学校教育的全过程，真正增强德育的针对性和实效性。

鲜明的德育主题教育活动，不但培养了学生科学的世界观、人生观，强烈的责任感，勇于创造的精神，还培养了学生刻苦认真、耐心细致的学习品质，对学生良好道德品质的形成起到了促进作用，从而使每一次活动都成为一个完整的、和谐的、富有弹性的、具有人性化氛围的教育空间（见表 1–3）。

**表1-3　年级特色主题教育活动体系**

| 年级 | 主题教育活动 |
|------|------------|
| 一年级 | 红星闪闪放光彩　早日加入少先队 |
| 二年级 | 星星火炬指航程，少先队员最光荣 |
| 三年级 | 入队誓词记心间，努力争做好队员 |
| 四年级 | 我为队旗增光彩，中队因我增荣光 |
| 五年级 | 四项达标我争先，小学毕业我光荣 |
| 六年级 | 四序伊始，憧憬未来 |
| 七年级 | 惜别童年，阳光成长 |
| 八年级 | 青春起航，梦想绽放 |
| 九年级 | 勇攀高峰，奠基未来 |
| 高一年级 | 认识自己，规划人生 |
| 高二年级 | 体验社会，勇担责任 |
| 高三年级 | 十八而志，逐梦前行 |

置身于新时代，面对中小学校德育工作面临的新问题与新挑战，用创新的思维和行动促进学校德育工作新发展，尊重德育工作的基本规律，整体构建学校德育体系，是我们应该担负的现实使命。

# 在物理情感教学中落实学科育人

裴加旺

《2017 年普通高中物理课程标准》和《2022 年义务教育阶段物理课程标准》明确提出：坚持立德树人、育人为本，贯彻德智体美劳全面发展的教育方针。进一步明确"培养什么人、怎样培养人、为谁培养人"，优化学校育人蓝图。聚焦学生发展核心素养，培养学生适应未来发展的正确价值观、必备品格和关键能力，引导学生明确人生发展方向，成长为德智体美劳全面发展的社会主义建设者和接班人。

物理学的知识体系和思想体系的不断发展与更新，形成了科学所独有的自然观和价值取向，对人类的思想方式和价值观产生了重大的影响。16 世纪由哥白尼发端的天文学革命，直接动摇了欧洲一千年的封建神学思想统治，动摇了神权至上的社会观念。17 世纪以来物理学的辉煌成就，使得崇尚理性的科学精神成为指导人类行为的最重要的准则之一，不仅表现在思想方法上，还表现在行为准则上。物理学的发展要求人们以实事求是的态度对待一切事物和现象，以严格谨慎的态度进行探究，以锲而不舍的精神追求真理，以勇于质疑和批判的精神进行挑战，以大胆而又基于证据的假设，创新建构认识世界的理论框架，所有这些都成为人类发展的共同精神财富。

所以我们在物理教学中，要善于情感性地处理教学内容，使之"知"情并茂。明确的价值导向对培养学生崇尚科学理性、弘扬科学精神、尊重科学伦理具有重要价值。如在人与自然、主体和客体的关系上，理解物质第一性，理解自然规律的存在，树立尊重事实、尊重客观规律的观念。理解科学理论的相对性，体会到人类认识的局限性和认识过程的无穷性，树立为科学而不断探索、不断奋斗的远大理想。理解自然界是在不断运动变化的，树立用发展的眼光看问题的观念。理解自然界是辩证统一的，养成用辩证的方法认识世界的习惯等。在逐步认识客观世界的协调性、和谐性，科学理论的简约性与内涵的丰富性的基础上，养成协调、和谐、简约、注重内涵的审美品质。在个人品质上，培养对科学的关注和参与科学实践活动的热情，培养责任感和坚强意志，培养自信、自觉、果断、顽强、实事求是、谦虚谨慎、勤奋努力的精神等。

## 一、在情感教学中渗透学科育人

人们在实践活动过程中自然会伴随喜怒哀乐的各种情感体验，而教育者在编写教材的过程中，也必然会流露出相应情感，这将导致某些教材内容本身不可避免地蕴含大量的情感因素。在教学活动中，老师经常遇到这类问题，那么我们该怎么处理呢？

揭示这类教学内容背后的隐情。物理教材中的许多知识，大多冠以定律、定理、原理、定则、公式等名称和类似的形式，给人以"庄严""神圣"甚至"神秘"的感觉，似乎它们一开始就是完美无缺的，被供奉在科学的殿堂里，接受着人们的顶礼膜拜。其实不然，在我们物理教材中出现的科学知识，也都是人类在长期征服科学的道路上，经过无数次的挫折、失败，反复琢磨、探索后取得的，甚至经历数代人的努力才逐渐趋于完善。内中不仅凝聚着前人的智慧，也凝聚着他们对真理、对科学执着追求和百折不挠的毅力、热忱和献身精神。在这些科学知识背后都有一段段鲜为人知的动人故事。在教学中，教师结合有关教学内容，给学生介绍这方面的资料，将这些科学知识与人的有血有肉、有情有感的创造性活动联系起来，无疑会赋予这些内容以情感色彩，使学生对这些科学知识产生亲切感。

第一，通过介绍我国科学家的故事，弘扬民族精神，进行爱国主义教育。例如，在讲解重核的裂变时，课本上介绍了二分裂现象，此时可补充介绍我国著名物理学家钱三强、何泽慧夫妇用核乳胶进行实验，发现重核的三分裂现象和四分裂现象，并因此获得法国科学院亨利·德巴微奖的故事，使学生产生民族自豪感。又如在讲宇宙航行知识时，介绍我国的航天事业蓬勃发展——天河核心舱空间站、北斗导航系统、嫦娥卫星、天问一号等世界瞩目的科技成果，能激起学生的爱国热忱。

第二，通过介绍科学家在取得成果后不为个人名利的故事，以展示他们的高风亮节，进行思想品德教育。例如在讲到放射性物质镭的发现时，介绍居里夫人是怎样历尽千辛万苦，克服了物质上、精力上、身体上为常人难以想象的困难和煎熬，最后终于成功地提炼出 1 克纯镭，两度获得诺贝尔奖的事迹。其中可特别提到由于镭可以消除肿瘤和可怕的癌症中发生的组织增生现象，具有极重要的医疗价值。居里夫人本可以把这 1 克镭卖掉，得到 5 万英镑的巨款，但她不愿意收取分文，而是无私奉献给人类。她说："镭乃仁慈之工具，故为世界所有。"学生听了无不为之动容。

第三，通过介绍科学家锲而不舍、刻苦钻研、不怕挫折、坚定执着的故事，进行个性品质的培养。这方面的资料也最为丰富。从牛顿煮鸡蛋的故事中反映科学家专心研究的工作作风，从伽利略宗教法庭审判的轶事中反映科学家坚持真理的精神，尤其是针对学生中较普遍存在的科学家都有出类拔萃的智慧和创造力，而自己则缺乏这种天赋的常见心理，教师着重介绍非智力因素在这方面起作用的故事，是很有意义的。我在课堂上讲到伟大科学家牛顿时，会说道："他绝非从小智力超人。1643年1月，他诞生于一个自耕农家庭，据说是一个早产儿，因为先天不足，身体孱弱。由于父亲在他出生前就去世了，靠外祖母扶养，和表兄妹一处长大。由于环境的影响，他从小就养成沉默寡言的性格。小学、中学时期他的成绩并不出众，但是爱好读书，富有好奇心。1661年在舅舅和中学校长的支持下，以贫困学生的身份进入剑桥大学三一学院，1665年获得学士学位，而后通过不懈努力成为经典物理学的奠基人。这无疑是对学生的一种强有力的鼓励。又如欧姆定律是如何发现的？很多科学家都进行了关于电流与电压关系的理论研究，但一直没找到答案。当时谁也没想到，一个中学物理教师欧姆居然通过实验解答了问题。成功从来不容易，这话在欧姆身上体现得尤为深刻。他用7年解决电流量化问题，3年找到稳定电压。为了研究的方便，欧姆把物体阻碍电流大小的能力称为电阻。经过反复实验和精确计算，他终于总结出电流、电压和电阻的关系：同一电路中，导体的电流与导体两端的电压成正比例关系，电流与电阻成反比例关系。这就是著名的欧姆定律，也是电学史上伟大的成就。

这位中学教师穷十年之力总结出来的欧姆定律，开始并没有人认可。有的人认为此定律太过简单，不能让人信服，有的人依旧不相信一个中学老师能比得过科学家……然而，科学是公正的，后来人们用欧姆的名字命名电阻的单位。在中学物理教材中有很多物理学家钻研科学的事迹都能起到学科育人的作用。

## 二、以情施教是情感教学的重要途径

以情施教是情感教学的一条重要途径，主要用以指导师生间伴随着教学中的认知信息传递而成的情感交流回路，以及教师情感的自控回路的流动状况。教学中可采用下述规则来操作。

### （一）教师在教学中要善于控制自己的情绪，使之处于快乐、饱满、振奋的良好情绪状态

心理学研究表明，一个人的情感具有对他人情感施予影响的效果。情感的感染功能为情绪控制开辟了一条"以情育情"的通道。即可以通过一个人的情感去影响、改变他人的情感，达到情绪控制的效果。这为教学中情绪控制提供了重要途径。

在传统教学中，有不少教师没有意识到自己在教学过程中的情绪状态对学生的影响，也就没有考虑过使自己在教学中保持最佳情绪状态的问题。这在客观上也就使一些教师放弃了一条通过情绪感染来调节学生情绪，并使之积极化的有效途径。也有一些教师，似乎意识到自己的情绪状态在教学中的重要性，也似乎注意对自己情绪状态的控制，但他们是出于保持所谓"严谨的教学风格和绝对的教师威严"的考虑，使自己处于一种"冷漠""严肃"的情绪状态，不轻易露出笑容，也不轻易表现出热情，以免破坏他们预设的理想形象。结果由于这种情绪感染，给整个课堂笼罩了沉闷、压抑、呆板、紧张的气氛，抑制了本来充满活力的学生情绪的兴奋水平，影响了教学效果。

教师在教学中的主导情绪应是快乐的。情感教学所倡导的一个最基本的教学情绪气氛，就是让学生处在快乐和感兴趣的情绪状态下进行学习活动。当教师带着微笑、怀着喜悦的心情走进教室时，学生会倍感亲

切、温暖，快乐之情油然而生。反之，当教师绷着脸，或表情冷漠，或忧心忡忡，或怒气冲冲，或神色恍惚，或烦躁不安地走进教室时，学生会感到情绪压抑，气氛紧张。前者会使学生敞开心扉，更好地接受新的信息，后者则会使学生心理闭锁，阻碍新信息的输入。很难想象在教学实践中，一个带着不快乐的情绪进行教学的教师，会引发学生的快乐情绪。

快乐的情绪不仅对学生的学习活动有促进作用，对教师的教学活动，也有相应的促进效能。教师的教学积极性提高，教学水平也能得到较好发挥，易使学生的某些需要在教学中得到满足而产生快乐情绪。由于情绪的感染有互动性，学生的这种快乐情绪，又会通过情绪的感染功能影响教师，进一步促进教师的快乐情绪，由此形成良性循环，形成师生共乐的教学气氛。反之，教师的不快乐情绪，会形成恶性循环，形成师生不乐的教学气氛。因此，从根本上说，快乐的教学气氛是由师生共同创设、共同享受、共同调节的。

教师应始终保持饱满、振奋的情绪状态。教师在教学中良好的主导情绪，不仅仅是快乐的，而且还要是饱满和振奋的，甚至在必要的情况下，带有某种程度的激情和情绪高潮的表现。唯有这样，才能更好地感染学生，使学生的情绪也兴奋起来，整个课堂气氛也随之充满应有的生气和活力。

## （二）教师在教学中应以自己的高尚情操积极地影响学生，以陶冶学生的相应情感

为师者必须言行一致，把言教和身教结合起来，给学生作出表率，教师的世界观、人生观、道德观、言行举止都直接影响着学生，学生最善于模仿自己的老师，即所谓"亲其师而信其道"。教师要做到"三

爱"——爱教学、爱学生、爱学科。教师只有真正热爱教学工作，视教学为神圣而光荣的事业，才会从走进教室的那一刻起，心中便充满欢欣；教师只有真正热爱自己的学生，才会从师生目光的接触中，激起亲切和甜蜜的感受；教师只有真正热爱自己所教的学科，谈起它的内容如数家珍，才会在讲授过程中充满由衷的愉悦。教师不只是传授给学生知识、技能，还要将自己对学科的深入探索和执着追求的精神、热忱和感受随着教学内容一道带给学生，以引发学生情感上的共鸣。这不仅有利于激发和培养学生对本学科的热忱和兴趣，而且能进一步陶冶学生的情操。

教师要对学生满腔热情，建立起一种平等、和谐的师生关系。现代教学思想认为学生是有独立人格的人，学生都有做一个好人的愿望和学好功课的愿望，在学生身上存在着巨大的潜力，同时每个学生又都具有各不相同的个性特长。教师要热爱和了解学生，理解他们的心理，尊重他们的人格。循循善诱，以情感人，并善于运用启发、引导、激励等各种方式，激发学生的兴趣和内在动机，使学生在具体的教学活动中有所感受、有所领悟，进而引起情感和思想上的变化。如果教师的主动性与学生的积极性有机地结合起来，达到和谐统一，那么物理教学将会取得最佳效果。

## （三）教师要善于情感性地处理教学内容，使之"知"情并茂，以情促知

物理教材由于其内容的科学性较强，有些内容本身并不含情感因素，那么对于这些教学内容怎么处理呢？

从情感教学的角度看，教师也应尽可能地从外部赋予它某些情感色彩，让学生在接受这些科学性很强的内容时，也会感受到某些情趣，有

助于增强学生的学习热情。

用富有情趣的言语讲解这类教学内容。在讲解科学性知识时，教师不只是言语准确、达意、明晰，而且追求言语生动、优美，富有情趣。例如，在讲到法拉第发现电磁感应现象时，为了强化对"磁通量发生变化"这一条件的认识，可补充讲：1823 年，瑞士物理学家科拉顿做了一个实验，他用一个线圈与一个检流计连接成一个闭合回路，为了使检流计不受外界影响，他把检流计放到另一个房间，他用磁棒在线圈中插入或拔出，因为没有助手，他自己在两个房间跑来跑去反复观察检流计指针是否偏转，却没有发现任何结果。科拉顿做的实验类似于法拉第的实验，科拉顿已经走到重大发现的边缘而没有成功，真令人遗憾。学生听到这个故事，就明白电磁感应现象是一个动态效应，但是在当时要想到只有在运动、变化的过程中才能发现这个现象是极为困难的。有位苏联的中学教师的话是很有启发的，"我在同学生进行授课时，总是选择对他们的情趣起作用的材料。使孩子们的小眼睛放出奇光异彩，他们高高兴兴地听你讲解，甚至铃响了也不愿休息……孩子们深为讲述的内容所感动。"这就是情感赋予科学知识以诱人兴趣的力量的一种表现！

将教学内容拟人化。教学中的语言恰恰不是纯学术性的。拟人化的讲解，不仅赋予物以人的情趣，提高学生接受时的兴趣，也在于通过比喻，更好地帮助学生理解有关内容。例如：在讲授楞次定律所反映的感应电流的方向性规律时，可以先通过实验让学生得出楞次定律，然后在进一步讲解时，把线圈比喻为具有"冷酷"和"多情"双重性格的人物。当磁极来时，线圈的近端产生同性磁极，对原磁极发生排斥，以抗拒侵入者——磁极的接近，表现得十分"冷酷无情"；但一旦磁极走远时，近端又立即产生异性磁极，对原磁极发生吸引，以挽留远方来客——磁极远离，表现得十分"多情柔和"，最后把这归纳为"相见时难别亦难"这句古诗。学生听了感到情趣盎然，又能加深理解和记忆，收到明显效果。

以上所述情感教学的途径，乃一管之见。新课程标准"科学态度和责任"一段指出：在认识探究科学本质、认识科学知识时要保持严谨认真、实事求是、持之以恒的科学态度以及要遵守道德规范，承担保护环境并推动可持续发展的责任。如何实现这些要求，开辟物理学科教学的新局面，在教学中渗透情感教学，利用情感因素，发掘教学潜力，优化教学效果，不失为一条有效途径。

# 大胆探索，小心求证

## ——将思政融入作业设计

朱亚平　刘　蕊

有机整合思政与学科教学，在学科教学的同时，渗透思政教育，发挥教学的立德树人功能的理念已经深入人心。教师普遍认为，思政教育与政治、语文等人文学科有着天然的联系，与物理学科的联系似乎没那么密切。人们普遍认可的方式是在课堂教学中谈一谈我国在科学发现中的贡献，比如在对原子的认识过程中，战国时期的墨翟曾说："非半弗，则不动，说在端"。表达了对物质结构的认识，如果不能切成两半，那就无法进行分割操作，这就是最小结构了，这跟德谟克利特的古代原子论内容相近。或者讲一讲"两弹一星"科学家邓稼先、钱三强的感人事迹。一方面这样的显性思政题材在高中物理教学中确实不多，另一方面这样的显性思政教学往往会显得生硬、牵强，达不到预期的效果。因此，如何真正将思政融入物理学科教学，潜移默化地发挥育人功能仍值得研究。

## 一、学科思政的本意和宗旨

立德树人、教书育人，是中国特色社会主义教育事业的主旋律。中华民族从古至今都非常重视思想教育，《中庸》等书籍阐述了教育的目标、道德教育体系、德育教学原则和方法等理论，奠定了中国古代德育教育的理论基础。以孔子为代表的儒家思想肯定了道德教育的意义，并提出了教育的目标是培养"德"与"才"。1912 年，蔡元培发表了《对于教育方针之意见》一文，倡导"公民道德教育"提出"五育并举"的教育方针。从中国传统教育思想的沿革，我们可以看出，注重对人的"德"方面的培育一直是中国教育思想的优良传统。

新中国成立以来，思想政治教育在人才培养工作中一直都扮演着十分重要的角色。在 1949 年的第一次全国教育工作会议上，时任教育部副部长钱俊瑞同志就明确指出，"新区学校安顿后的主要工作，是进行政治与思想教育"，"其主要目的乃是逐步地建立革命的人生观"。1952 年 3 月 18 日中央人民政府教育部颁发的《中学暂行规程（草案）》和《小学暂行规程（草案）》中提出："应对学生实施智育、德育、体育、美育等全面发展的教育。"20 世纪 60 年代，"政治与思想教育"称谓逐渐过渡到"思想政治工作"，这一说法一直沿用至改革开放初期。

1978 年，邓小平在全国教育工作会议上的讲话中提出："培养人才有没有质量标准呢？有的。这就是毛泽东同志说的，应该使受教育者在德育、智育、体育几方面都得到发展，成为有社会主义觉悟的有文化的劳动者。"1987 年中共中央出台的《关于改进和加强高等学校思想政治工作的决定》（中发〔1987〕18 号）明确指出，"把思想政治教育与业务教学工作结合起来。要按照各个学科的特点，引导学生正确认识在校学习与今后工作之间的关系，解决好为谁服务的问题……自然科学课程的教学要注意讲述本专业在我国社会主义建设中的成就和当前要解决的重大课题……"。

为了更好地将思想政治教育贯穿到教学环节中去，1994 年 8 月出台的《中共中央关于进一步加强和改进学校德育工作的若干意见》中正式提出"学校德育"和"学科德育"的概念，明确"加强马克思主义理论

教育是加强和改进学校德育工作的首要任务和根本措施……"。2000 年
12 月 14 日，中共中央办公厅、国务院办公厅发出的《关于适应新形势
进一步加强和改进中小学德育工作的意见》再次重申，"德育要寓于各学
科教学之中，贯穿于教育教学的各个环节"。2017 年 10 月，党的十九大
报告指出："要全面贯彻党的教育方针，落实立德树人根本任务，……培
养德智体美全面发展的社会主义建设者和接班人。"

中学阶段思政教育指德育，国家中长期教育改革的教育方针为"育
人为本"，战略主题是"德育为先"。物理学科思政主要表现为隐性德育，
围绕"知识传授"与"价值引导"相结合的课程目标，构建"显性教育"
与"隐性教育"相结合的课程内容体系，发掘物理课堂思想政治教育资
源与价值。物理学科思政应贯穿于教学的具体环节，学科思政的目标是
落实立德树人的根本任务，思政的核心内容应结合学科内容、学科特点
有机分解，渗透在教学活动中。

## 二、物理学科思政的核心

2014 年 12 月 29 日，在第二十三次全国高等学校党的建设工作会议
上，习近平总书记强调："……要坚持立德树人，把培育和践行社会主义
核心价值观融入教书育人全过程；强化思想引领……"《普通高中物理课
程标准》（2017 年版）指出，高中物理课程是普通高中自然科学领域的
一门基础课程，旨在落实立德树人根本任务，进一步提升学生的物理学
科核心素养，为学生的终生发展奠定基础……引领学生认识科学的本质
以及科学、技术、社会、环境的关系，形成科学态度、科学世界观和正
确的价值观，为做有社会责任感的公民奠定基础。

物理学的研究过程是人类通过对客观世界进行观察分析、形成认识，

再反作用于客观世界，是人类与客观世界不断相互作用的过程。在具体的教学过程中，可以从唯物主义世界观、社会主义核心价值观视角和学科素养、学生终生发展能力等视角对教学内容进行发掘，确定教学内容的思政价值。

## 三、思政融入作业设计的可行性

如何在学科学习的过程自然渗透思政教学，在知识的学习过程中进行主流价值观的引领，而不是增设思政教学活动。除了通过讲授进行价值观引领，能否以作业的形式，让学生阅读资料，或者自己查询资料，用问题引导学生在阅读、整理、加工资料的过程中，加深对正确价值观、学科素养、民族自信的认识和理解，渗透学科思政，发挥立德树人功能。

从学生的角度看，学习的环节主要表现为：课堂学习——复习——写作业——预习——课堂学习——复习——写作业——预习……，其中"复习""写作业""预习"基本都是在课堂外，独立完成的，可以看成作业的不同表现，这样一来，学生的学习环节可以简化为两个部分：课堂学习——完成作业。因此，作业是重要的学习活动，是不可或缺的教学组成部分。以作业形式，让学生自主进行物理思政学习是可行的。

## 四、将思政融入作业设计的实践案例

思政融入作业设计应该是自然顺畅的，不能显得牵强和突兀。需要选择恰当的教学内容，根据教学活动设计和学生特点，设计合适可行的作业，引导学生进行思政学习，并对思政作业进行评价。

（一）选题

　　教材《能源与可持续发展》一节，介绍了能源对社会发展的影响，以及我国在能源开发方面取得的重大成就，在节能减排方面的具体做法。我国在海上制氢、风力发电、节能减排、实现碳中和方面发展迅速，走在了世界前列，这些可以作为学生对于能源与可持续发展的认识补充，拓宽学生关于能源及可持续发展的认识思路。这些也是密切联系实际生活的题材，与学生的认知相匹配，能产生共鸣。可以通过这节课的作业设计促使学生认识能源的开发和利用对环境的影响，认识环境污染的危害，了解科学、技术、社会、环境协调发展的重要性，提升学生环境保护的意识和行为；认识解决能源危机需要不同学科协同发展，发展跨学科学习和协作的意识。

（二）作业设计

　　为了确保作业的可行性与时效，在布置作业前，教师先以学生的角度进行资料的查阅，准备作业素材。在查阅资料的过程中，教师也为我国在青海戈壁滩上的光伏"蓝海"——生态光伏发电园区所震撼，为我国建立海上风电场，使风力发电进入千家万户所做出的努力所感动，为我国"东数西算"工程中蕴含的智慧而骄傲……在阅读资料的过程中，民族自豪感油然而生，也认识到开发新能源需要综合能源、气候、环境、生态、经济等多方面的因素，意识到解决问题要有多角度全方位认识的视角，认识到学科融合的重要性。我们相信学生在整理资料的过程中也会有同感。教师从查阅的资料中选取了一部分作为参考资料，作为作业的阅读材料，并设计课前学习作业，将学生小组学习的成果分享作为课堂教学活动的一个环节。

布置作业:"请阅读教材能源与可持续发展一节,以及教师提供的参考资料,也可以自己查阅其他资料。小组讨论后,选取一个实例,谈一谈我国在新能源开发方面所做的努力或取得的成就,建议做成 PPT,择优在课堂中分享。"

### (三)作业评价设计

这次作业不能用正确、错误进行评价。而应根据学生对素材的加工程度以及对其付出的劳动多少进行作业态度、兴趣等方面的评价;根据学生选取的具体内容,访谈其选择的依据,对其价值观进行分析;根据学生分享过程的语言、神情等,分析其民族自豪感程度。

本以为对于非学科知识类作业,学生会当成任务来完成,质量不一定高。但我们发现,除个别小组直接将作业阅读资料中的内容粘贴到PPT 中,大部分小组都对作业阅读资料进行了删减、重组、整合等加工,将素材提炼成两三页图文并茂的 PPT。汇报的三个小组的学生都做到了脱稿讲解,能针对 PPT 页面补充很多相关的信息,语言流畅,精神饱满,充满了自信和自豪。听课的学生非常安静、认真,脸上洋溢着惊叹和喜悦。学生的表现,也感染了听课老师:"听完学生的汇报,我有些后悔,当初没有选择让孩子来景山。"

## 五、将思政融入作业设计的反思

将思政融入作业设计,是一次大胆的尝试,也是一次成功的尝试。精心设计的学科作业,可以很好地引领学生的价值观,发挥学科育人的功能。

（一）思政融入作业设计，有利于对学生的价值观进行诊断和评价

本次作业是开放的，除了教师提供的资源，学生可以选择其他素材。我们来看一下学生分享的案例："2022 年 6 月，共和塔拉滩生态光伏发电园区和龙羊峡水光互补发电站获得吉尼斯世界纪录认证，成为世界最大装机容量的光伏发电园区和世界最大装机容量的水光互补发电站。""太阳能电池板的遮挡使得风速降低、土壤温度下降，减少了水分蒸发，反哺环境，解决了当地的荒漠化问题。'板上发电、板下牧羊'光伏板下长出的草以供喂羊，同时也带动了畜牧业发展""风力发电"……

学生优先选择我国取得的"世界之最成就""创新举措""科技生态的协同发展"等方面的实例，学生认为这些是最值得跟大家分享的，作业表明，学生为祖国所取得的成绩感到骄傲和自豪，也为祖国在解决问题中遇到的困难而着急，学生具有正确的价值观。

（二）思政融入作业设计，开拓了隐性思政的渠道

以潜移默化的隐性教育方式，把思想教育的相关内容，渗透到学生的生活、学习和实践中，使其在无意识的情况下接受德育教育，是学生更容易接受的学习方式。这次实践布置的作业是学生选取实例，并没有要求学生对实例进行加工，但通过作业发现，除了个别小组，其他组都对资料进行了整合和再加工。将一千多字的文案，整合成两三页的 PPT，用图或表格呈现，如图 1-5、图 1-6 所示。学生感慨"海上风电并不像很多人想象得那样简单，是一个复杂、严谨的科学。中国已经在这一领域内拥有了相当的实力，已经可以研发全球顶级的风力发电机，建设规模最大的海上风电场，相信未来它们能为中国的经济发展做出更为巨大的贡献！"

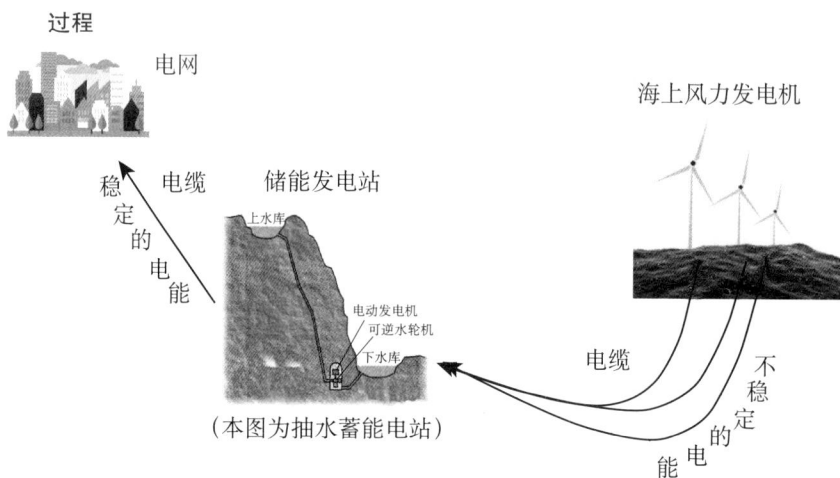

图 1-5 海上风力发电并网流程示意图

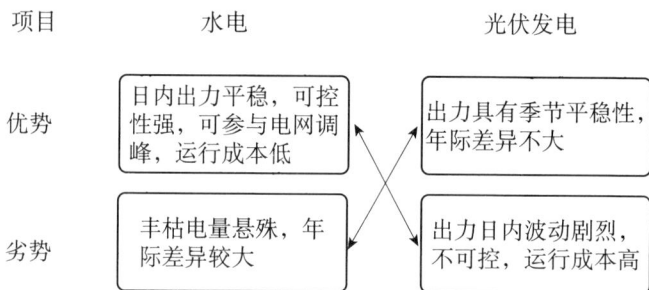

| 项目 | 水电 | 光伏发电 |
|------|------|----------|
| 优势 | 日内出力平稳，可控性强，可参与电网调峰，运行成本低 | 出力具有季节平稳性，年际差异不大 |
| 劣势 | 丰枯电量悬殊，年际差异较大 | 出力日内波动剧烈，不可控，运行成本高 |

图 1-6 两种发电方式的比较

学生认真的态度表明，学生认可和接受这样的作业，愿意付出时间和精力以高于老师的标准完成作业，思政融入作业设计是可行的。

## （三）思政融入作业设计，从教师、教材、教学资源三方面入手

思政融入作业设计，对教师提出了更高的要求。教师不仅要有丰富的专业知识储备，而且要牢记学科育人的根本任务，要能结合教材、教

学资源发掘思政素材，开发隐形的学科思政作业，激发学生的积极情感，让学生在完成作业的过程中形成正确的价值观与科学态度，培养社会责任感，树立四个自信。

这次实践只是一次成功的尝试，思政融入作业设计的更多细节、操作要点、注意事项还有待进一步研究。在探索学科思政教学的路上，要大胆探索、小心求证！

［本文系北京市教育"十四五"规划课题"以优化作业提升学生自主学习物理教材能力的实践研究"（课题立项编号：CDDB22245）的研究成果］

# 高中化学课程思政的思考与实践

何　轶　林红焰

## 一、高中化学课程思政的研究背景

2018 年，习近平总书记在全国教育大会上对教师提出了做"四个引路人"的殷切期望，把立德树人作为根本任务。普通高中教育是国民教育体系的重要组成部分，在人才培养体系中起着承上启下的关键作用。目前，我国普通高中教育全面深化教育综合改革，持续推进育人方式变革，不断提升育人质量。在普通高中教育阶段，教师不仅需要关注"教学"，还需要关注"教育"，以培养"德智体美劳"全面发展的社会主义合格建设者和接班人为己任。

为落实立德树人的根本任务，国家组织研究"中国学生发展核心素养"及"学科核心素养"，修订高考方案、高中课程方案、课程标准。《普通高中化学课程标准（2017 年版 2020 年修订）》指出：化学学科核心素养反映社会主义核心价值观下化学学科育人的基本要求，在教学中通过创设真实的问题情境，开展以化学实验为主的多种探究活动，激发学生的学习兴趣，培养他们的创新精神和实践能力。通过基于核心素养的教学，帮助学生形成必备品格和关键能力。

## 二、高中化学课程思政的研究现状

在以往的观念中，有些学生认为，上高中的目标是学习专业知识，考上理想的大学，如果不选修政治课，思想上也没必要重视。个别教师认为"德育"主要是思想政治课的任务，而思政课比较全面地再现了马克思主义的世界观、人生观、价值观、政治观、历史观等理论和知识，涵盖了政治、经济、文化、社会等各个方面。老师要讲授这么多知识，学生要学习这么多知识，都是不容易的。此外，个别教师认为开展课程思政会影响教学进度等，这些影响因素也对高中化学开展化学思政课程提出了更高的挑战。

## 三、开展高中化学课程思政的必要性

高中化学学科核心素养包含"宏观辨识与微观探析""变化观念与平衡思想""证据推理与模型认知""科学探究与创新意识""科学态度与社会责任"等，其中"科学态度与社会责任"是化学教学最高层次的价值，这也是化学课程需要融入思想政治课的意义。化学教学需要传授知识，更需要承担好为党育人、为国育才的责任。在教学中既需要帮助学生丰富学识，增长见识，还需要将化学知识与思政元素相融合，在教学中弘扬社会主义核心价值观，让知识的传授与价值导引保持一致，帮助学生建立中华民族文化的自信。

课程的主要功能是传播知识和塑造价值，普通的化学课程侧重于知识传授，化学思政课不仅需要传授知识，也要塑造价值观，帮助学生树立崇高的理想信念，树立正确的世界观、人生观和价值观。事实上，科学知识的传授与"课程思政"的目标一致，高中教育阶段，教师的根本使命是"培养社会主义接班人"。因此，化学作为高中学生的必修课程，需要与思想政治课同向同行，在高中化学教学中有机融入思想政治教育，坚持在社会主义核心价值观下实现化学学科育人的目标。课程思政是把

"立德树人"作为教育根本任务的教育理念。因此，中学化学教学就是围绕立德树人的根本任务，实现化学学科的育人价值。中学是学生形成世界观、人生观、价值观的关键时期，因此，教师要在传授知识和培养能力的基础上，加强对学生的品德培养，在专业知识的解疑释惑中给学生以思想启迪，从而培养学生的家国情怀、文化自信、国际视野，激发学生的民族自豪感，增强学生的民族自信心。

"课程思政"与"思政课程"不同，两者的侧重点各有不同。课程思政是以立德树人目标为引领，发掘化学课程的思想政治教育资源，培养"核心价值"，形成适应未来发展需要的正确价值观念的一种教育理念。"核心价值是指即将进入高等学校的学习者应当具备的良好政治素质、道德品质和科学思想方法的综合，是在各学科中起着价值引领作用的思想观念体系，是其在面对现实问题情境时应当表现出的正确的情感态度和价值观的综合。"

当前，人才的评价标准认为人的非智力因素与学科知识同等重要，非智力因素包含意志、品格、担当精神等方面。对于学生非智力因素的培养，绝非一朝一夕就可以实现，应该贯穿于学生教育成长的全过程。教师需要具备扎实的学科知识，在学科教学中需要传授知识，教会学生学习方法，教师更需要在学科教学中潜移默化地对学生进行价值引领、传递正确导向，让社会主义核心价值观走进课堂，让知识的传授与价值导引始终保持一致。

## 四、开展高中化学课程思政的方法和关键因素分析

"课程思政"的顺利开展，教师是关键。教师首先需要深刻理解本学科知识间的逻辑关系，提炼出对学生精神层面有影响的素材，并将其引

入教学，不仅能够使学生在学到知识、开阔视野的同时，感受社会主义核心价值观，真正实现教书与育人的一致。"课程思政"非常必要，在教学时教师要转变观念，不仅要以教学为中心，还要以育人为己任，在教学中潜移默化地教导学生热爱祖国，立志做一位对祖国、对社会、对人民有用的人，每位学生都应该具备使命感、责任感及国家的荣誉感，真正实现教书育人的目标。

"课程思政"的顺利开展，教材是重点，教师要善于对教材中的"课程思政"素材进行发掘与加工。化学课程中蕴含着大量的爱国主义教育素材，因此，在化学教学中我们可以采取多种途径，在高中化学课堂中引入"课程思政"，可以在潜移默化中培养学生的家国情怀。通过在课堂引入我国历史上的化学成就培养学生的民族自豪感和使命感，这些成就包含造纸技术、陶瓷技术、湿法炼铜、生铁冶炼、黑火药的使用及酿酒技术等方面。也可以在课堂介绍新中国化学化工事业的新成就，例如，20世纪六十年代，我国科技工作者在世界上首次用化学方法人工合成了具有生命活力的结晶牛胰岛素；2015年屠呦呦凭借"中药和中西药结合研究提出了青蒿素和双氢青蒿素的疗法"获得诺贝尔生理或医学奖。

高中教师在教学中要利用专业优势，利用学科思维，提取教材中蕴含的价值理念及德育因素，对学生进行潜移默化的教育和引领，这是"课程思政"的主要体现。

## 五、开展高中化学课程思政的案例分析

高一年级《化学必修2》的教材中有关于能源的内容，备课时教师反复思考，在教学过程中怎样利用好素材在课堂中引入"课程思政"，如何帮助学生了解新能源、了解"绿色化学"，面向高一年级学生的化学电源

该讲些什么内容，才能使授课的内容既能让学生感受到学科知识的发展，感受到科学家前辈们严谨的科学态度和治学精神，又能让学生感受到我国科学技术的进步，培养学生的民族自豪感并形成科技兴国的观念，怎样才能在课堂中让思政元素和化学知识同行，培养学生的化学核心素养和家国情怀。

我们通过课前电池发展史的调查作业，帮助学生了解电池的发展历程，让学生感受中外科学家们的治学精神，培养学生认真求实的科学态度；通过引导学生运用化学、物理、数学、仿生学等知识解决电动汽车电池续航的实际问题，培养学生学以致用的意识及"科学态度与社会责任"的核心素养。在教学中，巧妙利用素材，以我国比亚迪的"刀片电池"和宁德时代"麒麟"电池为例，让学生感受我国科学的创新与技术的创新。课程的最后，教师引用商务部在 2023 年新闻发布会公布的信息："2022 年我国电动汽车、光伏产品、锂电池出口增加，我国高技术、高附加值、引领绿色转型的产品成为出口新增长点。"教师以新闻中的内容为素材，不仅帮助学生理解科学创新及技术创新的重要性，更深层次理解科学技术是第一生产力，还能够让学生感受到我国科学技术的不断发展，激发学生的民族自豪感，建立中华民族文化的自信。在教学中潜移默化地引导学生热爱祖国，学习科学家们严谨的科学态度和精神，从一点一滴做起，实现本案例的教学主旨"铅锂"之行，始于足下的精神，激发学生立志成为对祖国、对社会有用的人，真正实现教书育人的目标。

## 六、结论

化学学科在社会发展及人类生活水平提高方面担负着重要使命，从人们的衣食住行到农业生产、航空航天及新能源新材料的发展都离不开化学。此外，生态问题的解决也迫在眉睫，在化学课堂中可利用"三废"造成的环境污染，化石能源的枯竭等素材对学生进行社会责任感教育。化学学科同时也担负着可持续发展的重要责任，帮助学生形成可持续发展观。

"课程思政"重在"知识的传授"与"价值层面的引领"并行，从而实现教育的全程育人、全方位育人的目标，这与高中化学学科核心素养高度一致，高中化学学科核心素养中的"科学态度与社会责任"包含：对化学相关的社会热点有正确的价值判断，具有严谨求实的科学态度，学生能够认识到化学对人类社会的作用。因此，化学教学不仅需要传授知识，更需要承担好为党育人、为国育才的责任。在教学中既需要帮助学生丰富学识、增长见识，还需要将化学知识与思政元素相融合，在教学中弘扬社会主义核心价值观，让知识的传授与价值导引保持一致，帮助学生建立中华民族文化的自信。

化学作为高中学生的必修课程，需要与思想政治课同行，在高中化学教学中有机融入思想政治教育，坚持在社会主义核心价值观下实现化学学科育人的目标。学生在感受社会主义核心价值观的同时，对课程的重视程度以及自身的学习能力也会逐步提高，教学质量也随之提升。这也进一步证明，专业教学与思想政治教育并不是孤立的，而是一个相互促进、协调同步的过程。以专业知识承载思想教育，是"课程思政"的优势。教学中通过我国取得的科技成就，激发学生的民族自豪感和自信心，帮助学生增强科技兴国的使命感，激发学生的家国情怀。通过潜移默化的教学使学生筑牢爱国主义、民族情怀的基础，为社会主义建设培育出优秀的化学人才。

# 培养具有攀峰精神的时代新人

李　燃　杨　冲

在新课程改革的大背景下，作为班级管理者的班主任要在班级环境文化、精神文化和制度文化的建设上下功夫，积极探索融入新课改所倡导的基本理念与原则，发掘更具时代性、实效性、文化特性，以及更加符合学生全面发展的班级建设策略。

## 一、班级学情 SWOT 分析

为了全面落实北京景山学校"全面发展打基础，发展个性育人才"的办学理念，着力培养拔尖创新人才，学校在七年级下学期结束之后，进行了一次全面的选拔，选拔出 42 名学生，组成了八年级贯通班，该班级为 5 年的贯通实验班，目前是北京景山学校的高三（5）班。基于班级的优势（S）、劣势(W)、机遇(O)、挑战(T)，进行了班级学情分析，见图 1-7。

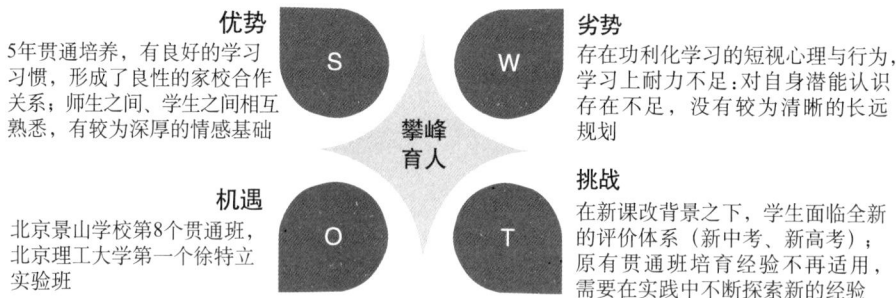

**优势**
5年贯通培养，有良好的学习习惯，形成了良性的家校合作关系；师生之间、学生之间相互熟悉，有较为深厚的情感基础

**劣势**
存在功利化学习的短视心理与行为，学习上耐力不足；对自身潜能认识存在不足，没有较为清晰的长远规划

攀峰育人

**机遇**
北京景山学校第8个贯通班，北京理工大学第一个徐特立实验班

**挑战**
在新课改背景之下，学生面临全新的评价体系（新中考、新高考）；原有贯通班培育经验不再适用，需要在实践中不断探索新的经验

图 1-7　班级学情 SWOT 分析

## 二、育人基本目标和理念

为了更好地契合新时代对中学育人发展的现实需要，彰显景山特色、凸显景山优势，在带班过程中主要坚持了立足新时代落实"三个面向"、发挥景山育人"长链条"优势和构筑班级建设发展"共同体"的育人理念。基于此，将班级的育人目标进一步聚焦为培养具有攀峰精神的时代新人，以学生不同成长阶段为切口、以把握攀峰精神的发展态势和内容要点为突破口来践行落实（详见图1-8）。从发展态势来说，就是要解决"攀哪座峰""走哪条路攀""怎么攀峰"的问题，因此将其分别具象对应为目标导向、路径选择和过程生成。而从内容要点来说就是拼搏力量、创新意识、责任担当、团队风貌这4个方面。

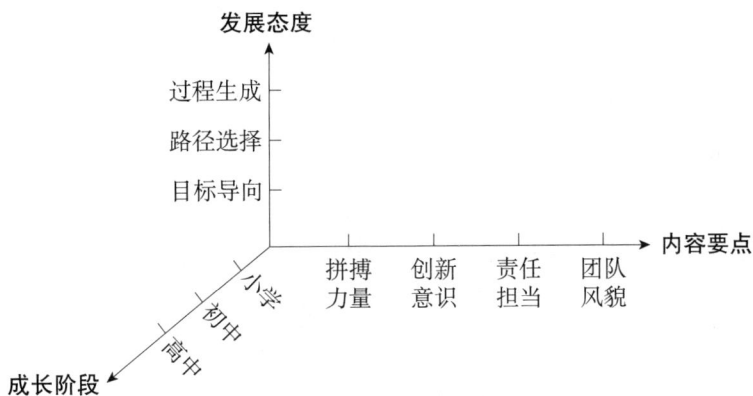

图 1-8　育人方案三维模型

### （一）立足新时代，落实"三个面向"

北京景山学校作为教育"三个面向"题词起源的一所学校，站在新时代的时代方位，正在不断探索，在"变"中求"新"。"伴随20

世纪后半叶信息革命时代的到来，基于知识本位的'泛智教育'面临一次史无前例的颠覆性挑战。"站在这样一种全局性的教育战略视野下，要做好班级管理和规划，帮助学生清晰地认识"新时代是追梦者的时代，也是广大青少年成就梦想的时代"，发展"面向未来"的综合素养。

## （二）发挥景山育人"长链条"优势

北京景山学校是一所十二年贯通学制的学校，班级作为"贯通班"就是学校在育人"长链条"构建上的一个缩影。立足于学校、班级学情，要充分发挥这一优势，就要深入贯彻落实"三全育人"，在班级管理与实践之中彰显特色，勇于探索。因此，作为班主任，应该扮演好"长规划"的角色，积极协调校内校外资源，为班级学生搭建一个更好的学习环境和学习平台。从校内来说，就要立足于班级实际情况，发挥班级初中、高中连贯培养的班集体优势；从校外来说，则是要积极寻求与大学、企业等之间的合作。

## （三）构筑班级建设发展"共同体"

"学生培养得怎么样，要看拿什么样的尺子去衡量，以什么样的眼光去发现。"班级之中的每个学生的个性、特长与爱好各不相同，作为班级的管理者，应该坚持以人为本，以发展、动态的眼光看待班集体建设与发展。班主任要做班级学生发展的引路人，关注学生的精神世界发展，构筑一个积极、健康、向上的"师生成长共同体"，努力做到真正地尊重、理解、关心与呵护学生。

## 三、育人策略

### （一）"向榜样致敬"主题活动明确"攀峰"目标

针对班级学生存在功利化学习的短视心理与行为，学习上耐力不足，以及没有较为清晰的长远规划等现实情况，为了帮助学生更好地适应高中学习生活，直面成长中的困惑，精心设计了"向榜样致敬"系列主题活动。这一系列活动的主要目的就是通过引领学生的思想发展，夯实学生的理想信念之基，帮助学生明晰"攀峰"目标，激发学生个体学习的内生性动机。具体来说，"向榜样致敬"系列主题活动分三次进行，以更好地发挥主题班会活动的品牌连锁效应。其中，高一的主题为"扣好人生第一粒扣子——我的榜样　我的理想"，高二的主题为"强国有我，奋斗正青春——致敬榜样　做新时代追梦人"，高三的主题为"勇攀知识高峰，放飞青春梦想——向身边榜样学习"。

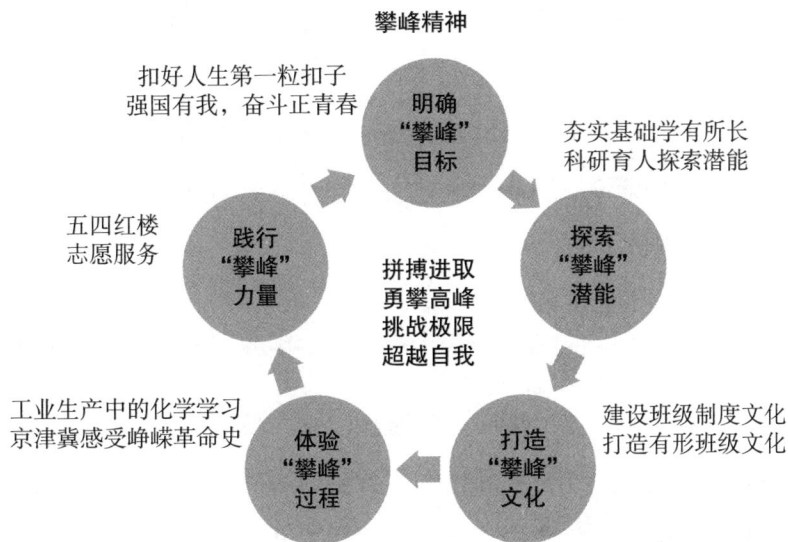

图 1-9　基于"攀峰精神"的育人策略

### 1. 扣好人生第一粒扣子——我的榜样，我的理想

高一的学生正处在人生发展的关键时期，他们的价值取向正在逐步形成。因此，"扣好第一粒扣子"，引导学生确立自我志向并满含家国情怀显得尤为重要。本次班会以习近平总书记"扣好第一粒扣子"的讲话为理论指导，以"榜样分享"活动的启动为契机，以班级文化建设的内容强调为落脚点，开展主题教育活动。目的在于帮助学生树立远大理想，坚定理想信念，进而在高一起始阶段进一步明晰自身的"攀峰"目标，迈好高中学习第一步，引导学生进行初步的个人职业发展规划。

### 2. 强国有我，奋斗正青春——致敬榜样，做新时代追梦人

2021 年是一个具有特殊意义的年份，我们迎来了中国共产党建党100 周年和祖国华诞 72 周年，在世界经济复苏面临严峻挑战、新冠疫情阴霾仍未散去的国际大背景下，仍然扛住压力，取得了许多令人瞩目的成就，向世界各国展现了一个努力奋进、蓬勃向上的中国形象。这些都离不开全国各族人民的共同努力和不懈奋斗。班会围绕"强国有我，奋斗正青春"主题，多个环节展开，帮助学生积极调适心态，直面不能践行奋斗精神的各种痒点、痛点、难点，回应和澄清他们的价值困惑以应对相关挫折和考验。

### 3. 励志科技强国，放飞青春梦想——向榜样学习，立鸿鹄之志

作为第一届徐特立实验班，自建班以来，我们与北京理工大学携手开展了一系列活动。学生在活动中了解到，进入新时代的北京理工大学正在努力建设世界一流学科，培养高素质人才，创造有重大国际影响力和引领地位的科技成果，但是还有很多技术仍然存在着被西方"卡脖子"

的问题。于是，我通过主题班会，引导学生结合系列活动过程中的所见、所闻、所感，用自己的视角和语言表达对科技强国的切实感受，直面我国面临的新挑战，激发科技强国的热情。回顾历史上我国经历的技术封锁，感悟前辈攻坚克难的攀峰精神，思考"今日青年应如何去奋斗"，逐步认识"坚定理想信念，树立远大目标，汲取榜样力量，坚持科技创新，合理规划时间，努力增长知识"的重要作用，进而从宏观上激发学生的奋斗意识、攀峰精神，从微观上对学生作出具体的指导。

## （二）徐特立实验班科研活动探索"攀峰"潜能

由于班级学生具有学习基础扎实、学习习惯良好的先天优势条件，学校非常注重从学生自身学习兴趣出发，积极主动为学生争取各类课题研究和学科竞赛学习的机会，鼓励学生在夯实基础的过程中争取学有所长，通过多参与体验了解自身的潜能与志趣。

### 1. 夯实基础学有所长

班级学生自初二开始就陆续接触课题研究、参与竞赛学习，以课内学习为基础，向特长发展、综合发展不断迈进。作为班主任，我积极引导他们努力在学习探索中发展自身的特长，取得了良好的效果，全班学生呈现出了"百花齐放"的发展态势。从班级参与广泛程度来看，全班 80% 左右的学生都参加过竞赛学习。而从班级参与学习的效果来看，60% 左右的学生在竞赛中获奖。

### 2. 科研育人探索潜能

首先，借助北京理工大学优质的教育资源和平台，开展了"传承红色基因，铸就攀峰精神"等系列参观实践活动。活动中，学生听取了北京景山学校邱悦校长关于"唤醒心灵力量，释放生命潜能"的主题演讲、国家教学名师北京理工大学机械与车辆学院薛庆老师关于"人类基因工程：远在天边、近在眼前"的科学素养培养专题讲座；参加了素质拓展破冰活动并参观了特色实验室及校史馆。班级学生对"践履攀峰精神，行于毫末"有了更加深刻的认识。其次，是在北京理工大学大学生朋辈导师的指导之下，让全班学生以小组学习的形式开展课题研究，让学生深入体验科研的魅力，发掘自身在科研探索等综合发展方面所具备的无限潜能。

### （三）有序有形日常班级管理打造"攀峰"文化

有序有形的日常班级管理是一个优秀班集体发展所需要的必要条件。因此，要打造"攀峰"文化，达到文化育人目标，就要最大限度地调动班级制度文化、班级有形文化等显性与隐性教育资源。

#### 1.建设班级制度文化

在制定班规的过程中我遵循了团体动力学理论，积极与学生进行"对话"，以更好地实现"用心管理"，从而从制度建设发展上培养学生的"攀峰"精神，让他们深刻认识感受到一个和谐有序班集体的向心力和凝聚力。通过引导学生民主讨论，将学校的每一个环节都细致地规范下来，形成明文"班规"。

#### 2.打造有形班级文化

要打造"攀峰"文化场域，还需要加强有形的班级文化建设，为学生营造健康向上的班级文化氛围，从而最大限度增强学生个体的自我认同感、个人归属感和集体荣誉感。班名、班训、班级口号、班级相册和文摘就是承载班级文化的重要载体。因而，班级文化建设着重从这些方面着手。

（1）班名——我们的班级名片。

班级名称为：同泽贯八。出自《诗·秦风·无衣》：岂曰无衣，与子同泽。王于兴师，脩我矛戟。后以"同泽"用于军人相称或借指军中共事，形容万众一心。

（2）班训——我们的班级坐标。

制订班训要充分发挥师生之间的互动，在民主讨论的氛围中，最终形成令班级成员信服的班训。在形成班训的过程中，融入了理想教育、民主教育、自我反思教育、传统文化教育，最终才形成了班训——有理想，有格局，有目标，有行动。

（3）班级口号——我们的班级骄傲。

班级口号定为：习惯优秀，追求卓越。既强调了班级力争上游地追求，也强调个人进步对于班级的重要意义。学生们每一次说起这个口号，都充满了热爱与自信，无疑也是一种无形的自我教育。

（4）班级相册、文摘——我们的班级记忆。

为了增强班级同学的归属感和集体意识，我们进行了班级相册制作和班级文摘整理。在我的倡导下，在宣传委员的协调努力下，我们班已经拥有了六本班级相册。我们班的两位文艺委员向同学们征集了各个活动时的照片，并且向大家询问愿意将哪几张照片放在同一页。这个过程同样是通过电子问卷调查的方式实现。我们班还开展了编写班级文摘的活动，每周由两名同学分别记录下班级这一周的活动和发生的一些事情，帮助我们更好地记录回忆、反思进步和展望未来。

## （四）课程思政系列研学活动体验"攀峰"过程

### 1. 工业生产中的化学学习——走进唐山

利用自身化学教师专业特长和党员特殊身份，结合研学实践活动做好课程思政资源开发，做学生的引领者。带领学生走出学校，走进博物馆、工厂，利用丰富的社会资源开展社会大课堂的学习，丰富了学生的知识，开阔了学生的视野，大大提高了学生的学习兴趣。如参观污水处理厂了解污水处理原理、流程、设备；参观义利北冰洋集团的面包生产线、汽水生产线、设备，了解企业发展的百年历史及企业文化；了解面包生产工艺流程、汽水生产工艺流程、食品安全等。读万卷书，行万里路，开展内容丰富、与学科融合性强、对学生学习有启发性的游学研学活动是在拔尖创新人才培养过程中不可或缺的一个环节，也是落实发展学生核心素养重要的手段和途径。

### 2. 走进北京周边地区，感受峥嵘革命史

在京津冀协同发展的国家战略的大背景下，引导学生关注河北相关城市的资源非常必要。在满城介绍长信宫灯，帮助学生感受古代工匠们的巧夺天工；在安国了解中医的发展和药材知识，帮助学生感受中国传统文化的源远流长。在游学过程中，学生身临其境地感受革命先辈的不易，更能激发学生的爱国情怀，冉庄和白洋淀都是非常好的红色教育基地，在这里可以让学生感受革命的峥嵘岁月。学生在参观体验中学习，在实践中感受知识的价值、科技的进步、国家的发展，传统文化的博大精深和革命胜利的来之不易，对塑造学生正确的学习观、价值观、历史观起到了良好的效果。

（五）"五四红楼"志愿服务，践行"攀峰"力量

　　志愿服务活动是培育"攀峰"精神非常重要的方式和途径，为了帮助学生进一步感受革命先烈"攀峰"探索的热情和无私奉献的勇气，组织了学生在参观"五四红楼"的基础上，开展相关的志愿服务活动。学生利用周末时间到"五四红楼"开展志愿服务活动，服务的主要内容包含社交服务活动和志愿者讲解。通过此次活动，有效地激发学生的志愿服务热情，深刻地感受五四精神的真实存在，报效国家的远大志向和深厚的爱国情怀得以树立和确立。与此同时，学生的服务意识也得以进一步发展，展现了新时代中学生积极向上、饱满热情的精神风貌。

# 以体育为基石，筑攀峰之精神

## ——北京景山学校十二年一贯制体育教学育人改革实践探索

段　炼

北京景山学校作为我国第一批教育教学改革校，建校成立以来始终坚持着教育教学的改革工作。尤其是学校的体育教育教学工作，在坚持以"健康第一"作为指导思想的基础上，不断进行体育教学育人的改革试验，学校从以下几个方面进行了探索研究，逐步摸索出了十二年一贯制学校的体育教学改革思路。

## 一、高瞻远瞩，课时改革

北京景山学校的领导层高瞻远瞩，在 2015 年，景山学校为提升体育教学质量、提高学生体质健康水平，率先实施了课时改革，经过克服种种困难，小学将每周三节体育课变为每天一节、初中将每周三节体育课变为每周四节、高中将每周两节体育课变为每周三节。这一政策走在了2020 年 12 月 30 日北京市教委正式发布的《关于全面加强和改进新时代学校体育工作的行动方案》和《北京市加强中小学体育增强学生体质健康二十条措施》文件之前。

经过近 8 年的课时改革实施，学生不但保证了在校内每天 1 小时的运动时间，同时提升了师生和家长对于体育工作的重视，通过近几年我校学生体质健康标准测试的成绩来看，学生的体质状况在稳步提升，学生的肥胖率逐年下降，从 2014 年的 24.7% 下降到 2022 年的 9.8%。不良视力检出率也连续多年直线下降。

## 二、牢记初衷，健康运动

北京景山学校根据十二年一贯制的特点和学校教学资源的特点，在景山学校学生十大培养目标中提出：人人"掌握一至两项运动技能、养成一个良好的锻炼习惯，学会一种科学的锻炼方法"。鼓励景山学子发扬学校的"攀峰"精神，不断超越自己。学校积极利用校内外资源开展田径、游泳、乒乓球、武术、篮球、羽毛球、高尔夫等运动项目，为学生创建运动平台。

### （一）至少掌握一项运动技能

北京景山学校打破了以往的传统，自 20 世纪 90 年代初搬到现校址时，为了能够使学生掌握一项必备技能，提出了景山学子"人人会游泳"的口号。在校舍设计时，定于教学楼 4 层建立一个标准的游泳馆。经过 30 年的时间，我校始终牢记这一初衷，在四、六、高一年级分别设立游泳课，直至目前，学校的学生至少熟练掌握一种泳姿的学生为学生总数的 90% 以上。学校金奥游泳队各年龄段的队员全部都是自己培养出来的。这也是学校充分利用十二年一贯制学制改革带来的成效。

### （二）养成一个良好的锻炼习惯

北京景山学校始终重视学生锻炼习惯的养成，近些年，北京景山学校的长跑作为学生体育锻炼习惯养成的一个重要手段，晨跑成为景山学校的一大特色。根据学段的不同和运动场地受限的客观因素，学校将小学和中学的跑步分开时段进行，跑动距离也按照循序渐进的原则进行安排，组织学生以方阵的方式进行集体跑。早晨，高中为第一时段，跑动距离每天不少于 1400 米；第二时段为初中，每次不少于 1200 米；小学为大课间时段，一至五年级从场地内向外以同心圆依次安排，统一口令排队进行集体跑，均为 5 圈，一年级的总跑动距离不少于 600 米，随着年级的提升，跑动距离则相应地不断增加，到五年级时则不少于 1000 米。这种模式也使得学生把跑步当成一种习惯，相应的耐力体能和身体健康程度不断提高。

### （三）健康教育相关知识的传授

北京景山学校从来不认为体育仅仅是体质提升的学科，而是包括青春期教育、健康生活方式、科学运动、安全教育等方面的综合教育学科。体育教研组与生物教研组、医务室、小学科学的学科和部门紧密结合，将健康知识列为体育课教学的重要部分，在不同的年级根据学生的理解能力进行传授。在全区的学生健康知识测试赛中，我校学生的成绩和作答时间名列全区前列。这也证明了我校十二年一贯制的体育教学育人改革实践中，对于学生健康成长取得了显著的成效。

## 三、统一内容，稳定延续

2022 年 4 月教育部发布的《义务教育体育与健康课程标准（2022版）》以及《普通高中体育与健康课程标准（2017 年版 2020 年修订）》这两个文件，明确了体育与健康课程总目标。北京景山学校在近几年的体育教学过程中，也发现了之前体育课教学当中存在教学内容断档、技术教学重复等问题。结合我校的实际情况以及与区教研室提出的改进思路，学校对课程设置、教学内容进行了重新规划。

## （一）教学内容的统一与延续

2019年，我们根据学生年龄和人数等实际情况、场地和器材的因素，重新规划了教学内容的实施方案，将身体素质作为贯穿义务教育阶段的重点，将各个项目的教学内容按照运动能力和接受能力，把不同水平目标分别列入不同年级当中，这样，就尽量避免了体育课教学内容断档脱节的情况。目前来看，逐渐有了一定的成效（见表1-4）。

### 表1-4　各学段主要教学内容

| 学　　段 | 主要教学内容 |
|---|---|
| 1～2年级 | 以游戏、跳绳等身体基本运动能力练习为主 |
| 3～4年级 | 以游戏、基本体操、立定跳远、跳绳、短跑、仰卧起坐等身体素质练习为主 |
| 5～6年级 | 游戏、技巧、小篮球、排球、武术等运动项目基本功练习、集体性项目的初步练习，继续加强3～4年级的身体素质练习，开始加入耐力的素质练习，奥运及健康生活常识、生活安全常识列入常态教学 |
| 7～9年级 | 篮球、排球、体操、武术、游泳等单个项目技术学习；跑、跳跃、投掷、引体等身体素质练习；将运动损伤、运动方法、竞赛规则等健康知识作为学习重点之一 |
| 高中各年级 | 以模块为教学模式，在不同年级设立乒乓球、篮球、排球、健美操、田径、武术、游泳、器械健身健美等模块，减少多次选项变为长期固定 |

例如：根据教委提出的"健康提升（2025）计划"和"破零计划"，而制定的我校"破零计划"，这届八年级男生的引体向上，从六年级的3.7%的破零率，提升到目前的近70%破零率，全年级人均6.8个。在学生掌握的技能方面，初中体育学业水平考试当中，篮球、排球的选项人

数比从 7：1 上升到近 1：1。说明学校的课程改革初见成效。

## （二）技术教学的稳定延续

目前，在中小学体育教学过程当中，除了要全面提高学生的身体素质，在技术教学方面也是重要的一环。学校利用十二年一贯制的教学模式，在这方面也起到更好的促进作用。

对于技术教学，学校由于体育教师能够在一起进行教研、观摩、备课，这个过程就使得这个学校的体育教师能够更好地统一技术动作的理解以及掌握，不会出现不同的技术理解上的偏差，在教学上能够让学生从开始学习这个技术动作到完全掌握，都能够连贯地进行下去，真正地达到"教、学、练、赛、评"一体化。例如：学校的排球基础较好，因此在排球的技术教学当中，从小学基础教学开始，到初中的过程性考试以及中考，直至高中的模块教学，学生的技术学习掌握程度都是一样的，不同阶段的教师教学时也能更好地发现问题并给予解决，学生掌握的也就更牢固，直至真正地进行运用。

## 四、习惯养成，终身体育

十二年一贯制学校的学生在体育课的学习以及对体育的认知等方面比普通学校的学生有着更好的理解，学习效果和思想的达成也有着明显的作用。

## （一）学习习惯的养成

在学习习惯方面，北京景山学校的学生能够更系统、更自始至终地按照一定的规律去学习，学校和教师的管理方式是一致的、教学环境是一致的、教育教学思想是一致的。这样十二年下来，学生在一个相对稳定的环境中学习，对于学习习惯的养成有着一个良好的基础。

### （二）终身体育思想的养成

体育与健康课的目标就是要学生养成良好的终身体育的思想，北京景山学校的体育与教学模式在这方面有着很大的成效。一个已经参加工作的学生曾经对我说过，景山的游泳传统是他受益最大的一个课程，通过游泳他现在有着一个强健的体魄。在纪念北京景山学校建校 55 周年之际，景山毕业的学生举办了一次景山校友篮球赛，参加比赛的景山毕业生多达 200 人，涉及各个年龄段，最大的已经 40 多岁了，这都是因为景山连贯性教育为他们在篮球这方面打下了良好的基础。此外，有的毕业 20 多年的学生，还经常回到学校或者在社会上参加排球活动，原因是景山学校的排球传统在他们心中打下了深深的烙印。这些都是因为北京景山学校十二年一贯制教学模式在体育教学当中给学生养成了良好的终身体育意识。

## 五、突出特色，培优拔尖

在北京景山学校的十二年一贯制的教学模式下，对于学校特色的运动队的专业培养，有着莫大的优势。以景山学校的特色运动项目排球和游泳来说，从小学就开始要求学生必须会游泳，这既能提高学生对游泳的兴趣，又能增强学生的身体素质，同时还能增强学生遇到突发情况时的自救生存能力。学校游泳队从小学一年级开始成立游泳兴趣班，小学中高年级成立游泳队，延续至高中，自己培养的游泳运动员获得多次全国冠军。排球是学校的传统体育项目，学校的排球运动水平在全国名列前茅，2010 年至今，共培养出全国冠军 6 个、亚军 5 个、季军 3 个，在 2011 年亚洲中学生排球锦标赛中更是代表中国获得了季军的殊荣，学校排球队曾 3 次代表中国中学生参加世界中学生排球锦标赛，并依次获得了第 5、6、7 名的成绩。在 2019 年至 2021 年全国体育传统项目学校排球联赛中，实现了三连冠。获得这些成绩的运动员中，绝大部分是学校从小学一直培养到高中，从基本功学习到战术养成，使得球员技术扎实，为比赛奠定了坚定的基础。在保证运动员训练的同时，对于文化课的要求也很高，文化课的成绩并没有被耽误，高中毕业后，这些学生运动员都被各大院校和运动专业队争抢。所以说，这种一贯制的培养方式能够让学生在智力和体育方面获得全面的发展。学校十二年一贯制的教学模式的培养方式为学校以及国家体育后备人才的培养打下了一个良好的基础，扩大了选材的面积。

## 六、再接再厉，改革探索

综上所述，北京景山学校在国家新课标文件的指引下，坚持以"双减"促"双升"，利用自身学制的优势和改革创新的精神，不断实施体育教学育人的教育教学改革，牢记"五育并举"的使命，坚持以习近平总书记在全国教育大会中的讲话精神为指引，坚持学校的"勇攀体质健康高峰"的理念，坚持十二年一贯制的教学模式在学校体育教学育人方面的改革实践探索研究，切实做到健康第一、育人强国，以体育为基石、筑攀峰之精神。

# 社会主义核心价值观在中小学心理健康课程中的融合路径探析

王梦娇

　　中小学生是国家的未来、民族的希望，推进社会主义核心价值观进中小学课堂，是贯彻党和国家立德树人教育根本任务的客观要求，是全面实施素质教育的必然选择，是培养社会主义合格建设者和可靠接班人的现实之举。中共中央办公厅印发的《关于培育和践行社会主义核心价值观的意见》中指出："创新中小学德育课和高校思想政治理论课教育教学，推动社会主义核心价值观进教材、进课堂、进学生头脑。"课堂是培育中小学生思想道德的主要场所，更是培育和践行社会主义核心价值观的主要阵地。心理健康教育课程应进一步推进心理课堂"课程思政"教学改革，在心理课教学过程中以社会主义核心价值观为引领，帮助学生树立正确的人生观、世界观、价值观，即将社会主义核心价值观融入心理课堂中，从而达到心理健康课与思想政治教育融合的目的。

## 一、课程目标高度契合

　　由于心理健康教育的课程理念与思想政治教育相一致——以"立德树人"为根本宗旨，促进学生的身心全面发展。在课程思政的理念下，中小学可以探索融入社会主义核心价值观的心理健康教育新道路，开展心理健康教育改革，体现心理健康课程具备的思想政治教育隐性课程的功能，丰富思想政治教育的层次，提升中小学思政课堂与心理健康教育课堂的实效。

教育部印发的《中小学心理健康教育指导纲要》指出，"心理健康教育是提高中小学生心理素质的教育，是实施素质教育的重要内容。中小学生正处在身心发展的重要时期，随着生理、心理的发育和发展，社会阅历的扩展及思维方式的变化，特别是在面对社会竞争的压力时，他们在学习、生活、人际交往、升学就业和自我意识等方面，会遇到各种各样的心理困惑或问题。因此，在中小学开展心理健康教育，是学生健康成长的需要，是推进素质教育的必然要求"。学校的心理健康教育课程主要在六年级开设，结合学校六年级学生的生理、心理发展特点和规律，学校心理健康教育的总体目标在于运用心理健康教育的理论和方法，培养中小学生良好的心理素质，促进他们身心全面和谐发展，主要作用在于积极引导和有效防治。心理健康课程的核心在于帮助学生培养优秀的积极心理品质与心理问题及疾病的防治，二者相辅相成，互为促进。

北京大学心理健康教育与咨询中心副主任徐凯文提出"空心病"的说法，强烈的孤独感和无意义感是其主要特征，当下一些青少年儿童因为价值观的缺失而出现了"空心病"，为了更好地促进学生的心理健康发展，适当的价值引导是十分有必要的。心理健康课程的课程目标同课程思政的目的是有机统一、高度契合的，都是指向育人，为了促进学生的身心全面发展，实现立德树人根本目标。

因此，心理健康教育要融入社会主义核心价值观，将"育心"与

"育德"融合在一起，这样才能使学生形成适合于社会发展的世界观、人生观、价值观，提高学生的政治觉悟、道德素质和心理素养。

## 二、课程内容有机融合

心理健康课程主要开设了五大主题内容模块，每个模块尝试性地融入了社会主义核心价值观教育。

### （一）"认识自我"主题与"和谐""诚信"有机融合

通过引导学生从生理自我、心理自我、社会自我等层面进行深度认识与剖析，从性格、品质、多元智能、优缺点等多角度帮助学生全面地自我探索、悦纳自我，使得学生对自己的生命历程进行深刻的思考和理解，主动探索人生的目的及意义。在这个过程中，融入"和谐""诚信"等社会主义核心价值观教育，帮助学生在合理认识自我的基础上构建和谐的自我，鼓励学生实事求是，诚实客观地自我剖析，确定自身的努力方向。

**案例：教学活动"一站到底——发现你的精彩"**

活动规则：全班学生分为五组，每组分别派出一名学生代表，站在擂台区，组员依次分别说出本组擂台上组员的一个优点（特点＋列举实施），不能重复，超时弃权整组扣一分，最终评比出获胜组。

活动要求：①诚信。实事求是、诚恳，说的这个优点必须是你认为他的确非常突出的。②和谐。比赛过程中井然有序，各小组依次发言。

活动解读：通过这个活动，学生惊喜地发现了自己身上的很多优点，包括乐于助人、勤奋学习、有毅力等，在这个过程中，优秀品质在同学间得到了肯定和弘扬，学生更加自信，对自我的认识更加完整、和谐，也亲身感受到了和谐的班级氛围、有序的比赛秩序的益处。

## （二）"健康与理想"主题同"富强""民主""文明"有机融合

本主题单元主要包括帮助学生树立心理健康的意识，以及自我理想探索，融入"富强""民主""文明"等社会主义核心价值观。一方面，通过帮助学生区分心理正常、异常现象，让学生能够走出心理健康的误区——不是有病才需要心理咨询，心理健康教育是要从心理问题的防治转变到提升心理素养、积极心理品质的方向，每一个个体都需要学习心理学知识来武装自己，提升心理素质与抗挫折能力，增强适应能力和心理弹性。身心健康是人生发展的基础，拥有健康心理，才能为追求美好生活打好坚实的基石，为祖国的繁荣富强做出贡献。心理和思想具有不可分割的内在统一性，以社会主义核心价值观为引领，从心理教学入手，促进学生的思想意识的正确形成、发展和变化，在增强学生心理适应能力的同时提升学生的道德水平，自己的"小我"和谐了，才能促成我们国家和谐社会"大我"的繁荣富强。另一方面，引导学生畅想和规划自己的理想，鼓励学生以祖国的富强、民主、文明建设为己任。

### 案例：教学活动"遇见更好的自己"

活动规则：跟随老师的引导语，乘坐时光机到 20 年后看看自己，想象一下，20 年后的你从事的是什么职业？是什么样的生活状态？

活动解读：在学生畅想未来，分享自身理想的过程中，引导学生向往富强、民主、文明的社会，并以此为努力和奋斗的方向。例如，有的学生分享说到，自己想成为一名乡村教师，在偏远的地方传播文化。当说到这里时，孩子们自发地为这位学生鼓掌。还有的学生说自己想成为企业家、政治家……教师再适时引导学生以建设祖国的富强、民主、文明为理想追求。

## （三）"情绪管理"主题同"公正""法治"有机融合

本单元会设置情绪的认识、接纳、觉察、调节、表达等内容，帮助学生认识到管理自身情绪是维系社会良好秩序的重要一环。如果我们过度压抑情绪抑或是不能合理地表达和管理情绪，是可能造成很严重的后果，甚至做出危害他人和社会的事情。在本主题教学的过程中融入社会主义核心价值观"公正""法治"等，向学生强调"法治"、规则意识，这是社会最简单的"红绿灯"，是全社会收获稳定预期的基本保证；因情绪失控发生的悲剧比比皆是，比如频频出现的高铁霸座现象，因航班延误而大闹机场的现象等，要向学生强调合理管理和调节情绪在生活中的重要性及情绪失控的不良后果。

### 案例：教学案例"重庆公交车坠江事件"

案例内容：2019 年 10 月 28 日上午，重庆市万州区发生一起公交车坠江事故。在当时的情境下，乘客因错过目的地而无理要求司机停车，司机拒绝后乘客情绪失控，对司机大加指责，司机不断回头解释与争吵，乘客大多选择旁观不语，矛盾逐渐升级。当公交车经过长江桥时，无理乘客突然拿起手机两次砸向司机头部，司机则放开方向盘进行回击，双方互殴最终导致车辆失控，与迎面开来的小轿车发生碰撞后冲出桥护栏坠入江中，造成车上 15 名乘客殒命。

案例解读：学生在案例讨论的过程中，认识到管理自身情绪的重要性，帮助学生树立规则意识、法治思维、社会公德心及文明素养。

## （四）"人际交往"主题同"自由""平等""友善"有机融合

通过换位思考、我的同伴交往圈、红黑榜、我的支持系统等人际交往主题的团体心理活动，学生逐渐认识到相互尊重、倾听、平等交往、理解宽容、互帮互助等的重要性，在这个过程中有机融入"自由""平等""友善"等社会主义核心价值观教育，而这些其实是与学生人际交往能力的提升相辅相成的。

### 案例：教学活动"不受欢迎行为排行榜"

活动内容：教师展示一些不受学生欢迎的行为图文漫画，邀请学生投票选出自己最不喜欢的一些行为，并说明原因。

活动解读：在这个过程中，学生结合一些贴合实际的情境，探讨了人际交往中的一些禁忌，以及我们应该如何做。比如，有很多学生表达了对这幅图文的不喜欢——"把书给我拿过来！"，孩子们分析说，我们在人际交往的过程中，应该是相互尊重、自由平等的，不能一味地命令他人。还有的学生分享说"都怪你忘带球了，现在大家都没得玩了！"这幅画很令人生气，认为我们在与人交往的过程中，不应总是指责他人，应该多从自身找原因，应该友善待人，才能收获更多的友谊……孩子们在激烈的讨论中，更加明晰了人际交往中的一些准则。

## （五）"幸福与感恩"主题同"爱国""敬业"有机融合

结合积极心理学，通过"感受生命中的小美好""让快乐升级"等课程的学习，让学生打开各种感官去发现、感受、体验、创造和感恩生活中的美好，创造生命的精彩，增强幸福感和对生命的热爱。在这个过程中融入"爱国""敬业"等核心价值观，学生在发现和体悟当前美好生活的过程中，感恩祖国的富强，感恩各行各业敬业的人民，帮助学生逐渐感受从发现身边点滴的小美好到整个社会的大和谐的过程。

### 案例：教学活动"发现生命之美"

活动规则：以小组为单位，五感（视觉、听觉、嗅觉、味觉、触觉）挑战，用五感去发现生命的美好吧！哪些瞬间是最能让你感到幸福的？哪些时刻是让你想起来就觉得温暖的？哪些画面是当你情绪低落时也能帮助你治愈的？请小组合作，每组负责一种感官，共同画出一张多彩生命图，给自己能量。

活动解读：视觉小组画出了那些自己看到的感到幸福温暖的画面，有祖国的大好河山，也有妈妈的一个微笑，也有风雨无阻在抗疫最前线的大白……听觉组画出了自己听到过的让自己心情愉悦的美好的声音，有奥运会上为祖国健儿获得奖牌时响起的国歌，也有大自然中美好的鸟语虫鸣……在这个过程中，学生们发现了更多生活中的幸福瞬间，同时也感受到了作为一个中国人的自豪感、责任感和使命感。

## 三、教学方法多元创新

### （一）双管齐下，协同育人

思想政治教育与心理健康教育协同育人拓宽了学生成长的途径，尤其是在当前日益复杂多变的环境下，单纯靠一种力量远远无法承担帮助学生成长的重任。因此，要把心理健康教育中先进的教育理念、有效的沟通会话技巧与方法融入思想政治教育中，把思想政治教育理论转化到日常学习生活实践中，把"大道理"用潜移默化的心理健康教育方式整合到学生的认知结构中，用心理疏导的方式让学生乐于接受，主动探求，二者双管齐下，探索思想政治教育与心理健康教育教学方法的相互融合，从而真正促进学生的成长。

```
                    ┌──────────┐
                    │ 心理健康教育 │
                    │   课程    │
                    └────┬─────┘
            ┌────────────┴────────────┐
       ┌────┴────┐              ┌────┴────┐
       │  心理育人 │              │  思政育人 │
       └────┬────┘              └────┬────┘
       ┌────┴──────────┐            │
  ┌────┴─────┐   ┌──────┴────┐      │
  │ 心理知识传授 │   │ 实践活动锻炼 │      │
  └────┬─────┘   └──────┬────┘      │
       └──────┬─────────┘           │
       ┌──────┴──────┐       ┌──────┴──────┐
       │ 心理健康隐性  │       │  思政教育   │
       │ 思治教育    │       │  显性教育   │
       └──────┬──────┘       └──────┬──────┘
              └──────────┬──────────┘
                 ┌───────┴───────┐
                 │  思想理念     │
                 │  教学改革     │
                 └───────┬───────┘
        ┌────────┬───────┼───────┬────────┐
   ┌────┴───┐┌───┴───┐┌──┴────┐┌─┴──────┐
   │ 知：认知 ││情：情感 ││意：态度 ││行：行为 │
   └────────┘└───────┘└───────┘└────────┘
                 ┌───────┴───────┐
                 │ 培养积极的社会心态 │
                 │ 和正确的价值观认同 │
                 └───────────────┘
```

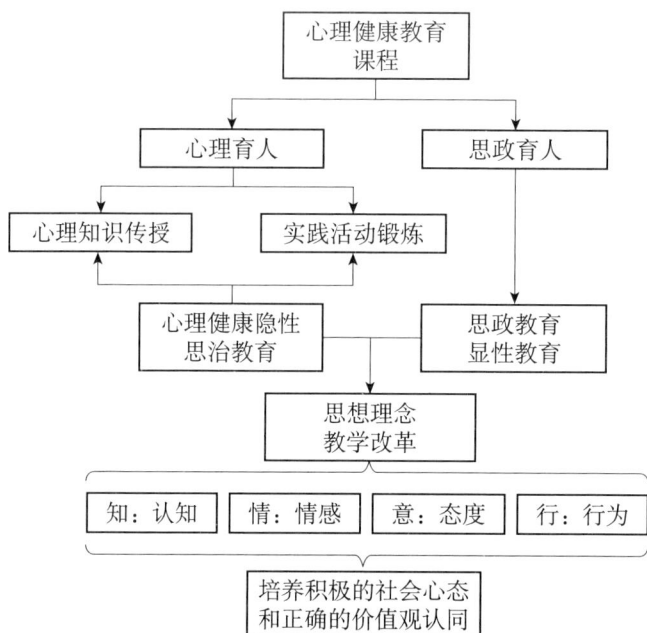

图 1-10　社会主义核心价值观同中小学心理健康教育融合的思路

## （二）注重体验，多样综合

在中小学心理健康课程中融入社会主义核心价值观的培养，更加注重的是运用心理活动体验的方式，实现真正的价值内化。心理健康教育课以学生为主体，教师则要充分扮演好课堂组织者和引导者角色，根据中小学生身心发展特点，将理论与实际生活相结合，将社会主义核心价值观与学生个人成长发展相联系，创造性地开展课堂教学活动，组织学生进行小组合作学习、心理绘画、趣味心理测试、心理健康知识与课程思政相融合的案例分析讨论、心理素质训练、心理剧、团体心理辅导、重共情体验等活动，重心理优势资源开发，重体验情感升华，营造安全和谐心理课堂育人育心育德的氛围。

## 四、课程评价逐层深入

### （一）从关注心理健康到向全面育人转变

　　课程评价既是对教学效果如何的评价，又是对学生学到了什么的评估，更是对教育培养目标是否达成的一种检验。课程思政的融入，必须从心理健康知识、实际解决问题的能力、应对困难挫折的方式、心理健康素养和思想政治素养等多个方面进行综合性、多维度的考核，既要评价学生养成积极健康的心态，又要评价学生树立正确的价值观。

### （二）"入耳""入心""入行"层层递进

　　社会主义核心价值观进中小学心理健康课程的融合路径探索重在"融合"二字，即要将"融合"作为其关键环节。不仅注重社会主义核心价值观在融合课堂过程中的生成与覆盖，而且注重融合机制对社会主义核心价值观进中小学心理课堂成效的反馈与评价。社会主义核心价值观进中小学心理健康课程，其目标在于通过深度融合，营造"安其学而亲其师，乐其友而信其道"的教育教学氛围，使社会主义核心价值观的内涵、理念、要求在心理活动体验的过程转化为中小学生的自觉行动。因此，课程评价不仅要评价在心理健康课堂上社会主义核心价值观的"入耳""入心"，更要评价是否"入行"。

　　总之，心理健康教育与思想政治教育密切相关，通过"心理教育＋思政教育"的融合，遵循价值观引领原则，按章节主题设置清晰明确的课程教学目标，合理规划教学内容，在心理健康课堂上通过游戏体验、案例分析等丰富多样的教学形式，充分发挥"心理＋思政元素"课堂教学主渠道的作用，来实现心理教育和社会主义核心价值观引领的有机融合，从而促进中小学心理健康教育"课程思政"建设的完善和深化。

培根铸魂　明理润心

# 案例篇

# ● 党建案例

## "发出景山声音"背后的故事

齐虹翕

### 一、案例背景

2022 年 1 月，中共中央办公厅印发了《关于建立中小学校党组织领导的校长负责制的意见（试行）》，要求健全发挥中小学校党组织领导作用的体制机制，确保党组织履行好把方向、管大局、做决策、抓班子、带队伍、保落实的领导职责。

2020 年 10 月，北京景山学校被上级确定为中小学党组织领导的校长负责制试点校，2021 年北京景山学校党总支被确定升建为北京景山学校党委，学校党委会完成换届，党组织领导的校长负责制改革正式落地。学校党委高度重视意识形态工作。在景山学校"十四五规划"中明确将成立融媒体中心作为重要任务之一。

### 二、案例描述

2023 年是邓小平同志为北京景山学校题词"教育要面向现代化、面向世界、面向未来"40 周年。3 月 17 日，学校承办"新时代、新征程，推动学校教育高质量发展的研讨会"。本次研讨会由中国教育学会高中教育专业委员会、北京市东城区教育委员会主办，来自全国 12 个省市的

140 余位校长、180 余位教师到我校参加教育教学研讨。

参加研讨会的校长、老师对主旨报告内容和课堂教学观摩感到深深震撼，被学校"立愚公移山之志，攀基础教育高峰"的攀峰精神所折服，被十二年一贯制学生融合成长的校园文化所吸引。一位来自上海的中学校长表示："教育要面向现代化、面向世界、面向未来，这是邓小平同志为景山学校的题词，也是景山学校引领全国教改的思想之魂。在一整天的活动中，有高端报告引领、有精彩课堂印证、有教改探索分享，面对如何做好新时代学校教育高质量发展的新命题，景山给了答案，就是'全面发展打基础，发展个性育人才'。我想景山学校定会引领一批又一批学校在实践新时代教育命题的过程中，找准关键，创新突破。"

在参会人员感叹研讨会的规模之大、影响之深刻的同时，我校宣传工作人员陷入了思考之中，毕竟可以莅临现场和线上参会的人员是部分群体，且聚焦在教师同行之中。那么如何将学校精心准备的立足景山教改再出发的新思考成果传播出去，引发社会不同群体对教育改革的关注，推动优质教育教学资源辐射，引发更深层次的思考和交流？应该如何将研讨会主旨精神做到最大化传播，从而助力学校构建"大思政"育人格局，提高景山学校教改成果的社会影响力？

由于大多数中小学校对于宣传工作没有系统架构体系，因此在学校报道重大活动方面的可借鉴经验不多。学校召集行政干部进行商讨，会上，校党委书记对宣传工作进行部署，带领宣传干事提前策划研讨会宣传工作方案，包括新闻通稿的撰写、拍摄照片点位和对接媒体清单等一系列具体工作。

在明确本次宣传任务目标之后，我们进行了工作板块的划分。在前期，我们需要做的工作大致分为以下几点：第一，提前收集会议材料，例如主论坛、分论坛、教学观摩课的发言提纲、主旨大意，以备提前撰写新闻通稿进行全网转发。第二，根据研讨内容制作同系列主视觉，包括会议手册、主视觉背板、串场演示背景、宣传展板、会议手提袋等一系列宣传品，做到风格整齐划一。第三，统筹校内外媒体资源，整理需要提前对接的媒体清单，确定好媒体是否到场以及报道形式。

活动进行中，我们重点校对发言嘉宾姓名、展示课的主旨内容，随时补充修改新闻通稿，通稿是对外传播的重要媒介，因此要保证其真实性、准确性、时效性。现场需要反复确认图片拍摄情况，随时处理媒体提出的采访需求，修改采访提纲，寻找合适的人选配合采访。

活动结束后，在区教委和学校领导审核小组审稿后，迅速编辑并在学校官微进行活动发布，同步联系社会主流媒体进行新闻通稿的发布。每个媒体的发布标准不同，需配合各个媒体进行材料补充、文稿校对、视频报道审核等后续播报环节。

在学校各位领导和老师的努力下，本次研讨会受到广泛关注，学校官微共发布三期系列推送，分别对主论坛、分论坛、教学观摩课的主要内容进行推广。除此之外，人民网、央视新闻、中国日报网、中国青年网、北京台、中国教育电视台、北京日报、现代教育报、新东城报、东教印象、京城教育圈等进行报道，拓宽了报道渠道，以主流媒体为主，涉及新媒体、电视台、纸媒等媒介传播形式，扩大受众人群，加强宣传力度。其中，北京台对我校研讨会的报道被北京市教委官网采用，登上"教育咨询"栏目宣传。

本次重大活动的宣传策划对学校党委委员和宣传工作负责人员都是极大的挑战，通过活动让老师们逐渐意识到宣传对教育教学工作的辅助作用。活动成功举办后，听到了来自各个学段、各个学科的老师们的反馈：在某个媒体网站上看到对我们学校活动的报道了，为自己可以参与到全国规模研讨会的承办工作之中感到骄傲，也为自己是景山的一员而感到无比自豪！

学校成立党委以来就高度重视意识形态工作，形成了书记直接领导——党委宣传委员主要负责——党政办宣传干事具体落实——通讯员素材上报的四方合力。冬奥会期间，配合宣传我校学生参加冬奥会的成果，其中《冬奥直通车——昨夜鸟巢，景山群星闪耀》一文在书记的指导下，单篇阅读量达到 35000 人次，该篇原文通稿内容被各大媒体转载推广，实现了为学校发声的初衷。通过全校领导和老师们的共同努力，景山学校的宣传工作也受到了上级单位的认可，连续两年获得了东城区教育系统优秀信息单位的称号。

## 三、案例分析

党的二十大报告明确提出："加强全媒体传播体系建设，塑造主流舆论新格局。"全媒体传播体系建设是党中央基于时代发展趋势和国家发展战略要求提出的，为学校的宣传工作指明了方向。

### （一）时代所趋，学校宣传工作的价值和意义

学校升建党委以来，坚持以习近平新时代中国特色社会主义思想为指导，贯彻落实习近平总书记关于意识形态工作的重要论述精神。以宣传工作为抓手，牢牢掌握学校意识形态的领导权、管理权和话语权，提高校园文化软实力。利用新媒体平台加强"四项宣传"，即主题宣传、形势宣传、政策宣传、典型宣传，潜移默化增强老师和学生对学校教育理念和东城文化的认同感、归属感，进而提升满足感、幸福感。本次研讨会的宣传成果是一个成功的案例，这离不开每一位景山教师的努力，凝聚全校之力将景山的声音传播得更远。

新时代，党对宣传工作提出了更高的要求，我们也要在工作中不断探索融合路径：强化学校互联网阵地意识，巩固壮大学校主流舆论；把握学校宣传工作的定位，坚持"内容为王"，加强内容建设；重视宣传队伍建设，发掘培养党性修养、专业素养、互联网思维兼备的多维人才。

### （二）使命所在，学校融媒体中心的建设基础

经过学校党委的领导与部署，学校初步建立宣传梯队，通过横向与纵向——跨小初高年级组教研组、内设二级支部、行政部门选拔素质过硬的教师团队组成宣传队伍，迈出了宣传工作改革的第一步。本次研讨会的报道宣传充分调动部门通讯员，通过分级的有效沟通保证了新闻通稿的时效性。

接下来，在党委的指导下，将逐渐明确选题报送机制、扁平化沟通机制、分级审核机制、效果反馈机制、绩效分类管理机制等，保证融媒体工作流程高效推进，树立景山品牌，提升学校的社会影响力。

### （三）转型所向，构建"党建＋宣传"的大思政格局

新时代的中小学宣传工作应以"党组织领导的校长负责制"改革为契机，以马克思主义新闻观为指导，做到守正创新。既要牢固立德树人的根本宗旨、践行课程思政与全学科教育教学的深度融合，以习近平新时代中国特色社会主义思想为指导，引导中小学生树立家国情怀、主动担当时代责任；也要围绕全媒体融合大局，通过"党建＋宣传"的模式构筑新型平台、拓展育人空间，发掘教材与党建工作的内涵联系，让学生扎根中国本土，增长智慧本领。

此外，还要重视学校对外交流工作，这既是学生开阔国际传播视野的途径，也是将景山故事讲给国际友人的难得机会。因此，学校的教育

教学工作乃至每一位教师、学生都离不开宣传的基本专业素养，每一个主体都是传播媒介，希望通过建立景山学校全媒体的传播格局助力大思政格局的构建。

## 四、案例点评

党管宣传、党管意识形态、党管媒体，是坚持党的领导的重要方面。基础教育学校作为为党育人、为国育才的重要阵地，必须高度重视宣传、意识形态和媒体工作。本案例以北京景山学校在党组织领导的校长负责制改之后如何在党的领导下更好地"发出景山声音"、培养宣传人才、筹建学校融媒体中心、构建"党建＋宣传"的大思政格局为例进行了分析介绍，是基础教育学校在党的领导下进行学校新闻宣传工作体制机制创新的有益探索。

# ● 团建案例

## 强化党建引领 讲好红色故事

### 张　莹　刘文慧

### 一、案例背景

2021 年建党百年之际,《中共中央关于全面加强新时代少先队工作的意见》(以下简称《意见》) 印发,《意见》强调 "全面加强党对少先队工作的领导",要求少先队 "高举队旗跟党走"。《意见》指出,要大力培养少先队员对党和社会主义祖国的朴素情感,讲好党史、新中国史、改革开放史、社会主义发展史的故事,讲好实现中华民族伟大复兴中国梦的故事,确保红色基因代代相传。

2021 年 1 月起,为迎接建党百年,我校党团队一体化策划开展 "传承红色基因　铸就攀峰精神" 纪念建党 100 周年主题教育实践系列活动,其中的 "初心 100" 红色故事宣讲活动是响应区团少工委号召的规定动作,如何将规定动作做出彩,将红色故事讲生动,让队员们更好地学习了解党史,以史为鉴,成为我们团队干部最关切的事。

### 二、案例描述

### (一) 党建引领指方向

在建党百年,实施 "十四五" 规划的开局之年,我校党总支 (现为党委）把汲取百年党史智慧，推动教育教学高质量发展作为学校工作的重中之重，策划筹备开展建党百年主题教育活动。经过学校党总支多次会议，通过向校团委、少先队征求意见，党总支书记亲自起草了"传承红色基因 铸就攀峰精神"庆祝建党 100 周年主题教育实践系列活动方案。方案中将党团员教师、团员青年，少先队员都统一到学习党史的主线中来，在大主题下又精心设置了"六个十"和"六个百"活动，"初心100"红色故事宣讲活动就是这"六个百"之中的一环，活动鼓励广大青少年学习党员先锋、时代英雄的事迹，撰写红色故事，引领青少年了解建党百年历程，知晓建党故事，学习党员精神。

在党总支的一声号令下，共青团、少先队的工作就有了方向，在开展中也就更有动力，再实施起来就更有了保障。

## （二）精心策划广参与

活动正式启动后，为了调动学生的积极性，让更多学生参与进来，2021 年寒假前，学校在假期活动家长信中对此项活动进行了重点布置，并为同学们提供了全国少工委推出的"红领巾爱学习"，北京市、东城区数字德育网等网上学习资源。通过提供学习平台、搭建学习框架、号召队员们积极主动学习党史，在搜索红色故事的过程中学习；学校鼓励队员们走进红色教育基地、采访身边党员榜样，在寻访与实践中学习。

开学后，各中队上交了红色故事作品，其中既有经典的如邱少云、董存瑞等革命先烈的故事，也不乏学生通过寻访整理撰写的红色故事，各中队干部经过大、中队辅导员老师的培训，对故事进行打分，分数较高的稿件进入修改稿件准备讲述的阶段，分数不高的稿件也反馈了具体情况，可以再修改。学生的广泛参与为此项活动开了个好头。

完成了故事稿件的征集与修改，就进入各中队宣讲的阶段，经过精心准备，队员们在主题队会中生动讲述了一个个感人至深的红色故事，并发表了作为新时代少先队员的感想，活动的教育意义得以凸显。在此基础上，中队推选优秀的红色故事到学校，进入全校宣讲的资源库中。

### （三）把握主线出亮点

推荐的红色故事众多，我们进一步思考如何能将这些故事很好地串联起来以及如何以丰富的形式将这些故事呈现出来。

对于如何将故事沿一条主线串联起来，通过研读习近平总书记的重要论述，我们很快就找到了答案。习近平总书记指出："近代以来，中国人民面临着争取民族独立、人民解放和实现国家繁荣富强、人民共同富裕这两大历史任务。我们党团结带领全国各族人民为实现这两大历史任务而不懈奋斗，这就是党的历史发展的主题和主线。"把握了这条主线，我们请学校的党员历史教师帮助从推荐的红色故事中进行甄选，初步选定了建党的故事《启程》，新民主主义革命时期红军长征翻越雪山的故事《老山界》，社会主义革命时期的故事《给革命先烈邱少云的一封信》，社会主义建设时期的故事《我的偶像邓稼先》，改革开放时期的故事《抗越英雄管建跃》和社会主义现代化建设时期、歌颂新时代伟大成就的故事《在灿烂阳光下》。

而对于如何以丰富的形式呈现故事，我们则调动辅导员和讲述故事的队员们的积极性，为他们提供《真理的味道——全国红色故事讲解员大赛集中展示活动》等优秀影视资料。在学习专业的红色故事展示形式以及进行充分沟通讨论后，最终将六个故事的展示形式分别确定为：二人对话、课本剧、朗读书信、朗诵、故事讲述与合唱配视频。

除此之外，整台展示活动的开场、收场和主持词也经过了精心设计和谨慎推敲。开篇以歌曲《我相信》营造一种良好的氛围，结尾邀请党总支副书记进行讲话振奋人心。主持词的撰写也颇费心思，绝大部分对于党的不同发展阶段的描述出自《中国共产党简史》一书，确保其精准又富有教育意义。

最终，这场精心打造的"初心100"红色故事宣讲活动在2021年4月8日呈现在了师生面前，队员们通过自主改编、导演、选配音乐背景、参演，讲述了一个个鲜活的故事，生动诠释了"中国共产党为什么能、马克思主义为什么行、中国特色社会主义为什么好"，演出中不时引来阵阵掌声，很多同学在书写观后感时都说，观看故事时已经湿了眼眶，对党和国家有了更生动和深刻的认知，有了更深厚的情感。

## 三、案例分析

在建党百年之际，坚持党建带团建带队建，以开展"初心100"红色故事宣讲活动为抓手，引导党、团员、少先队员学习党史，传承红色基因。活动的成功举办和深入人心得益于以下几个方面。

### （一）加强理论武装，把准"指南针"

在红色故事宣讲活动设计和实施的过程中，我们切实提高政治站位，第一时间了解党中央关于庆祝建党百年，进行四史教育的最新精神，主动强化理论学习，深入学习贯彻习近平新时代中国特色社会主义思想，特别是习近平总书记的重要论述，准确把握主题主线和主流本质，把准"指南针"，确保活动整体构想的方向正确，确保活动整体实施的走向精准，奠定好了活动的基本基调。

### （二）坚持一体化建设，奏好"协奏曲"

此次活动坚定不移地强化党对于少先队工作的领导责任，加强了对少先队工作的支持，为少先队建设提供了坚实保障，为队员们的茁壮成长提供了有利条件。活动着眼党、团、队特殊政治关系，注重加强政治启蒙和价值观塑造，通过鲜活生动的形式培养少年儿童对党和祖国的朴素情感，少先队组织配合党总支、校团委，奏好了党史教育的"协奏曲"，确保红色基因代代相传。

### （三）注重活动育人，吹响"宣传号"

在党建引领，讲好红色故事的过程中，特别注重了活动的教育性、知识性、科学性和趣味性，让党史知识真正"活"了起来，让活动的号角真正吹响起来，让党史成为队员们看得见、摸得着、感受得到的"身边的历史"。通过二人对话、课本剧、朗读书信、朗诵、故事讲述和合唱配视频等创新的教育形式，让精神可感可知，引导学生在体验中感知幸福生活的来之不易，在耳濡目染中传承不怕困难、英勇顽强的革命精神，并最终埋下红色种子，引导队员将所思所感落实到自己的学习生活中，为实现中华民族伟大复兴的中国梦而努力奋斗。

## 四、案例点评

红色故事浓缩着中国革命、建设和改革的伟大实践，记录着中国共产党百折不挠的伟大历程，蕴含着催人奋进的精神力量。景山学校策划开展的"传承红色基因　铸就攀峰精神"——庆祝建党100周年主题教育实践系列活动，尝试探索党团队一体化建设＋红色文化新模式，引导党、团员、少先队员学习"四史"，讲好红色故事，激扬起了广大师生传承红色基因、矢志报国的精神动力。

# ● 少先队工作案例

## 党建引领九年一贯少先队活动策略

郑　丹

### 一、案例背景

2022 年 5 月，习近平总书记在庆祝中国共产主义青年团成立 100 周年大会上发表重要讲话，他指出，在实现中华民族伟大复兴的征程上，中国共产党是先锋队，共青团是突击队，少先队是预备队。入队、入团、入党，是青少年追求政治进步的"人生三部曲"。要着力推动党、团、队育人链条相衔接、相贯通。

景山学校是在党中央的领导下，由中宣部创立的专门进行城市中小学教育改革试验的一所十二年一贯制学校。学段衔接、贯通培养既是景山学校的办学特色，也是学校的核心竞争力。学校十四五时期发展规划提出，要全面加强党、团、队一体化建设，牢牢把握团队组织属性，推进组织改革创新。尊重德育的发展规律和学生身心发展的特点，立足纵向衔接、横向贯通，构建具有景山学校特色十二年一贯一体化德育体系。

### 二、案例描述

景山学校有两个教学校区，南校区位于灯市口大街 53 号，学段涵盖小学、初中、高中，北校区位于北官厅 11 号，学段涵盖小学、初中。校区间管理有差异，校区内学段之间联系不紧密。少先队员从六年级开始重新分班，初中少先队组织建设比较薄弱，中队组织松散，大队和中队干部分工不明确，无法发挥自主管理、自主教育的作用。九年级离队仪式、二年级入队仪式都是单独组织进行。大家纷纷感叹，虽然在一个校园之内，却感觉不到紧密的联系，实在有些遗憾。

2016 年开始，团中央先后发布《中学共青团改革实施方案》《少先队改革方案》等文件，规范共青团、少先队组织建设，要求初一年级规范建立少先队组织，举行初中少先队建队仪式。完善推优入团制度，规范推优入团标准及程序，推荐优秀少先队员作为入团的发展对象，推优入团应体现班级中队全体少先队员的意见，年满 13 周岁特别优秀的少先队员可以入团并保留队籍。学生从六年级到八年级都需要在少先队组织中成长，因此初中少先队建设迫在眉睫。

2021 年 12 月，北京市景山学校召开全体党员大会，选举产生景山学校党委会，并完成二级支部换届工作。坚持在教书育人第一线建立支部，打破校区、学段界限，以学科组或行政岗位为基础设置二级党支部，重点通过 10 个在职党支部的建设推动校区均衡和学段贯通。其中，思政和心理党支部包括各校区各学段大队辅导员、小学道德与法治课教师，中学政治教师以及心理教师。这样的支部设置就为学校大思政工作格局的建设奠定了重要的组织基础。不同学段的大队辅导员可以借助支部活动时间沟通思想，做到和思政课课内课外互相延伸。

在支部学习活动的过程中，几位少先队辅导员逐渐形成共识：我们的学生从一年级懵懵懂懂认识少先队，到九年级举行离队建团仪式，一直在一个校园里学习生活，他们在景山少先队组织里的成长其实不应该被割裂为小学阶段和初中阶段，少先队员的自我教育和自主管理应该是贯穿始终的——我们的二年级的老师，现在还在二年级教授着新一届小学生，我们的二年级的同学现在还是我九年级的小伙伴。九年级少先队员在离开少先队组织前，回眸九年的成长，这段宝贵的人生体验值得被铭记，这段成长也是孩子们告别童年、走向独立、走向更广阔天地的底气。他们在少先队组织里收获的成长不正是对二年级队前教育最好的素材吗？

于是，景山学校少工委于 10 月 13 日、14 日隆重召开"喜迎二十大　攀峰向未来"主题队日活动，为九年级、二年级举行集体离队、入队仪式。由于没有现成的经验可以借鉴，大家在活动组织的过程中有很多疑问，如：出旗可不可以同时出党旗、团旗和队旗？可不可以用少先队出旗曲？九年级的大队员可不可以在仪式上摘下红领巾给小队员戴上？离队和建团仪式可不可以分开？

在咨询了团中央、团市委、团区委、区少工委相关领导专家之后，我们得知由于在全国范围内也没有学校做过团队衔接的仪式示范，所以目前也没有成熟的经验可以借鉴。我们一边学习文件、一边策划活动，主要目的是：①要通过活动喜迎二十大，赓续红色血脉，要能够体现对党、团、队传承红色基因长链条育人体系的探索；②要让九年级和二年级的队员通过活动有收获、受教育、有感触。

活动分为两天，分别在南北校区进行，体现了南北统一管理的基本办学理念。活动流程包括：

①出旗敬礼（党团队三面旗）。

②唱队歌。

③宣布九年级队员离队决议。

④宣布二年级队员入队决议。

⑤九年级队员为新队员佩戴红领巾。

⑥新队员入队宣誓。

⑦九年级队员为新建中队授中队旗。

⑧为新任辅导员颁发聘书。

⑨少先队员代表献词。

⑩高中共青团员、党员教师致贺词。

⑪教师寄语。

⑫校领导讲话。

⑬呼号。

⑭退旗敬礼。

离队与入队，整个活动从活动实施前到活动进行中，体现的都是九年级大队员与二年级小队员之间的互动。活动前，九年级的队员们书写了青春寄语，展望自己的未来，同时为二年级队员打气加油。二年级的新队员们精心装饰了纪念信封，让哥哥姐姐们将红领巾珍藏进去，祝愿哥哥姐姐们早日加入共青团，在未来的日子里实现理想。活动中，九年级队员代表和二年级队员代表以对话的形式献词，回顾在少先队组织中的成长，表达对共青团组织的向往，立下将用实际行动继承光荣传统和传承红色基因，为共产主义事业而奋斗的铮铮誓言。初中大队辅导员宣布九年级队员离队，小学大队辅导员宣布二年级队员入队，九年一贯总辅导员张老师带领九年级、二年级队员共同宣誓。

中队辅导员方老师和郑老师既是九年级队员曾经的辅导员，也是新队员的辅导员，她们用真挚的语言表达了对九年级队员的祝福及对二年级新队员的期盼。

二年级的老师说："光阴荏苒，今天为我们中队新队员授巾的九年级队员恰好是我教的第一届学生。看到这一幕，我的心中无比感慨，红领巾代代相传，传承的不仅是少先队员的使命，还有景山的攀峰精神。希望孩子们能从小学先锋，长大做先锋，培养品德，锻炼意志，强健体魄，茁壮成长为新时代社会主义建设的接班人。"

## 三、案例分析

### （一）体现党建引领学校团建、队建

通过党旗、团旗、队旗一起出旗，少先队员献词之后学生团员干部致贺词、党委书记寄语这样的安排充分体现党团队一体化建设，以学生的成长激励学生追求进步，体现星星之火代代相传，引导学生形成入队——入团——入党人生政治追求。站在为党育人的战略高度，积极探索党建带团建、队建的落实路径和方式，凝聚育人合力。

### （二）体现学段衔接，构建德育一体化大思政工作格局

大思政工作格局，横向上贯通课堂内外，纵向上衔接小、初、高各个学段：一方面将立德树人的德育要求落实在课程、教材和教学中，形成各学段纵向衔接，各学科（专业）横向配合，教育内容逐层递进、螺旋上升的一致性连贯体系；另一方面以思政（道德与法治）课为核心，向课外延伸至少先队、共青团各项活动、仪式中，引导学生在自我管理、自我教育中自觉实践社会主义核心价值观，充分发挥少先队、共青团组织育人的作用，形成逐层递进、螺旋上升的党团队红色基因传承长链条育人体系。

### （三）体现教育教学相融合的大德育观

九年级正是学生备战中考的关键一年，其中最让老师和父母头疼的就是，学生对学习缺乏主动性和内驱力，学习没有规划、没有方法、没

有目标。仪式上我们深挖教育资源，找到两个年级学生的交集——共同的教师，通过曾经启蒙教师的鼓励，引导学生回首求学生涯的点点滴滴，激发学生拼搏冲刺、自觉拾遗补阙，为九年义务教育画上圆满句号。当曾经最熟悉的老师出现在舞台上的那一刻，很多九年级学生热泪盈眶，这一刻他们看到的不仅是曾经的老师，一定还有曾经的自己。有效的德育活动能够不断提高学生的社会责任感、主人翁意识和实践能力，能够使学生学会感恩、学会爱，能够使学生在实践活动中汲取奋进力量，实现知情意行相统一。

### （四）体现学生自我管理和自我教育

仪式上，所有九年级学生单膝跪地为二年级的弟弟妹妹系上红领巾的那一幕，让很多老师和家长为之动容，感慨曾经的小朋友终于羽翼丰满。也让很多九年级的学生感受到自己已经长大，需要担负起更多的社会责任，需要学习更多的本领，需要学会付出和关爱他人，同时也更能够珍惜和感恩老师、父母对自己的关爱和付出。少先队员的献词环节也是九年级队员和二年级队员的一次"灵魂对话"，充分尊重学生的主体地位，注重自我教育和同伴教育。仪式时间不长，但是庄严、温暖、令人难忘，这份温暖恰恰是由学生们自己的行动带来的。

有效的德育活动一定要充分尊重学生的身心发展规律，把握学生成长关键期，适应学生发展需要，有针对性地设计关键环节落实德育目标。仪式结束后，许多老师和家长发来信息，评价这次活动非常有意义；团市委、教工委相关领导也对这次活动给予了很高评价，认为景山学校在团队衔接、德育一体化这方面做出了很有价值的尝试和探索。我们会继续发掘十二年一贯制学校的办学优势，努力构建大思政工作格局，为德育一体化建设提供景山经验和景山方案。

## 四、案例点评

习近平总书记指出，我们建设教育强国的目的，就是要确保党的事业和社会主义现代化强国建设后继有人。要坚持不懈用新时代中国特色社会主义思想铸魂育人，着力加强社会主义核心价值观教育，引导学生树立坚定的理想信念，永远听党话、跟党走，矢志奉献国家和人民。坚持改革创新，推进大中小学思想政治教育一体化建设，提高思政课的针对性和吸引力。景山学校作为十二年一贯制学校，具有教育改革创新的基因传统，具有落实小初高思政教育的天然优势，具有推进党团队一体化建设的雄厚积累，本案例就是这种传统优势的创新发展。案例源于教育需求，立足实践活动，因此具有示范性和引领价值。

# 红领巾相约火焰蓝

张 硕　张 莹　刘顺平　李素晓　常 飞

## 一、案例背景

公共安全是确保国家长治久安、社会和谐稳定的重要保障。一直以来，习近平总书记心系人民群众，高度重视公共安全，多次发表重要讲话、作出重要批示。中国共产党第二十次全国代表大会中也指出：坚持安全第一、预防为主，建立大安全大应急框架，完善公共安全体系，推动公共安全治理模式向事前预防转型。

消防安全事关人民生命健康，影响社会经济发展。学校是重要的公共场所，是队员们学习与成长的摇篮，学习消防安全知识，筑牢公共安全意识，对每一位少先队员和每一个家庭都至关重要。

因此，为了深入贯彻落实习近平总书记对于完善安全治理模式的指示，为了提升青少年的消防安全意识，四（2）和八（4）联合中队的少先队员们特开展了一系列的关于消防知识和消防技能的自主学习和实践活动，并召开"红领巾相约火焰蓝"消防自护少先队活动课。向大家汇报相关的学习成果，并希望能影响更多的人去关注消防。

## 二、案例描述

2022 年 11 月 7 日，北京景山学校少工委开展了以"红领巾相约火焰蓝"为主题的11·9校园安全节"十个一"实践体验活动。活动启动以来，四（2）中队与八（4）中队结成联合中队，以大带小、手拉手的方式，组成了自主实践队伍，开展了以消防安全为主题的实践体验活动。

在此次活动中，少先队员们依据学校的校训"明理、勤奋、严谨、创新"，成立了明理调研小队、勤奋实践小队、严谨治学小队、创新寻访小队。大家以问题为导向，通过发现问题——剖析问题——解决问题的方式展开探究和分享。本次活动课的主要活动流程如下：

活动一：发现问题微调查——明理调研小队。

明理调研小队的队员们通过自主设计调查问卷，在校园内开展了一次消防安全微调查，并分析调研结果发现校园内和生活中存在的安全隐患。发现的隐患涉及如下内容：专业教室的安全隐患、生活中的安全隐患、疏散演练的重视程度不足、专业消防知识和消防技能不熟练。在队课中，明理调研小队汇报了调研的相关内容，引导队员们体会掌握消防安全技能的重要性。

活动二：防患未"燃"学本领——勤奋实践小队、严谨治学小队。

队员们带着调查中发现的问题，分小队采取了相应的措施，并在活动课上进行了汇报展示。

针对专业教室的安全隐患，勤奋实践小队走进学校生物和化学实验室，调查了专业实验室的安全隐患问题。通过阅读实验室安全须知，寻访实验室安全员，自主查阅相关知识，了解到实验室的一些注意事项。勤奋实践小队通过视频的方式向队员们介绍使用电源、酒精灯等专业设备的注意事项、疏散演练的正确做法等内容，并且将注意事项编成了消防歌谣和制成了消防宣传标语。

针对生活中的安全隐患，严谨治学小队走访了社区和学校的电动车棚，发现了社区电动车棚管理方面存在的问题和学校电动车棚的一些行之有效的措施。为了规范电动车棚的管理，严谨治学小队还采访了学校保卫干部许博老师关于学校电动车棚的管理方式。小队还联名撰写了《关于社区电动车管理的红领巾提议》，向社区提出了管理自行车棚的相关建议。

针对疏散演练的重视程度，中队辅导员在现场通过讲解汶川桑枣中学的安全疏散的事例，引导学生关注安全疏散路线、提高安全意识。

活动三：消防知识大比拼——创新寻访小队。

针对专业消防知识和专业技能不熟练的问题，创新寻访小队走出校门，走进消防站。通过实地寻访、自主学习和请教消防员等途径，队员们学习了消防安全知识，然后将学习到的这些知识通过模拟生活中最真实最易发生的场景，开展了一次知识大比拼，并邀请消防员参与活动，担任评委。在比拼和评价中让队员的自救自护能力得到巩固和提升。

情境模拟题目如下：

情境：周末在家，突然电器着火了。

问题1：电器着火了，首先应该做什么？

问题2：判断——赶紧用水灭火。

问题3：针对这样的火情，应该采用哪种消防器材？你会使用吗？

问题4：如果是电视机或电脑起火，有什么特别要注意的？

问题5：请模拟发生火情后的报警场景。

活动四：致敬英雄显能量。

现场采访消防员，听消防员讲述自己最难忘的消防经历和他心中的榜样故事，队员们体悟消防精神。通过诗歌朗诵，队员们致敬消防英雄并分享自身的感受和未来的行动。队员们将用自己的行动和力量，以点带面，影响家庭、贡献社会，产生正能量的辐射效应，这也是本次少先队活动课程的深层意义所在。

中队辅导员结语。总结活动的内容，提升队员们的情感、意识，号召队员们继续用行动践行安全意识。

## 三、案例分析

消防安全是永不褪色的安全内容，对队员们而言也是并不陌生的话题。在本次消防安全的主题活动中，我们依然贯彻创新的理念，坚持推陈出新。

### （一）立足学情，发挥贯通优势

本次少先队活动充分发挥景山学校九年一贯的学制特色，通过大带小、手拉手，四、八年级的少先队员们充分融合的方式，成立联合中队。发挥大队员的自主性和引领作用，在少先队组织生活中主动作为；小队员在大队员的带领下，积极思考、献言献策，有强烈的组织归属感，引导更多的队员提高安全自护的意识。

### （二）调动学生，增强自主意识

本次活动坚持组织教育、自主教育、实践教育相统一，强调少先队员的自主实践性。队员们组成联合小队，自主选择相关内容，并展开实地调研，在整个活动过程中提高少先队员们的参与程度。

### （三）关注实际，提升安全能力

本次活动中，以队员们身边经常接触的消防安全隐患为主要宣讲内容，通过学习相关的方法来帮助队员们解决实际的问题，引导队员们树立安全防范意识，掌握相关消防安全技能，将危险控制在源头处。牢记消防安全，防患于未然，就是对"火焰蓝"最好的致敬。

### （四）知行统一，落实安全行动

本次活动，贯彻理论与实践相统一的原则。在其中，队员们既有理论的学习又有实践的探索，既有引进来又有走出去。在理论与实践的过程中，引导队员们在日常生活中践行消防安全行动。

## 四、案例点评

"红领巾相约火焰蓝"是一个跨学段少先队活动课课例，从知、情、意、行四个维度展开设计活动，具备一定的实践价值和试验价值。课例聚焦少先队的消防安全教育，发挥景山学校九年一贯长链条育人优势，通过大队员和小队员手拉手共同学习、共同探索、共同进步，体现少先队员的自我管理和自我教育。在内容选择上，从校园的消防安全到国家的消防安全，既能帮助少先队员树立校园主人翁意识，又能够培养少先队员的家国情怀。通过自主学习掌握消防安全技能，牢固树立消防安全意识，这就是对"火焰蓝"最好的致敬。

# 红领巾牵手京味儿文化

史 劼

## 一、案例背景

2021 年，为深入学习宣传贯彻习近平总书记关于少年儿童和少先队工作的重要论述，落实《中共中央关于全面加强新时代少先队工作的意见》，强化政治引领，促进少年儿童德智体美劳全面发展，团结、教育、引领广大少年儿童努力成长为堪当民族复兴重任的时代新人，开展好少先队活动课程，全国少工委制定了《少先队活动课程指导纲要》( 以下简称《纲要》)。《纲要》明确了少先队活动课程主要通过组织生活、队课等形式开展。而队课是少先队组织对少年儿童开展知识教育、时事教育的主要形式。

本书通过课程实例的分享，充分展示了如何将学科特长运用到班队特色建设中，将班队特色与各项活动有机地结合到一起，从而形成一节有特色的少先队活动课程，有效提升了少先队活动课在育人方面的效果。

## 二、案例描述

课程中，队员们以探寻京味文化为主题，通过对京味文化的"知""品""写"，贯彻学习"崇文争先"的理念。

课程首先向队员们介绍了"崇文争先"的理念,随后,队员们可针对自己感兴趣的内容查找资料,以小队为单位进行学习,并在小组内进行分享和交流。在实践探索的过程中,队员们利用课余时间,对铛铛车、胡同及四合院、全聚德、北京人艺分别进行了学习、探访和交流。特别是对全聚德展览馆进行了初步的云参观,了解全聚德的悠久历史。对于探索过程中的所见所闻,队员们进行了收集和汇总,形成了不同形式的学习成果,如小报、视频、建模等。结合中队特色,队员还自发创编了童谣。在队员完成童谣的基础上,小组之间展示交流、探讨,彼此提出建议,辅导员及时给予指导。

在活动课上,队员以铛铛车云游览的形式,依次来到胡同及四合院、全聚德及北京人艺,并将学习成果进行展示、汇报。在汇报中,队员们将自己创编的童谣进行传唱,充分地体现了中队特色。值得一提的是,通过前期对全聚德的云参观,队员们普遍表示对其中的八仙桌特别感兴趣。由于疫情防控期间队员无法到实地探访,因此在活动中充分借助了家校合作的力量,与全聚德烤鸭技术总监在线上进行采访,实现了校内外双师课堂,弥补了线上教学的不足。

活动课的最后,队员们表示更加理解"崇文争先"的理念,深入了解到东城深厚的文化底蕴,并表达了将继续深入了解和探寻我们东城的传统文化,要好好地传承和发扬的决心。

## 三、案例分析

《纲要》中明晰了少先队活动课程的定位,指导班级或中队如何开展少先队活动课;班队特色是一个班级或中队的内核;《纲要》、班队特色和少先队活动课的关系如图2-1所示。

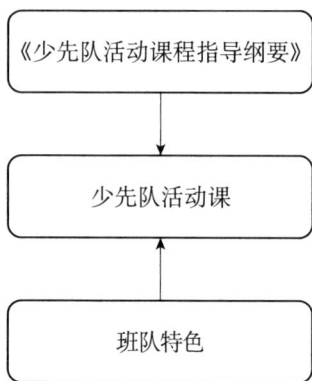

图 2-1 《纲要》、班队特色和少先队活动课的关系图

## （一）以《纲要》为指导，以时政理念为引领

《纲要》在少先队活动课中起指导意义，这一份指导纲要，从课程性质到课程理念，再到课程目标和内容、课程形式，最后到课程激励评价方式、课程管理、课程保障等，全方位地解读了少先队活动课程。

"活动是少先队的生命"，少先队教育的基本特征就是活动的教育。少先队活动课程就是落实这一教育理念的具体措施。如何让新时代少先队活动课程保持活力，在团结、教育、引领广大少年儿童努力成长为堪当民族复兴重任的时代新人的过程中发挥着不可替代的教育作用。

《纲要》对课程理念的概要阐述为新时代活动课程的设计、组织和开展指明了方向。在开展少先队活动前定位目标时，要有"小切口、大纵深"的意识，目标不宜求大，而是精准到位，以确保课程能够切实落实目标。少先队活动展示课"红领巾牵手京味儿文化"在制订目标时，以《纲要》中的《少先队活动课程分学段目标》"二年级"的课程目标中的"道德养成"中的"初步了解中华优秀传统文化知识和中华传统美德故事，为自己是中国人感到自豪"为依据制订了具体的目标，见图 2-2。

因此，在开展少先队活动课时，可以结合主题，先定位课程目标，再制订具体的活动目标。

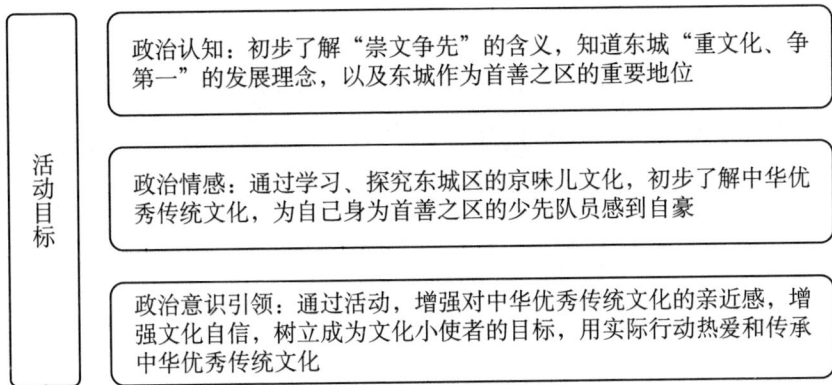

| 活动目标 | 政治认知：初步了解"崇文争先"的含义，知道东城"重文化、争第一"的发展理念，以及东城作为首善之区的重要地位 |
| --- | --- |
| | 政治情感：通过学习、探究东城区的京味儿文化，初步了解中华优秀传统文化，为自己身为首善之区的少先队员感到自豪 |
| | 政治意识引领：通过活动，增强对中华优秀传统文化的亲近感，增强文化自信，树立成为文化小使者的目标，用实际行动热爱和传承中华优秀传统文化 |

图 2-2　"红领巾牵手京味儿文化"活动目标

除了《纲要》，在设计少先队活动课时，还需要以时政理念为引领。党的报告、习近平总书记的讲话，都为少先队的发展建设明确了方向。除此之外，还要关注区域精神和地方文化，区域精神不仅指导区域发展，也为少先队员的学习和实践明确了方向。少先队活动对地方文化的开发利用，本质上是为了满足队员生命成长发展的需要。在地方人文历史文化中蕴含着丰富的少先队活动资源，尤其是针对国民教育的活动资源。对于少先队员而言，民族认同感和国家认同感的培养是少先队活动的职责所在。

"红领巾牵手京味儿文化"这节课结合了习近平总书记在党的十九大报告中指出的"文化是一个国家、一个民族的灵魂。文化兴国运兴，文化强民族强。没有高度的文化自信，没有文化的繁荣兴盛，就没有中华民族伟大复兴"。以及 2020 年 9 月 27 日，东城区正式发布的《贯彻落实"崇文争先"理念　进一步加强"文化东城"建设的实施意见》这样两个理念来开展。

## （二）班队特色为基石

### 1.发挥学科优势，构建班队特色

班队特色是一个集体的内核，而这个内核的形成，需要像农民伯伯耕地一样，不断地耕耘，从而使土地肥沃，孕育出香甜的果实。班主任、辅导员老师在耕耘时可以用"巧"劲，发挥自身优势，从而事半功倍。

在"红领巾牵手京味儿文化"一课中，虽然学习实践的内容各有不同，但队员们均以童谣这样的形式输出、展现学习成果。同理，如果开展其他活动，队员们依然会以童谣的形式进行输出。

### 2.强化积累，完善班队特色

在构建班队特色的过程中，有意识地将果实积累、保存，能够促进特色的进一步提高和完善。在每次活动后，可以有意识地将队员们创作的优秀童谣进行收集，逐步形成童谣集。同时，在队员之间传阅童谣集，使队员们相互学习、借鉴，激励队员们的创编热情，从而完善班队特色。

## （三）提升育人效果

少先队活动好似一棵大树，枝叶之间彼此关联。因此，在设计并组织活动时要尽量"去碎片化"。除此之外，一棵树的生长是需要时间的。所以，在准备少先队活动课时，还应"勿临阵磨枪"。

### 1.活动系列化

每学期展示的少先队活动课并不是独立存在的，它需要学生在经过一段时间深入学习并真正理解主题的含义之后，进而展现学习成果。为了达到这样的效果，学期伊始，班主任、辅导员老师们可以根据本学期的活动主题，结合学校的活动，在班队开展系列化活动。少先队活动课，便是学期系列活动的展示。

### 2. 设计任务化

通过《纲要》能够发现，每一个活动目标通常不是 1 个课时能够完成的。公开展示的少先队活动课制定的是活动目标下的 1 个课时。通常展示的是最后 1 个课时，相当于成果的汇报和交流。在少先队活动课展示之前，需要组织队员利用几个课时去完成学习和实践任务。在设计时，可充分借鉴学习任务群的思想，有层次地设计并罗列活动中的每个任务，使任务之间有所关联，逐层递进（见表2-1）。

表 2-1　课程任务设计

| 主题：<br>崇文争先大视野，景山少年攀峰行（第一站）"红领巾牵手京味儿文化" | 任务一：了解"崇文争先"理念 | |
| --- | --- | --- |
| | 任务二：知京味儿文化 | 查阅京味儿文化资料 |
| | | 分享、交流发现 |
| | 任务三：品京味儿文化 | 小组合作探寻京味儿文化 |
| | | 实践、感受京味儿文化 |
| | 任务四：写京味儿文化 | 自发创编童谣 |
| | | 收集、汇总成果 |
| | "红领巾牵手京味儿文化"少先队活动展示课 | |

在任务实施的过程中，要注意及时跟踪任务的完成情况。对于学生在实施任务的过程中遇到的问题，给予适当的引导和点拨，使任务顺利完成，从而实现活动目标。

### （四）研究成果

综上所述，通过认真学习《纲要》，特别是分学段目标，清楚所在学段的课程目标，坚持"小切口"，推动"大纵深"。多关注时政，特别是市区精神，发掘可以融入少先队课程中的理念。同时，充分发挥自身优势，将学科特长运用到班队特色建设中，将班队特色与各项活动有机地结合到一起，强化班队特色，注重成果积累，再加上精心的系列化的设计，一定能使活动之树成长为枝繁叶茂的参天大树。

## 四、案例点评

"红领巾牵手京味儿文化"这一案例将辅导员的语文学科特长运用到班队特色建设中，将班队特色与各项活动有机地结合到一起，有效提升了少先队活动课在育人方面的效果。队员们以探寻京味文化为主题，学习"崇文争先"的理念，以小队为单位进行学习，并在小组内进行分享和交流，充分体现了少先队员的自主教育和合作学习。队员通过小报、童谣等方式展现学习成果，充分体现了少先队组织在五育并举方面发挥的积极作用。坚持"小切口"，推动"大纵深"，帮助少先队员感悟传统文化之精髓，从而加强文化认同，坚定文化自信。

# 大手拉小手　唱响红歌跟党走

贾　婕　韩美薇

## 一、案例背景

2021 年正值中国共产党成立 100 周年。为了深入学习贯彻习近平新时代中国特色社会主义思想，落实党史学习教育的活动要求，牢牢抓住少年儿童党史学习的教育契机，学史明理、学史增信、学史崇德、学史力行，景山学校开展了"传承红色基因，铸就攀峰精神"的主题活动。

习近平总书记强调，党史学习教育"要注重方式方法创新"。如何在活动中通过创新的方式教育引导少先队员学好党史，传承红色基因呢？经过思考，我认为，传唱红色歌曲是传承红色基因的有效方式。这样活泼的方式方法，让党史学习教育更加接地气，就能带动更多队员铭记光荣历史、坚定理想信念。

## 二、案例描述

北京景山学校一直坚持开展四年级和一年级"手拉手"的联谊活动，以大带小的形式，开展各种少先队活动。一（2）班和四（1）中队这两个集体正是"手拉手"联谊集体，定期开展少先队活动。同时四（1）中队也被授予"冼星海"英雄中队的称号，是东城区首批英雄中队之一，唱红歌，传承革命精神正是他们的中队特色。于是一（2）班聘请了四（1）中队的队员们为红歌小小辅导员，共同开展了"唱红歌，学党史，悟精神"的主题活动。

作为辅导员，我们通过查阅相关资料，进一步学习党的历史。以中国共产党的几次历史转折点作为划分，将本学期的学习内容分为以下不同的阶段：建党前期、建党初期、长征时期以及建国时期。每个月定期开展少先队活动课。在活动中，四年级少先队员拉手一年级小同学，利用课余时间，学唱红歌，从中学习党史。

辅导员带领队员们通过学唱、欣赏《没有共产党就没有新中国》《我们从红船走来》《七律长征》《映山红》《十送红军》等歌曲，主要学习了建党前期到 1931 年之前的这段历史。再以小队活动的形式，通过有计划地阅读党史图书、观看红色电影、采访相关人物、网络学习等方式收集相关历史资料。在此过程中，四（1）中队的少先队员们还准备了"党史知识小问答"，通过有趣的问答活动带领一年级的学生共同学习"红船精神"和长征精神。一边回顾长征历史中红军遇到的艰难险阻，一边分享交流自己学到的中国共产党人的精神，激发了队员们的学习热情。

在学习 1931 年至 1945 年抗战时期的历史时，四（1）中队的少先队员拉手一（2）班的弟弟妹妹，组成了不同的学习小组。在活动课的汇报中，红歌小小辅导员陈奕卓先请大家欣赏《松花江上》的音乐片段，感受当时人民的心声。队员们在交流感受时纷纷表示，从歌声中能听出松花江物产丰富，但是因为九·一八事变爆发了，人们被迫离开故土，远走他乡。每每想念家乡，却不知自己何时才能回到家乡。在队员们交流的基础上，红歌小小辅导员路寻寻告诉大家当时中华民族到了最危险的时候。而九·一八事变成为中国人民抗日战争的起点，从此，中国人民开始了艰苦卓绝的抗战。从而自然引出"到敌人后方去""游击队歌""地道战""南泥湾"四个小队的学习汇报。

"到敌人后方去"的队员首先向大家介绍了歌曲的作者以及歌名的含义。小队员们通过查阅历史资料，为其他队员介绍中国共产党在腹背受敌的艰苦境遇下，仍然为了人民的利益，坚持抗战，走到了敌人的后方。

"游击队歌"的队员从歌曲的曲调和歌词，分别介绍了游击队的战斗形式和特点。小红星团员李昀锦和大家分享了他欣赏歌曲后的感受。队员孙敏惠和景涵玥则向大家介绍了游击战的精髓。队员们从这首歌的歌词中感受英勇作战和必胜的决心，并借此了解游击战的形式多样。

"地道战"的队员们，首先以视频的形式介绍地道战的战术优势。游击队员利用地道，进行灵活反击。观看相关视频后，进行小合唱。以这种形式帮助队员们了解相关资料，从而更好地理解歌曲的内容与含义，进行合唱。

"南泥湾"的队员们则邀请了红军后代——孙东宁爷爷向队员们介绍《南泥湾》这首歌曲的相关背景。孙东宁爷爷讲述当时的故事以及《南泥湾》这首歌曲时是这样说的："只有自己动手、才能丰衣足食。现在我们日子好了，但还是要坚持走'独立自主、自力更生，艰苦奋斗、勤俭节约'的道路。你们的未来就是祖国的未来。希望你们不愧于少先队员的光荣称号，为队旗添彩、为国家争光，孩子们，加油！"通过红军后代孙爷爷的介绍与讲解，让队员们感受军民团结、共同抗战的决心。接着师生同唱歌曲《南泥湾》，小红星团员代表上台献花。之后播放视频《保卫黄河》，以视频的形式再次加深队员们对歌曲的理解和感受。

小队交流结束后，辅导员老师组织学生进行"我想对党说"活动，交流学习收获以及想对党说的话。让队员们结合生活实际，联系生活谈感受，以此与队员们的实际生活建立联系。最后队员们把想对党说的话汇聚成一首歌，衔接进入"我想对党唱——献唱红歌表决心"合唱活动，全体合唱歌曲《童心向党　爱在中国》。

在整个活动课中，四年级少先队员与一年级小同学，辅导员老师与同学们一起共同学习与活动。同时还邀请了红军的后代作为特殊的辅导员老师与我们一起手拉手。在活动中，结合多方力量形成合力，使每一位少先队员、每一位小红星团员能够意识到身上所肩负的时代使命。

## 三、案例分析

少先队活动是少先队员学习党史的重要途径。将学习方式进行创新后，重新撬动了学生党史学习的兴趣，彰显了少先队辅导员的教育智慧。

### （一）以大带小多元互动，推动党史学习

在传统的活动课中，学习主要以一个中队为单元开展。党史学习具有一定的难度，在低年级开展有一定的困难，在高年级又容易缺乏深度。"大手拉小手"，摒弃了传统的少先队辅导员教、队员学的形式。通过聘任"红歌小小辅导员"的方式，充分发挥高年级少先队员的榜样带头作用，拉手弟弟妹妹，有针对性地进行党史学习教育，将学习过程从单纯的少先队活动课，延伸到日常课余时间，扩大学习范围，加深学习深度，大大提升了党史学习的效率。而一年级学生在被辅导的过程中，也感受到了榜样的力量，对少先队员这一形象有了新的认知，激发了他们加入少先队、成为少先队员的决心。

### （二）唱响红歌浸润心灵，坚定理想信念

传统的党史学习，主要是以历史人物、重要事件、共产党人的精神品质为切入点。而我们则是以党的不同阶段作为划分，通过某一时期的

红歌作品作为切入点。歌词、曲调、创作背景等新鲜的党史学习材料，使队员在学习的过程中耳目一新，激发了学习的兴趣。朗朗上口的旋律，押韵起伏的歌词，慷慨激昂的节奏，将学生带回到那段历史中。通过一系列主题鲜明突出、特色突出、生动丰富的少先队活动，帮助学生感受共产党人的卓越品质和伟大精神，从心底产生对党的自豪感和信任感，从而坚定理想信念。

### （三）感悟精神自觉践行，传承红色基因

队员们从党史学习中感悟到红色精神的含义，在不断地交流中，分享自己的学习收获。有了这样的学习基础，最后在"我想对党说"的活动中，队员们纷纷联系自己的生活，表达自己要学习红色精神克服生活中的困难，不断地提升自己的能力，为第二个一百年贡献自己的力量。在队员们热情而真挚的回答中，我们感受到了他们想要争做时代"红娃"，自觉继续传承红色基因。

## 四、案例点评

"大手拉小手　唱响红歌跟党走"这一案例中辅导员结合音乐学科优势，创新少先队活动方式，教育引导少先队员学好党史，传承红色基因。通过聘任"红歌小小辅导员"的方式，充分发挥高年级少先队员的榜样带头作用，拉手一年级小学生有针对性地进行党史学习教育，既能够锻炼少先队员提高自我管理、自我教育的能力，又能够加强少先队员的光荣感和使命感，同时也是对一年级学生非常好的一次队前教育。通过唱红歌的方式学习党史，符合小学生身心发展规律，能够激发学生的学习兴趣，是一种行之有效的针对小学生的爱党教育途径。

# 学航天精神，育时代新人

邵怡惠

## 一、案例背景

2021 年颁布的《中共中央关于全面加强新时代少先队工作的意见》中提到要大力培养少先队员对党和社会主义祖国的朴素情感，讲好实现中华民族伟大复兴中国梦的故事，引导广大少先队员认识到祖国和民族的未来归根结底要靠一代又一代人亲手去创造，从小做好全面准备。

在 2022 年的第 36 届北京景山学校科学节活动中，六（3）中队队员积极探索中国航天发展史的故事并呈现分享自己对于中国三大航天精神的理解和感悟。在科学节的各项活动中，六（3）中队基于少先队员的实际情况，设计中队活动，使航天梦和科学幻想从理论走向现实。

## 二、案例描述

2022 年 10 月，六（3）中队开展了"去摘遥不可及的星"中队活动课。通过科普问答、完成画卷、排演舞台剧、科学作品发布会等活动使中队队员们切身感受"科技、航天"的魅力。同时在中队活动课中鼓励学生合作探究、分工合作、共同成长，呼吁学生们在心里种下一颗名为"科技、航天"的种子，通过切身努力将这颗种子滋养为参天大树，为祖国的"科技、航天"发展助力。

在规范进行了少先队仪式后，主持人主持开场。星光耀眼，月朗星稀，人们总爱在深邃的夜空中仰望那颗最璀璨的星星。而那颗闪烁着耀眼光芒的星星又总是那么地遥不可及。在这秋高气爽、硕果累累的季节，让我们的思绪一飞冲天，风举云摇，感受航天与科学的魅力。伴着主持人慷慨激昂的声音，中队成员们怀着期待迎来了"去摘遥不可及的星"中队活动课。

在第一环节，以视频"沙画——人类仰望星空、渴望飞翔"为引激发中队成员对航天的畅想。在一幅幅展开的画面里、在一声声队员的感叹中，队员们对于星空的探索欲悄然生成。在这一环节里，第 1 小队队员们通过群组学习自主了解中国航天发展史，并通过知识竞答、小组积分、分高者胜的形式获取中队特色章。经过激烈的积分竞赛，队员们在认知层面基本了解了中国航天发展史。常态化的学习交流也在持续加深队员们对中国航天史的基本认知，帮助全体队员初步萌发对于中国航天的探知欲。

在第二环节，通过展示队员自主设计绘制的中国航天发展史画卷向队员们呈现航天精神的历史发展阶段。3 个小队通过对 8 幅画面所描绘的标志性事件的讲解去探寻各个阶段的航天精神，与队员们同频共振、感悟精神、激发情感。无论是航天奇迹的成就，还是绚丽多彩的画卷、充满激情的讲解，都使中队成员连连感叹。在观看视频《中国问天录》时，中队成员更是眼含热泪、攥紧了拳头，频频和队员发言交流。

伟大的事业孕育伟大的精神，伟大的精神推动伟大的事业。多年来，在党的领导下，我国航天事业从无到有、从小到大、从弱到强，走出了一条具有鲜明中国特色的发展道路，使我国昂首屹立于世界航天大国之列。一幅完整的画卷呈现出中国航天发展史，队员们能通过画卷直观地感受到航天工作者吃苦耐劳的品质和敢于攻坚的精神。结合景山学校的攀峰精神，通过适度、恰当的价值引领使我们的队员们自发内化航天精神，在朴素的情感共鸣中生成敢于吃苦、敢于奉献、敢于攀峰的品质。

在第三环节，第 5 小队成员表演"对话王亚平"舞台剧，并通过活动感悟分享激发队员们对自身实现摘星的思考。

舞台剧《对话王亚平》节选片段：

学生：咦，这是哪里啊？呀！是王亚平阿姨！亚平阿姨好！在您的"太空课堂"里，我惊叹于您的"大力神功"，也对太空里高速旋转的陀螺着迷。在一声声感叹、一次次思考中，我仿佛窥探到了科学的奥秘、发现了宇宙的美丽。可惜我的近视有点严重，可能无法成为一名宇航员进入太空摘星了，真遗憾啊。

王亚平：能够 3 次站在"太空讲台"，和大家分享科学的乐趣与奥秘，我感受到无比的欣喜与满足。但是孩子，是否只有进入太空才能摘星呢？你们将来会拥有医生、律师、科学家等各种身份，但这也许并不妨碍你们摘星。每种职业身份、每个人都会有自己想要摘的星星。遨游太空，我完成了我的目标、摘到了我的星星，我也想听听你的星星可以是什么呢？

学生：哦，我懂了。一颗颗星星就像是我的一个个小目标，比如我想要增大我的阅读量，但经常忘记或者放弃，所以我就定了一个月读完一本书的目标，这就是我的一颗星星。

王亚平：是呀，所以这么说来，我们的星星并不是遥不可及的。无论是进入太空、探寻宇宙摘星还是勤于思考、笃学慎行"摘星"，都需要我们踮起脚尖、脚踏实地，朝着自己的星星努力。"飞天梦永不失重，科学梦张力无限。"你们正值青春，你们充满朝气，只要孜孜求索，定能手摘星辰。

舞台剧以对话的形式开展，在一问一答中启发队员切身思考如何"摘星"。通过第 5 小队成员活动感悟的分享，启发队员思考"是否只有宇航员才可以摘星？""我们的星星都可以是什么？""我们的星星是否真的遥不可及？""为了摘星我们可以做些什么？"

最后，第 6 小队成员开展科技创新成果发布会呈现队员们的"摘星"行动：科学幻想画、科幻小说、编程设计……在这一环节引导队员完成由情感向行动的转化，通过实践成果的呈现引导学生将航天精神内化于心、外化于行。

在第四环节，由第 7 小队成员进行诗朗诵《星辰大海，永不止步》，引导队员将飞天梦与科学梦相联系、个人梦与中国梦相结合。此环节点题"摘星"，"摘星"象征照亮队员们的人生旅程。

最后，中队辅导员讲话。祖国和民族的未来归根结底要靠一代又一代人亲手去创造。要以中队主题活动为媒介传承先辈们爱国之情、强国之志、报国之责的血脉，将队员们培养成传承红色文化血脉、担当民族复兴大任的时代新人。辅导员总结讲话后进行少先队仪式。呼号、退旗敬礼。

## 三、案例分析

"去摘遥不可及的星"少先队活动课在较短的时间内梳理中国航天发展史、感悟中国航天精神、激励队员"摘星"行动。星空写满了人类璀璨的想象，科技发展助力人类探索实现航天梦。通过此次中队活动课，促使每个中队成员种下一颗名为"科技、航天"的种子。

## （一）突出榜样引领作用

党的十八大以来，以习近平同志为核心的党中央高度重视构建中国话语、中国叙事体系和中国共产党国际形象的传播。"会讲故事、讲好故事十分重要。"中华民族向来不缺乏动人的故事，同时也是一个盛产榜样的民族。通过寻找故事中的榜样、学习故事中的榜样使学生们心中有榜样，引导学生们从小做起，从自己做起、从身边做起、从小事做起，一点一滴积累，养成好思想、好品德。

## （二）突出队员主体地位

基于北京景山学校五四学制的特殊性，六年级的孩子已经是中学生了。因此，在开展主题教育活动时给予学生更大的自主权、尊重学生在活动中的主体地位具有合理性和可行性。通过中队成员的合作探究、自主学习、动手实践，使学生在中队活动课中居于主体地位。本次活动课充分尊重、发挥了学生的自主性，通过学生的自主活动强化其主人翁意识。

## （三）突出实践育人作用

通过科普问答、完成画卷、排演舞台剧、科学作品发布会等学生们喜闻乐见的实践活动，使成员在活动中感悟、在活动中成长。中队成员在活动感悟中分享道：科技不仅能助力国家各个方面的发展，也与我们的实际生活相联系。在今天我更深刻地了解到了科技发展对国家大大小小方面的助力，我也愿以自身实际行动为祖国的科技发展助力。但受限于 2022 年 11 月初疫情形势，本次中队活动课在调动资源方面还有很大的提升空间。在后续的活动中我们中队将持续突出实践育人作用，增加家庭教育和社会教育在中队活动中的比例。通过"攀峰家长讲堂""对话航天工作人员"等实践活动继续深化本次活动课成果、培育中队成员的责任意识与政治意识。

## 四、案例点评

"学航天精神，育时代新人"是一节符合初中生年龄特点和认知规律的少先队活动课。通过队员的合作探究、自主学习、动手实践，使少先队员成为活动课的主人，成为学习的主角。通过竞赛抢答、自主设计绘制中国航天发展史画卷的方式引导队员们从认知层面了解中国航天发展史，既能够丰富学生的学科知识，又能体现五育并举。在活动中，少先队员充分感悟中国航天精神，民族自豪感和浓烈爱国情油然而生，同时激发了少先队员向榜样学习的决心，深刻理解知识发展、科技进步对国家和民族的重要意义。

# ● 心理教育案例

## 架起心灵的彩虹，助力学生健康成长

郝立萍　毛　敏

### 一、案例背景

北京景山学校是 1960 年由中宣部创办的一所教改试验学校，1983年，邓小平同志为景山学校题词"教育要面向现代化，面向世界，面向未来"，建校 62 年以来，景山学校在家校社协同育人方面做了很多探索。

20 世纪 90 年代初，学校提出学校教育、家庭教育、社会教育形成系统、全面育人，学校教育与家庭教育紧密结合，先后开展了亲子阅读指导、家务劳动教育指导、与父母说悄悄话等活动。随着我国中小学心理辅导工作的逐渐发展，景山学校在对家庭教育进行集体指导的同时，1996年，学校有心理学背景的教师对有需要的学生和家长进行个别辅导，2004年学校正式成立心理辅导室，由专职心理教师为学生提供辅导。

景山学校是一所十二年一贯制学校，不同学段的学生因发展阶段不同遇到的心理问题不尽相同，在长期的教育实践过程中，学校发现学生心理问题都与其生活的家庭环境和接受的家庭教育有着密切关系。国内外许多研究也表明：和谐、温馨、平等的家庭环境是孩子形成良好心理品质的基本保证。而不稳定的家庭结构、亲子关系，以及父母的教养方式等都会影响孩子的成长，引发个体心理问题。因此学校不能只关注学生在校的心理健康状况，还应在学生面对家庭方面的困扰时，学校指导家长转变教育观念，了解和掌握心理健康教育的方法，注重自身良好心理素质的形成，营造家庭教育的环境，形成良好的家庭沟通互动模式。只有家长改变了，孩子因家庭引发的心理困扰才能够得到解决。

景山学校学生家长受教育水平程度比较高，学校辅导室来访的学生家长中有名校毕业生、高校教授、行业精英，他们通常有自己的教育理念，而面对孩子内心的需求和学校老师的建议，有的家长并不接受，导致孩子的心理问题会愈加严重。

面对以上问题，学校将心理专家请进校园，来帮助解决家长的实际困难，也架起了家校合作、亲子沟通的桥梁，家校社携手、共同解决学生心理问题。

## 二、案例描述

景山学校制订了"心理专家进校园"的实施方案，采用了"一对多""一对一"和"多对多"的三个层次的实施策略。"一对多"即专家开展家庭教育、心理健康教育主题讲座；"一对一"即专家一对一为心理问题严重的学生和家庭提供个体辅导；"多对多"即专家和学校教师共同为心理问题严重的学生和家长提供辅导。

### （一）"一对多"：心理专家针对全体家长，开展讲座

结合不同学段学生的心理发展特点以及家长的需求，专家走进校园，针对性地开展"亲子沟通训练营""学习动力训练营""情绪管理及减压训练营"等系列家长讲座。引导家长不断地更新家庭教育理念，重视孩子的心理健康教育。

**1. 课前课后的问卷调查、了解家长的需求和反馈**

在课程开发前，对家长进行问卷调查，在对结果进行充分的分析和研讨后，作为家长讲座的重要依据。课程结束后，请家长对课程进行评价，并提出意见，专家和学校心理老师对评价和意见进行整理、复盘，以完善之后的课程。

**2. 分年级微信群分散学习，减轻家长学习时间的困难**

学校提前将家长们按年级建立微信学习群，每一个主题用 4 到 6 个晚上，每次 40 分钟。解决了家长学习时间的困难，轻松方便。

**3. 采用语音 + 文字的授课形式，保证家长对课程的参与**

课程采用语音 + 文字的授课形式，家长可以在错过课程后，回看群内信息进行学习。在家长课堂中，会设计打卡、课后作业等，增加提问、互动等让家长们更愿意投入学习。

**（二）"一对一"：心理专家为有需要的学生家庭提供个体辅导**

**1. 心理辅导严格遵守辅导原则**

专家进校园为学生和家长提供辅导，包括对心理健康知识的普及和传播、协助学校心理教师开展心理健康教育与辅导工作。与学校心理教师一样，遵守国家相关法律法规、严格遵守心理辅导伦理和基本原则。

保密性原则：学生和家长完成的量表、辅导记录、沙盘作品照片等资料交由学校心理老师保管。

保密例外原则：如果来访学生的语言或非言语透露自杀（自伤）、伤人等倾向时，心理专家须为防止意外事件的发生，通知心理教师，心理教师通知班主任和监护人采取必要的保护措施，同时尽力将学生个人信息暴露程度控制在最小范围内。

除此，还坚持理解支持原则、助人自助原则、时间限定原则和感情限定原则。

### 2. 严格遵守学校心理辅导的流程，确保辅导质量

学校统筹安排，整体把握，心理老师与学校部门对接，有需要的学生和家长自愿报名。报名时填写家长或学生登记表，简单填写家庭信息以及自己对咨询的期待和目标，这样可以迅速获取家庭背景信息，提高辅导效率；引导家长思考自己目前的困惑到底是什么？促使他们的自我思索，也提升他们来寻求帮助的动力。

报名后，先由心理老师进行首次辅导。签订心理辅导协议、建立辅导关系、进行评估性访谈，全面了解、收集和评估报名学生信息，如是一般心理问题，由心理老师辅导，如果是比较严重的心理问题，安排外请专家辅导。

专家进行辅导，评估问题，如问题解决，辅导结束；如问题未解决，再次确定目标，预约下次咨询；问题未解决，需要转介的，如家长学生同意，进行转介；如家长学生不同意，心理老师再与班主任、家长沟通。

如辅导中发生心理危机保密例外情况的，心理老师上报学校及心理教研员，立即启动心理危机干预程序。

### （三）多对一：心理专家、心理教师、班主任家校社协同共育

在心理专家一对一辅导基础上，学校家庭教育指导团队共同参与。学校心理教师是心理教育专业工作者，全程参与辅导的过程，首先选择心理专家，保证心理专家的品质和咨询质量。通过多种途径、整合校内

外资源，聚焦于学生的健康发展，对内与学校不同部门、年级组长、班主任、学科教师等学生工作者密切合作，对学生情况整体了解，应用学生心理档案、学校心理台账对重点关注学生进行预判，将专家建议反馈给班主任和任课教师，并持续跟进学生的后续变化，随时提供支持，对学生的辅导资料进行全面整理。对外与心理专家、学生家长、区心理教研员紧密合作，了解家长的需求与状况，与专家进行学生个案讨论、经家长同意后为需转介学生联系东城区心理绿色通道，并向教研员、德育科进行报备等工作。

班主任每天和学生朝夕相处，对学生也最为了解，能够密切关注到学生的学习、情绪、人际交往的日常变化，也是学生或家长遇到困难时首先求助的人，所以班主任是学生心理健康维护的第一道防线，他们的敏锐与细心有利于尽早发现学生的心理问题，及早进行干预，从而避免心理问题严重化。而且在心理专家对学生进行辅导后，班主任会在教育教学中落实专家的建议、关注学生的变化，随时保持与心理老师、学科教师和学生家长的沟通。

## 三、案例分析

经过两年多的实践，心理专家走进校园，为学校和学生家庭架起了心灵的彩虹桥，助力学校和家庭协同育人，对学校教育工作具有十分重要的意义。专家入校指导，提升了家长、班主任老师和心理教师的心理健康教育的指导水平，丰富了学校的教育指导资源。心理教师通过阅读专家的辅导记录，并与专家进行案例讨论，了解了相关理论、学生及家庭存在状况的分析视角、家庭积极资源、辅导片段中的提问方式以及问题解决的策略与方式等信息，为从事学校心理辅导工作提供了从理论到实践的全面提升，促进了学校心理健康教育工作的发展。

心理专家进校园，让家校合作更加顺畅。家长通过与专家近距离沟通，不仅乐于接受专家的建议，思考自己可以做哪些改变，还增强了家长对学校教育的认同感。家长们深刻感受到家校形成的合力、良好的家校关系，共同助力学生健康成长。

家校好比学生成长过程中的阳光和空气，二者缺一不可，二者相辅相成，相得益彰。通过心理教育专家进校园实践探索，学校坚定了以学生为本，家校携手的育人理念和特色工作途径，为学生健康发展保驾护航。

## 四、案例点评

40 年来景山校园心理健康教育迅速发展，"专家进校园"是学校开展心理健康教育的常规途径。关于如何提升"专家进校园"的教育效益，本案例为我们提供了有益价值。通过多种形式提升学生心理教育的专业水平，促进心理教师的专业提升，促进学校家庭教育的协同。家校社教育协同是新时代促进教育高质量发展的重点领域，是教育改革的焦点之一。心理健康教育是推动家校社协同育人的重要桥梁枢纽，我们期待新的探索成果。

# 感受生命之美

王梦娇

## 一、案例背景

教育部公布的《国家中长期教育改革和发展规划纲要（2010—2020年）》提出要"重视安全教育、生命教育"。积极心理学主张用欣赏的眼光去看待生命，通过发掘个体内在的积极心理品质，使个体通过自己的主观能动性来创造生命的美好，使每个人的生命都过得更有积极意义。随着新冠疫情的突然暴发和常态化抗疫，大多数孩子们虽然没有处于疫情防控的前线，但是几乎都经受了一定的心理冲击，感受到了生命的脆弱和珍贵。

随着学生抽象逻辑思维和自我意识的发展，学生对生命等抽象课题有了一定的思考能力。刚刚迈入中学的六年级学生面临学业负担加重、小升初适应问题、同伴关系变化、亲子关系紧张等问题，而自身身心快速发展，容易因为认知片面以及外界因素导致负面偏差，需要从更加正面的视角看待生活，增强幸福感。在同个别学生交谈时，有的学生甚至会说到"活着没意思"的话语。因此，我们需要帮助学生去体验、去感受、去发现、去创造生命的精彩与价值。

## 二、案例描述

感受生命之美——开启生命盲盒。生命的过程就像开盲盒，充满了各种可能，让我们带着好奇与勇气去体验、去发现生命的美好，开启生命的盲盒吧！学生在开盲盒的过程中感受惊喜，探讨盲盒的特点。1号盲盒是请仔细倾听声音，猜一猜这三段音乐分别是什么，邀请学生分享听到这些声音的时候是什么心情，有海浪拍打沙滩的声音，有美妙的鸟语虫鸣，也有悠扬的钢琴演奏，学生或轻松或舒服或愉快，而其实这些声音就在我们的日常生活当中。2号盲盒是请学生以最快的速度横向依次读出一幅图中字的颜色，黄被标成了紫，蓝字却是红色的，学生努力却又难免出错，一片欢声笑语。3号盲盒是邀请学生摸一摸这是什么，教师拿出提前准备的盒子，请学生上台摸，经过几轮猜测，猜对的同学将获得这件物品，孩子们十分踊跃。4号盲盒是请说出需要嗅觉十分出众的职业，调香师、医生、缉毒警察、品酒师……原来嗅觉对我们也那么重要。5号盲盒是请学生闭上眼睛尝尝老师准备的食物，当学生品尝到那块蛋糕时，流露出了天真的笑容，开心、惊喜溢于言表。我们人有五感，可以多角度去感知生命的丰富多元与奇妙美好。让我们打开五感，悉心去感受、发现生命的美好吧！通过开启生命盲盒的活动，学生分别体会视觉、听觉、触觉、嗅觉、味觉带来的快乐，体悟到只要细心去感受，就会发现生命的美好无处不在。

发现生命之美。学生们以小组为单位，参与五感挑战，用五感去发现生命的美好吧！哪些瞬间是最能让你感到幸福的？哪些时刻是让你想起来就觉得温暖的？哪些画面是当你情绪低落时也能帮助你治愈的？孩子们小组合作，共同画出一张多彩生命图，给自己能量。其中，第一组是请学生用明亮的眼睛，去看看那些温暖的瞬间。画出你曾看到过的温暖的瞬间。第二组是请学生用敏锐的耳朵，静静倾听那些美妙的声音。画出或写下你曾听到过的让你感觉愉悦的声音。第三组是请学生用灵敏的鼻子，细细体味大千世界的芳香之气。画出或写下你曾闻到过的让你感到心旷神怡的气味。第四组是请学生用独特的味蕾，去大快朵颐世间的美味。画出你曾品尝过的天底下的美味。第五组是请学生用珍贵的身体，去触碰世界上美好的事物。画出你曾经触碰过的让你感觉安全的事物。学生们纷纷回忆和画出自己生命中的美好瞬间，一起发现和感受生命中那些被我们忽视的美好时刻，感受生命的精彩，激发对生命的热爱。

在大家的分享中，老师也感受到了孩子们对生命的欣喜和热爱。这些美好的瞬间来自自然存在（如广阔湛蓝的天空、阳光照在身上的温暖）、他人给予（如家人的拥抱、好友的鼓励）、日常经历（蛋糕的香味、全班共同练合唱的团结）、刻意努力（满分的试卷、特长证书、运动会成绩）……只要我们细心感受就会发现生命中平凡而又珍贵的美好。发现生命中美好的过程是令人愉悦的，它能帮助我们看到世界的精彩、感受到身边的爱，在我们遇到挫折的时候，能帮助我们积极地面对！它是我们生命的能量、耐挫的源泉。

创造生命之美。那么我们是否可以创造出更多生命中的小美好呢？学生们纷纷结合自己的生活实际，思考自己可以做些什么来为生命添彩。我们可以通过回报如"主动给家人拥抱""我想多干些家务，让妈妈也有时间去静心感受生命的美好"，奉献如"参加志愿服务劳动""帮助有困难的人"，努力如"花更多的时间去练习篮球，我很享受在球场挥洒汗水的过程"，创作如"把我感受到的美好通过多种方式记录、创作出来，绘制美丽的画卷、写佳作、作好诗、拍美照""美食给我带来快乐，我也要试着做几道美味"……只要我们用心感受，就会发现生命如此美好，我们的生活点滴中充满了快乐，充满了爱的温暖、美丽的风景；就会发现我们可以通过行动让生命更有意义！通过全班讨论和教师引导，学生能够通过行动创造生命的美好，活出意义。

## 三、案例分析

### （一）设境悟情，注重生命体验

本案例注重学生在活动中体验，在体验中感悟，在感悟中提升。学生对"开启生命盲盒"的活动有很高的热情，大家对开盲盒的这种形式非常好奇，通过不同感官的参与，唤醒蛰伏的情感，让学生充分感受生命的多彩。"绘出多彩生命图"的环节，学生发掘出了许多精彩的生命瞬间，在分享中美好也得到了传递和加成，激发了学生对生命的热爱。

存在主义心理学家维克多·弗兰克尔（1963 年）认为，人类天生具备一种寻找生命意义的内在动力。当我们相信生活有意义，而且相信自己可以找到意义的时候，就能够体验到一种对生活的掌控感。意义感也直接影响着人们的主体幸福感。那些觉得自己的生活有意义的人，更少抑郁，对自己的生活更满意，也拥有更高的意义感。中学阶段，学生找到生活、学习的意义，对于学生适应校园、树立积极良好的心态有很大的帮助。

### （二）层层递进，激发生命潜能

3 个活动环节分别通过感受、发现、创造生命之美，层层递进。最后通过结合学生的生活实际，激发学生生命潜能，鼓励学生创造出生命中更多的美好，活出精彩。学生在活动中学会用五感去感受、发现生命的美好，并努力去创造生命中更多的美好，从而懂得生命的意义需要于感受中、体验中、创造中去寻找与获得，并有机融入价值观教育，学生结合生活体验，用积极的态度探寻、创造生命的精彩，增强幸福感和对生命的热爱。

### （三）情绪奠基，找寻生命的意义

本案例的活动效果良好，即使到了学期末总结，学生们普遍对这节课印象深刻。学生对"开启生命盲盒"的活动有很高的热情，大家对开盲盒的这种形式非常好奇，整个环节充满了欢声笑语。在"绘出多彩生命图"的环节，学生们开动脑筋，发掘出了许多精彩的生命瞬间：花香、青草香、咖啡气、茶香、蛋糕的香味、父母温暖的手心、海浪声、下雨的声音、鸟叫声、星巴克的冰拿铁、岩浆蛋糕、姥爷给我送饭的画面、全班同学团结一起练合唱的画面、陌生人借我雨伞的画面……整节课的氛围很温暖，通过相互分享，这种美好和温暖也得到了传递和加成，不仅激发了学生对生命的热爱，教师也很喜欢上这节课，当看到学生画出、写出的那些美好画面，教师也感觉很治愈！

## 四、案例点评

让学生感受生命之美是青少年教育的入门课、必修课、基础课，认识到这一点却好像是不久前的事。在这一点上形成共识更加不容易。这个案例给我的最大启发是感受、发现、创造生命之美是一个长期过程，伴随学生成长全过程。因此需要在各个学段各个年级持续进行，需要各门课程设计各具特色的教学活动，让生命美育结出教改硕果。

# 调控自我，做情绪的主人

郝瑞宁

## 一、案例背景

2019 年 3 月 18 日，习近平总书记主持召开了学校思想政治理论课教师座谈会并发表重要讲话。为进一步深入贯彻落实习近平总书记办好新时代思政课的讲话精神，学校正在推进心理课与思政课融合，将思政课落实到课堂教学的方方面面。

初中阶段是学生成长过程中的关键阶段，更是学生心理健康发展的重要时期，在这一阶段中学生初步形成自己的人生观、价值观以及情感心理特征，同时可能出现青春期叛逆、学业的压力、父母的过高要求、难以实现自身愿望等困扰。思想政治课本中有很多内容是与心理健康主题相互交叉与关联的。例如，七年级下册《做情绪情感的主人》这一单元的《揭开情绪的面纱》和《品出情感的韵味》这两节与心理课《做情绪的主人》也是对应的。因此，立足于初中学段的学情，将心理健康教育融入初中思想政治课教学的全过程，贴近学生实际生活，帮助学生解决情绪管理中的困惑。

## 二、案例描述

2023 年春季开学，思政心理党支部增强跨学段和跨学科的联动，北京景山学校心理老师和思想政治老师互相听课，集体备课，开展以教材单元为主题、以周为周期的大思政教学，将思想政治课的每个单元与心理健康课的每个主题相结合。其中，以《做情绪的主人》一课为例，情绪管理属于心理健康教育的重要内容，良好的情绪管理能力对促进初中学生的心理健康和促使其成长成才具有重要的意义。因此，思政心理党支部开展了以"做情绪的主人"为专题的心理与思政课程实践。

首先，进行专题教学分析，确定知识与技能、过程与方法、情感态度与价值观三维目标，使学生了解情绪的基本概念和情绪对身心健康的影响，掌握情绪管理的基本理论，使学生能够接纳自己的正常情绪，通过学习能对生活中所遇到的情绪困扰进行有效的调适，具备对情绪进行自我觉察、自我调控的能力。除此之外，确定思政目标，使学生学会发挥情绪的正向作用，用积极的情绪去感染、温暖他人；使情绪表达能合理、合规、合法；能与自身不合理的观念辩论，形成理性思维、保持情绪平和，构建和谐的人际关系。

其次，教学组织实施。课前探索发布学习任务，即通过查阅资料了解"情绪对身心健康的影响"，引导学生自主探究，激发学生学习的兴趣，为课堂教学做准备。课中教师指导学生进行情绪觉察练习，包括体验情绪、命名情绪，思考情绪产生的原因，从而激发学生学习的兴趣，明确本次课的学习目标。本环节主要涉及 3 个知识点：知识点一，为情绪的定义及组成。教师采用讲授法引导学生觉察情绪对自身言行的影响，为第 3 部分情绪管理做铺垫。知识点二，为健康情绪的标准及情绪对身心健康的影响。通过教师讲授健康情绪的标准，引导学生认识到健康情绪并不是指人时时刻刻都处于阳光状态，而是指当情绪体验符合客观事件时，能接纳自己正常的情绪。学生按小组分享课前作业成果，即情绪对身心健康的影响，由教师进行点评，引导学生合理看待情绪的积极、消极影响，认识到情绪调节的重要性。知识点三，包括觉察情绪、接纳情绪和理解情绪等内容，教师采用课堂讲授、案例分析等教学方式，在引导学生理解情绪管理内涵的基础上，以愤怒、恐惧等负面情绪为例，引发学生思考，引导学生看见情绪背后的需求，促进其对情绪的理解和接纳，这是进行情绪管理的重要步骤。课后，教师通过"本节课你有哪些收获、还有哪些未解决的问题、教学过程中有哪些做得好的地方以及有待改进之处"等问题，实施效果反馈，了解教学成效，优化教学内容，并进行课堂小结，聚焦教学内容，进行主题升华，巩固学生课堂所学。

最后，课后知识拓展。由教师布置实践作业"合理情绪疗法小练习"：①选取近期经历的某个带来强烈情绪体验的诱发事件；②分析发掘自身对诱发事件的解释、评价和看法，即由它引起的观念，从理性的角度去审视这些观念，并且探讨这些观念与所产生的紧张情绪之间的关系；③扩宽自己的思维角度，与自己不合理的观念进行辩论，动摇并最终放弃不合理的观念，学会用合理的思维方式代替不合理的思维方式，并鼓励自己采取新的行动。

## 三、案例分析

### （一）思政元素的设计

在教学内容上，心理健康知识中蕴含着非常丰富的思想政治教育元素，教师可以在深度和广度上进行思想政治元素的发掘和串联。教师在讲授"觉察情绪、接纳情绪和理解情绪"相关知识点时，可引入思政元素，即引导学生保持对自身情绪的觉察和反省，使其能够接纳自己的正常情绪和不完美之处，并能通过正确认识自己的情绪，主动了解情绪产生的原因，形成积极心态，践行健康生活。教师在讲授"合理宣泄情绪"和"正确表达情绪"相关知识点时，可引入思政元素，引导学生面对自身被诱发的强烈情绪，通过合理的宣泄让自己平静下来，并懂得在宣泄时考虑时间、地点、场合及他人的感受，使情绪表达合理、合规、合法，从而使学生能有意识地发挥情绪的正向作用，用自己的积极情绪去感染、照亮并温暖他人。

教师在讲授"合理情绪疗法"相关知识点时，可引入思政元素，即结合案例引导学生领悟良好心态、合理信念在处理人际交往中出现的情绪问题的重要性，学会使用 ABC 理论分析自身存在的不合理观念，并通过与不合理观念的辩论，及时改变自身易激怒、易冲动的不良特征，使自身思维理性、情绪平和，并注重加强沟通交流，营造和谐、友善的人际交往氛围。

### （二）教学考核评价

本节课要求教师通过搭建双主体多元化过程性教学评价，实现对学生知识、能力和素质的综合评价。教学评价采用量化和质性评价相结合的手段，其中量化评价重在突出检测学生的课堂表现，以及学生对基础知识、基本技能的掌握情况，评价以教师、学生为主体，评价指标包括课堂表现、情绪实践作业、情绪管理理论知识测试；质性评价重在考查学生的素质提升情况，评价以学生为主体，评价指标为学生的获得感。

### （三）心理健康课与思想政治课的融合

本节课要求教师紧紧围绕立德树人这一根本任务，将心理健康教育与思想政治教育有机结合，在帮助学生获得情绪管理相关知识和技巧的同时，使其实践应用情绪管理技巧，并注重价值引导，使其能懂得合理、合规、合法地表达情绪，使学生的思维理性、情绪平和，切实提高其情绪管理能力。从实践作业、课后反馈来看，学生普遍能学有所获，且能主动将知识内化成自己的情感、态度和价值观，将其用于指导自身的情绪调节过程。可见，本节课取得了较好的教学效果。

在心理健康课程教学中，教师应结合初中学生的心理特点和现实需求，融入课程思政，从教学目标调整、教学方案设计、教学组织实施、教学方法改革、实施效果反馈等方面进行教学案例设计，使学生在掌握情绪管理等心理健康知识的同时，树立正确的价值观，以提高课程的育人高度。未来教师还需通过进一步调整教学结构、转变教学理念、改革教学方法等途径，打造优质课程思政示范课堂，以实现心理健康教育与思想政治教育的深度融合。

## 四、案例点评

学校党委在酝酿成立内设支部时第一次把分别属于两个部门的道法思政学科和心理学科的党员组成一个党支部，就是为了促进支部建设带动思政、心理学科实施跨学段、跨学科的教学研究，就是为了探索"思政"课程与"课程思政"的结合，就是为了推进党建与教育教学的深度融合，把立德树人落到实处。这个案例正是老师基于以上思想的探索。心理老师和思想政治老师互相听课，集体备课，开展以单元为主题、以周为周期的"大思政"教学，将思想政治课的每个单元与心理健康课的每个主题相结合，成效初显。为我们展示了学科融合育人的美好前景，未来可期！

## ● 专题教育案例

---

# 雪花伴鸽飞　润物细有"生"

### 张　凯　于　萌　张南捷　张楚仪

## 一、案例背景

2022 年 2 月 4 日，世界瞩目的第 24 届国际奥林匹克冬季运动会在北京开幕。一场简约、浪漫、童真、唯美的开幕式，将中国人的冰雪智慧展现在世人面前，开幕式上一朵雪花的故事更是惊艳了全世界。当《雪花》主题音乐响起，660 个手持和平鸽的学生，踏着轻快的步伐进入鸟巢会场，他们追逐着雪花，天真烂漫、活泼可爱、自由奔放的表演，立刻萌化了全球观众的心。

这些学生来自北京 11 所学校，他们承担着开幕式上放飞和平鸽、唱响主题曲和点燃火炬三个重要环节的演出，其中 62 名学生来自北京景山学校。虽然有着多年艺术教育的良好基础，但面对此次光荣而又责任重大、困难重重的特殊演出任务，从带队老师到参演的学生都倍感压力。如何圆满地完成任务，每个人都面临着不同的挑战。

## 二、案例描述

2022 年冬奥会的开幕式演出特殊而又意义非凡，其整体定位是"简约而精彩，自然且浪漫"，区别于 2008 年的夏奥，不再使用"人海战术"。开幕式也不单独设定"文艺表演"，表演和仪式融为一体，完整得像一部电影。在表演环节中，也是第一次没有大范围使用专业演员，青少年学生演员占到了 90% 以上。

北京景山学校演出团队由 75 名师生组成，是开幕式环节中演职人员最多的单位，参演学生分别来自北京景山学校和景山朝阳学校，从二年级到七年级，年龄跨度很大（最小年龄为 7 岁），给带队管理和演出排练都增添了难度。这次参演活动，从 2021 年 10 月到 2022 年 2 月，从演员遴选、动作学习、彩排和联排到正式演出，共持续 110 余天。

结缘冬奥，学校十分重视，给予了极大的支持。演出团队的师生们更是万分珍惜与拼搏，一路披荆斩棘。排练方案的最初版本是两颗爱心慢慢向中间移动，最终形成一个大鸽子的图形。因音乐是重要的保密内容，不能外放，所有演员要佩戴 FM 进行排练，要求整齐划一，动作精益求精。为了适应鸟巢场地的移动距离，孩子们要等静校之后在操场上训练，这样迎着寒风坚持练习了将近两个月的时间。

随着导演及领导们的各级审查，修改和调整方案的要求越来越多，最后全盘推翻。从此开始了不同版本的探索和尝试，每次审查结束后，凌晨的时候都会收到还要改版的消息，这意味着重新开始，有时连续排练六七个小时，为了赶进度甚至都没有喝水、上厕所的时间。这样高强度的改版和排练对孩子来说是巨大的挑战，经常是前一个版本还没有记熟，已经开始排练新的版本了。在尝试了七八版后，最终确定了自由、灵动、童真、烂漫的正式版本。孩子们在一次次磨炼中快速成长，最终用优秀的表现打动了导演，决定增加小鸽子们的表演戏份，在开幕式中最重要的环节——点燃火炬仪式中增加表演内容。这是给予孩子们的最大的肯定。

开幕式演出中，走丢的"小鸽子"在"大鸽子"的带领下回到了那颗"汇聚的爱心"，"一鸽都不能少"这个耐人寻味的经典画面感动着每一个中国人。

演出的 9 天前，全场第一对走上屏幕的"鸽子"姐妹中的"大鸽子"杜同学，由于两人身高差距过大，在第三次大联排过后导演组通知需要更换。为了完美地展现"和平鸽"自由浪漫带领她的"鸽子"妹妹走好表演路线，杜同学付出了很多心血：在大巴车上为妹妹画路线图，在排练间隙为妹妹讲解动作，带领妹妹做好表情管理……老师都不忍更换她。杜同学虽然心有委屈与失落，但经过和老师的沟通后，很快便整理好心情说道："能够站在冬奥舞台，我已经非常荣幸和自豪了，我们小鸽子的愿望就是想一起'点亮'鸟巢，比'我'更重要的是'我们'，比舞蹈更重要的是向全世界展现中国青少年的自信和风采"。

为了配合疫情防控，所有参演人员需要集中居住管理。1 月 28 日，景山学校演出团队住进了宏志中学学生宿舍，开始了为期 8 天的集中封闭管理。孩子们都是第一次在外过春节，几乎每晚都会有学生因为想家导致整个宿舍集体流泪，每天也都会有家长因为看不到孩子而焦虑探问。为了全身心地投入，随队的 7 名老师都义无反顾地放下了自己的家事，及时处理任务的变化和要求，细致掌握学生的思想动态，在兼顾演出排练的同时，用心照顾孩子们的起居生活。他们怕学生们生病、怕他们吃不好、怕他们洗澡后必经露天路段时会着凉……心中布满细碎的担忧。面对凌晨流泪想家的孩子，他们安抚陪伴；面对年龄较小的孩子，他们逐一帮助他们在洗澡后戴好浴帽，包裹严实……除夕之夜，老师们都使出了自己压箱底的梳头技术，费尽心思给每个女孩子设计了不同的发型，佩戴有年味的头饰。精心组织一系列活动，带领学生贴福字、包饺子、抽盲盒、发红包、开联欢会，尽可能地让他们在集体中感受到家的温暖，在排练之余得到很好的休息（尽管老师们也很累）。繁重的排练任务叠加有限的住宿环境，小小的身躯承载着重大的使命。我们的"小鸽子"勇敢坚强，隔离期间无一人生病、无一人退缩，给爸爸妈妈、给学校、给老师交出了一份完美的答卷。

演出团队中还有一对姐妹花，她们相差 1 岁，为了参与冬奥演出活动，将最灿烂的笑容、最浪漫的舞姿、最好的自己展现出来，姐妹两人彼此照顾，互相监督与鼓励，共同进步。因高强度的训练以及气候等影响，1 月的一天，妹妹发烧到 40.7℃，按照防疫要求，至少连续 3 天无法参加排练，急得妹妹在家大哭。不是因为身体不适，而是因为心系演出任务。妹妹一再嘱咐姐姐，要同时记住两人表演点位的所有要求和细节。每天排练结束后，无论多晚，妹妹都要用手机视频与隔壁房间的姐姐学习当天的动作。可以放弃团聚，不能放弃任务。虽然没有老师监督，姐妹俩仍追求着每一个动作要到位，每一个路线要精准，努力做到"更好"。最终妹妹如期归队，顺利完成了演出任务。

## 三、案例分析

北京景山学校作为"北京市艺术教育特色学校""金帆艺术团承办校"，始终把艺术教育作为学校素质教育不可或缺的重要内容和特色，立足"五育并举"，不断提高立德树人的质量和水平。积极支持参与校外艺术教育实践，如：参加 70 周年国庆庆典和建党百年庆典等重大活动。学生们从学生时代就接受爱党和爱国主义教育，践行中国社会主义核心价值观，以期未来成为国家需要的合格接班人。

此次景山学校冬奥演出团队克服了重重困难，圆满完成了开幕式表演任务，为国争了光，为校添了彩，同时展示了景山学校艺术特色教育的成果。多年来，景山艺术特色教育，如雪花融入大地，像细雨滋润万物，陪伴一批批孩子们茁壮成长。艺术特长和良好的思想素质，使他们自信、坚强、识大体、顾大局，关键时刻能够承担重任，敢于展现自我。

习近平总书记指出，北京冬奥会、冬残奥会广大参与者珍惜伟大时代赋予的机遇，在冬奥申办、筹办、举办的过程中，共同创造了北京冬奥精神，这个精神是：胸怀大局、自信开放、迎难而上、追求卓越、共创未来。

"和平鸽"是整个开幕式中改动最大、排练最长、涉及演员最多的环节，从开始到最终的呈现学生们历经了数十次的变动，以及多次颠覆性的改版，创造了连续排练18小时，利用4个小时排练一版节目等多项纪录。赢得了以严格又追求完美而著称的张艺谋导演的高度认可，了不起的景山学子，就是翱翔的和平鸽，值得我们为他们点赞和感到骄傲。

案例中的换人环节体现了景山学子顾全大局的精神，姐妹花带病练兵，体现了景山学子不放弃的顽强拼搏精神和负责任的爱国情怀。其实，还有很多感人的故事……这是冬奥会带给我们的宝贵的财富，是我们身边的教科书。此外，景山学校十二年连贯学制，成就了大带小的传统，舞蹈团团员间、同学间相互帮助、团结友爱，形成了良好的校风。

奥林匹克运动承载着人类对和平、团结、进步的美好追求。北京冬奥盛会的成功举办，因弘扬全人类共同价值，促进不同文明交流互鉴，为构建人类命运共同体提供了生动注脚。

通过参加冬奥活动，孩子们可以站在国际视角看中国。当五星红旗升起在奥运会场，为中国强盛而自豪的感觉油燃而生。让"更快、更高、更强、更团结"的奥林匹克精神融入青少年的成长和人生，引导他们阳光自信、拼搏奋斗、追求梦想，这是艺术教育和思政教育的责任和目标。

此次活动，师生们伴着汗水与泪水共同成长。每一位带队的老师都是一片晶莹的雪花，呵护、伴随着小鸽子一起飞舞，一起向未来。他们为艺术教育做出了无私奉献，让素质教育蓬勃发展，生生不息，生机盎然。

## 四、案例点评

"雪花伴鸽飞　润物细有'生'"案例不仅清晰再现了冬奥"和平鸽"演出的动人画面，展现了排练过程中广大师生团结一心，克服各种艰难困苦，最终精彩绽放的奋斗过程，展现了学校五育并举的教育教学成果，更是展现了广大景山人身上所特有的爱国情怀、大局意识、拼搏精神和团队精神，是新时代学校"攀峰"精神的最好诠释。

# 小课题成就科研梦

王菲菲　李　京

## 一、案例背景

国家科技队伍需要后继人才，科技苗子成长需要沃土。党的二十大报告将"建成教育强国、科技强国、人才强国"纳入 2035 年中国发展的总体目标，强调要进一步加强党对教育、科技、人才工作的全面领导，"加快建设教育强国、科技强国、人才强国"。根据这一重大战略指引，教育强国、科技强国、人才强国建设及其他强国建设协调推进，必将为全面建成社会主义现代化强国奠定更为坚实的基础。

科技人才培育和成长有其规律，青少年时代是人才成长的关键时期，在中学阶段打好基础，早期发现有潜质的"科学苗子"并加以重点培养，是关系科技事业未来的重要工作。北京景山学校作为一所长期致力于中小学教育改革的试验学校，扎实推进科技教育改革，逐步形成了小、初、高联动的长链条特色科技教育模式。小学时期发现科技苗子，中学阶段引领苗子走近科学，高中学段联合高校科研院所实验室培养苗子，成为景山学校为国培育科技后备人才的一大优势。

## 二、案例描述

2019 年 11 月 27 日，邹思圆同学在实验日志里写道："今天我第一次来到了中国科学院生物物理研究所，陶导师细致地带我参观了实验室和细胞间，师兄师姐们也很热情，为我讲解离心机、移液枪、恒温培养箱等器材的用法。看着他们专注认真地做实验、记录数据的模样，我由衷地感到敬佩和期待！"正在读九年级的思圆终于走进了自己梦寐以求的中科院生物实验室，可以跟随陶宁老师开展她最感兴趣的生物学研究了。

回想起五年前，思圆还在北京景山学校读小学，那时的她对生物学兴趣盎然，不管是参与学校的科学节活动，还是聆听科技讲座等其他科普类活动，总是围绕着生物学进行。小学时期的她，在学校科技氛围的熏陶下，已经坚定了对生物学的兴趣。时至初中，当她得知学校的科技创新人才培养计划时，第一时间找到相关老师，积极报名参与。有了小学阶段的学习与积累，思圆顺利入选学校的科技创新人才培养计划，最终走进中国科学院生物物理研究所陶宁老师团队，进行了为期一年的科研实验实践活动，学习阅读文献和开展生物学研究的思维与技术，在导师的带领下最终撰写科研论文《大蒜清液对髓源抑制性细胞（MDSCs）的影响研究》。此时的思圆，完成了从生物学兴趣到生物学研究素养的转化。

2022年9月1日，邹思圆同学在实验日志里写道："高一的暑假，我有幸参加北京青少年科技俱乐部的科研活动，走进中国农业科学院的高端实验室。当时学校还未学习生物技术，因此对于首次接触基因工程的我来说，一切曾是如此陌生、遥远。看着复杂精密的仪器，我不知所措。但是随着实验进程的推进，我竭尽所能学习相关技术理论和实验操作要领，学习、了解并操作了基因工程中最基础的技术——提取总RNA、PCR体外扩增和琼脂糖凝胶电泳，并对我国粮食种植业所面临的挑战与困难进行深入研讨。在导师的指导下，我逐渐掌握了筛选具有优良性状转基因植株的常规流程，比学校的生物课内容提前了整整一年时间。"

邹思圆在高一年级时已经对生物实验有了初步的理解与探索，科研论文的成功撰写极大增加了她对生物学研究的信心。此时的一腔热血已然转变为了科研志向。因此，思圆又找到学校的科技老师，这次她主动想要继续跟随学校的科技创新人才培养计划，继续走进科研院所开展生物学研究，续写她的生物科研梦。在接下来的一年里，思圆除了课内的学习，还在中国农业科学院研究所跟随阳文龙老师开展基因病学相关研究，从阅读文献开始，到拟定研究课题和实验方案、做生物实验、分析实验数据、撰写科研论文等科研步骤，思圆愈加熟练。最终，在导师的指导下，思圆又成功地完成了一项课题研究，撰写出第 2 篇科研论文《芥菜在根肿菌侵染后的基因表达分析》。这时的思圆，不仅初步掌握了生物学研究的科研思维，而且对于自己的人生方向也有了清晰的认识。

一位中国科学院的教授曾这样评价邹思圆："这个高中生已经具备了一名硕士研究生的科研素养，期待她未来在生物学领域大放异彩。"

从小学到高中，邹思圆同学在北京景山学校书写下了她的生物学梦想；从兴趣到志向，邹思圆同学笃定了她从事生物学研究的远大目标；从过去到未来，一个 16 岁的高中学生已经寻找到了自己热爱的人生道路。她在实验日志里写道："我下定决心也要成为一位像导师那样抬头看路、低头做事、眼里有光的科学实践者，尊重科学、追求真理。"

## 三、案例分析

在全党全社会重视青少年培养的形势下，改革优化中小学育人模式，发挥景山学校长链条育人优势，拓宽科技专家、学者和青少年联系的渠道，搭建高校科研院所与中学联合育人的桥梁，在科学普及的基础上，早期发现和培养那些显露才华的"科学苗子"，是为国育人的一项重要工作。

## （一）早期发现苗子，"多方合作"激潜力

在小学阶段，营造良好的校园科技氛围，设计开展优质科技活动，可以充分激发、调动学生们的科技兴趣，让每位学生都能寻找到自己感兴趣的方向。同时发挥景山学校长链条优势，小、中、高教师及科技教师可实现多方同步高效沟通，对兴趣高且潜力突出的苗子，实现早发现、早培优。

## （二）悉心培养苗子，"浇水施肥"助成长

初中学段，正是学生们对远大志向和理想信念充满热情的时期，衔接早期的"发现苗子"，可为有志青少年提供专业的高校、科研院所实验室，联合教授、研究员与中学老师，为科研苗子提供专业的教师团队与实验室，在保证课内学习的基础上选拔优质科研苗子走进实验室接受科研熏陶，更早更充分更全面助力学生的科研教育，实现从兴趣到素养的转化。

## （三）建设人才强国，"铺路搭桥"培素养

在中央人才工作会议上，习近平总书记强调要下大气力全方位培养、引进、用好人才。"我国拥有世界上规模最大的高等教育体系，有各项事业发展的广阔舞台，完全能够源源不断培养造就大批优秀人才，完全能够培养出大师。我们要有这样的决心、这样的自信。"从人口大国到人才大国，再到人才强国，我们必须坚定走好人才自主培养之路。经过前两

个阶段的选拔与培养，在科学研究方面表现优异的学生，可进入高端科研实验团队，跟随导师开展为期一年甚至更长时间的科学性研究，此类培养对学生的综合科研思维和科学研究创新性有了更高要求。从中学到高校科研院所培养壁垒被打破，教育资源与科技培养相融合，实现了优秀科技人才的早培养。同时也为优秀青少年的人生志向选择奠定现实基础，影响更多优秀青年坚定不移地走向科研岗位，充实国家科技后备人才，为国家科技事业奉献力量。

## 四、案例点评

"小课题成就科研梦"案例描述了邹思圆同学从小学、初中、高中持续参与科技活动和课题研究，从小培养科学兴趣，学习科研方法，体会科学精神，树立科技报国志向的全过程。从一个侧面反映了我校对于科技教育和创新人才早期培养的高度重视和具体做法。同时，案例对"科学苗子"的早期发现和接续培养进行了思考，有利于更好地贯彻习近平总书记提出的教育、科技、人才三位一体的新型人才观、教育观，更好地践行"全面发展打基础，发展个性育人才"的理念。

# ● 学科思政案例

## 览祖国河山，赞大美中国

潘　攀　贾　婕

### 一、案例背景

《语文课程标准（2022年版）》在课程理念部分指出："义务教育语文课程结构遵循学生身心发展规律和核心素养形成的内在逻辑，以生活为基础，以语文实践活动为主线，以学习主题为引领，以学习任务为载体，整合学习内容、情境、方法和资源等要素，设计语文学习任务群。学习任务群的安排注重整体规划，根据学段特征，突出不同学段学生核心素养发展的需求，体现连贯性和适应性。"

学科核心素养是学生在具体情境中灵活、综合运用所学知识或方法解决学习或生活问题的综合素养，是学科育人价值的集中体现，是学生通过学科学习逐步形成的正确价值观、必备品格和关键能力。因此，我对统编版语文教材三年级上册第六单元进行整体教学设计，创设真实的学习情境，以任务统领学习活动，引导学生在主动积极的学习实践中，建构知识与能力，提升思维品质，培养问题解决能力。

### 二、案例描述

三年级上册第六单元的人文主题是"祖国河山"，教材编排了3首古诗和３篇精读课文，旨在引导学生通过诵读优秀诗文，有感情地朗读课文，初步掌握学习语文的基本方法，丰富语言积累，领略祖国各地的美好风光，培养学生热爱祖国大好河山、热爱祖国语言文字的情感。

本单元的语文要素涉及阅读和习作两方面：借助关键语句理解一段话的意思；习作的时候，试着围绕一个意思写。这既是学生通过本单元的学习要掌握的阅读、习作方法，也是学生要达成的语文能力。

教材编排为单元学习要求的落地转化提供了支架：从单元选文看，课文引导学生学习从段落的开头、中间或末尾找出关键语句，理解段落的意思。"语文园地"的"交流平台"帮助学生梳理从理解词句走向理解段落的基本方法。从习题编排看，安排了提取理解、摘抄积累、仿写、续写、迁移表达等练习。聚焦学生关键能力的生长点，通过指向积累、揣摩和欣赏的朗读，引导学生深入理解。从读写结合的角度看，课后"小练笔"和"语文园地"都安排了围绕一个句子说一段话的练习，为习作"试着围绕一个意思写"打下基础。课文的学习为写作储备了丰富的范本，力争让学生在"乐于表达"的基础上也能"易于动笔"。

通过对学情的研究分析，我们发现，从学生的生活经验方面来看，几篇课文的内容从祖国的东南西北到身边的美丽小景，都让人感受到美景无处不在；从时间上看，不论是由古至今的历史变革，还是由春到冬的四季变化，都体现了美丽无时不在，这些是学生正在经历或向往经历的；从学生现阶段阅读水平来看，三年级学生的思维正处于从具体形象思维向抽象逻辑思维的过渡期，思维的逻辑性是有待发展的；从学生的学习历程来看，他们已经习得"找出课文中明显的信息""借助词句，了解课文内容""提取主要信息，了解课文内容""使用多种方法理解词句的意思"等方法，虽然学生尚不具备主动借助关键语句理解一段话意思的意识和能力，但第一学段的学习历程都为本单元的学习提供了基础；

从学生的习作能力来看，学生已经可以通过自己的细致观察，将观察到的事物比较清楚地写下来，但表达时只是通过单一的角度进行简单的描述。因此，围绕一个意思进行表达是学生现阶段学习中要突破的重难点。

基于以上对教材和学情的分析，我创设了"览祖国河山，赞大美中国"的学习情境，将本单元的教学重点定位为：

①阅读课文和补充性材料，关注并积累新鲜的词句，能想象词句背后的"美丽山河"。

②朗读课文，摘抄句子；借助泡泡图、课后习题等发现并积累关键语句所在的位置，探究"美丽中国"的不同表达。

③能选择一两个词语写句子，能通过看图写话、运用新鲜的词句等逐步尝试在习作中运用方法体验并言说"美丽中国"。

以上三个目标基于单元大概念，始终围绕"览祖国河山，赞大美中国"这个主题逐步深入，通过三个学习任务推进教学，螺旋上升。

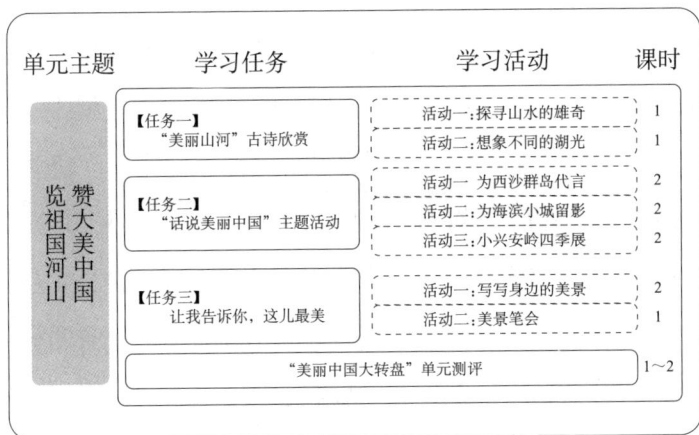

| 单元主题 | 学习任务 | 学习活动 | 课时 |
|---|---|---|---|
| 览祖国河山 赞大美中国 | 【任务一】"美丽山河"古诗欣赏 | 活动一：探寻山水的雄奇 | 1 |
| | | 活动二：想象不同的湖光 | 1 |
| | 【任务二】"话说美丽中国"主题活动 | 活动一 为西沙群岛代言 | 2 |
| | | 活动二：为海滨小城留影 | 2 |
| | | 活动三：小兴安岭四季展 | 2 |
| | 【任务三】让我告诉你，这儿最美 | 活动一：写写身边的美景 | 2 |
| | | 活动二：美景笔会 | 1 |
| | "美丽中国大转盘"单元测评 | | 1~2 |

图 2-3　学习任务与学习活动

以"任务二'话说美丽中国'主题活动"中的第一个活动"为西沙群岛代言"为例，有感情地朗读课文，从多方面感受西沙群岛的风景优美、物产丰富；能借助关键语句理解一段话的意思；能从课文中选择自己喜欢的部分，通过演讲和写几句话的方式为西沙群岛代言是学习活动的重点和难点。

此活动计划用两课时完成，通过以下几步推进学生的学习进程：

第一步，引导学生整体把握文本结构，通过提取信息，梳理出课文是从"海水、海底、海岛"三方面描绘了西沙群岛的风景优美、物产丰富。

第二步，通过自读自悟、小组合作，引导学生从海水和海底体会西沙群岛海水的五光十色，海底生物的品种多样、美丽有趣。在品读对海底生物描写的文段时，联系文中描写海参的"懒洋洋地蠕动"，融入单元语文园地"词句段运用"的第一部分 ABB 形式词语的学习。

第三步是突破单元的学习重点——认识关键语句，学习借助关键语句理解一段话的意思。《富饶的西沙群岛》的第五自然段是本单元学生初识关键语句的范本。在这一环节中，先引导学生朗读课文，了解每句话的意思。在此基础上，进行小组合作，让学生一起动手摆卡片，看看怎么摆能够体现出后几句话是围绕第一句写的。在这个过程中，不同的小组可以呈现不同的摆放方式，学生的思维过程外显出来。经过这样的思考交流，学生也就理解了这段话是怎样围绕第一句关键语句来写的。此时学生也就自然地体会到关键语句的作用，从而落实了教学重难点。

第四步，聚焦活动的最终目标——代言活动。教师借助板书带领学生梳理全文主要内容，通过"为西沙群岛代言"活动，引导学生选择一个感兴趣的内容，将自己对课文的理解通过语言表达展现出来，在此过程中鼓励学生尝试围绕一个意思来表达。紧接着引导学生将课文语言吸收内化，结合自己的观察和平时的积累进行迁移运用，通过为西沙群岛写代言词的方式再一次为西沙群岛代言，同时也为单元习作打下基础。

　　在活动的最后我们鼓励学生进行课外的拓展阅读，为学生推荐图书、文章、纪录片等多样的学习资源，引导学生的学习视野更加开阔、深入，升华对祖国的热爱之情。

　　通过这样的单元学习情境的设计，学生在语言实践的过程中，加深了对祖国山河之美的认识，积累语言实践经验，提高语言运用能力，提升思维品质、审美情趣和文化自信。

## 三、案例分析

### （一）创设学习情境，感祖国山河之美

　　《语文课程标准（2022年版）》在"发展型学习任务群"第二学段要求学生"学习阅读说明、叙写大自然的短文，感受、欣赏大自然的奇妙与美好""阅读描绘大自然、表现人类美好情感的诗歌、散文等文学作品，结合自己的生活体验，尝试用文学语言表达自己热爱自然、珍爱生命的情感"。"跨学科学习"要求学生"尝试运用科学、艺术、信息科技等相关知识和技能，富有创意地设计并主动参与朗诵会、故事会、戏剧节等校园活动"。学生在这一单元的学习情境中加深了对祖国山河之美的认识，激发和培养学生热爱祖国的思想感情，积累了语言实践经验，提高了语言运用能力，提升了思维品质、审美情趣和文化自信。

　　本单元整体教学中的三大任务，从欣赏诵读、代言展示到描写美景，是想象感受、品味介绍到观察表达的过程，是由浅入深、由读到写、由学到用的过程。这份单元学习任务群设计从学生在本单元最终该学会什么出发，确立单元大情境与任务；再从学生该如何学才能实现目标出发，设计具有层递性的学习任务，分解为具体的学习活动，为学生实现总目

标搭设台阶。整个设计以学生素养发展为本，链接真实生活来设置学习情境，以任务驱动引导学生自主探究实践，前后呼应关联，螺旋上升，有效助力教学设计与学科素养的高质对接。

## （二）创新评价方式，感语文学习之乐

学生在聚焦单元学习任务，进行具体实践活动的学习过程中，是否能够在新的、真实的语言运用情境中表现出更为稳定、出色的语言能力及其品质，实现素养进阶，这既是学习效果的一种表现，也是学业质量的内在要求。为此，我们以学业质量标准为依托，整合任务实施的过程性评价与形成性评价，指向深度学习，以评定学，以评促学。在单元学习的最后设计了单元形成性评价——"美丽中国大转盘"单元测评活动，在真实情境中通过系列活动对学生本单元的语文能力的习得进行总结性的学习评价，考察学生在语言实践中呈现的学习质量，从而达到把握学生学习水平、促进学习、改善学习的目的。

整体单元测评活动分为准备期和测评期。在 3 至 5 天的准备期中，学生的主要任务是选定要代言的省份或城市，通过找一找、读一读、写一写 3 个小活动进行小组合作，准备相关交流展示的资料。测评期即是学生在测评课上小组合作进行成果展示，主要包含 4 项内容：

①组长介绍前期准备过程，对组员参与活动积极性进行评价（对应评价标准中的题目 1）。

②组长或指定组员介绍收集资料的大概过程（对应题目 2）。

③小组交流展读，为城市代言（对应题目 3）。

④小组优秀作品展读（对应题目 4）。

这样的评价方式推动学生通过自主转盘、收集资料，诵读代表性作品以及为省份或城市代言这些活动，在充分的言语实践中再次进行信息

提炼，梳理整合，探究理解，迁移运用，落实核心素养的形成，进一步深化对祖国的热爱之情。

表2-1　"美丽中国大转盘"单元测评活动评价标准

| 题目 | 一级水平 | 二级水平 | 三级水平 | 自评 | 互评 | 师评 |
|---|---|---|---|---|---|---|
| 1.选一选 | 选择角色积极性一般 | 愿意选择，顺利进入游戏情境 | 乐意选择，并积极投入游戏情境 | | | |
| 2.找一找 | 能在指导下收集、筛选资料 | 能利用图书馆、网络等信息渠道获取资料，并在指导下根据需要筛选资料 | 能主动利用图书馆、网络等信息渠道多元获取资料，并根据需要筛选资料 | | | |
| 3.读一读 | 能正确、流利地朗读文章，没有突出体现风光美的特点 | 能正确、流利地朗读文章，能展现风光美的特点，比较乐于与同伴分享 | 能正确、流利、有感情地朗读文章，较好地展现了风光美的特点，能够积极地与同伴分享 | | | |
| 4.写一写 | 能借助资料描写出所代言省份或城市的主要美景，内容清楚，语言流畅 | 能借助资料描写出所代言省份或城市的主要美景，并运用了"围绕一个意思写一段话"的方法，体现了风光美的特点 | 能合理借助资料，运用"围绕一个意思写一段话"的方法展现出风光美的特点，并能主动运用平时积累的描写景物的词语或语句，内容丰富、语言流畅生动 | | | |

## 四、案例点评

本案例基于对教材和学情的分析，创设了"览祖国河山，赞大美中国"的学习情境。确定了3个紧密关联、层层递进的教学重点，按大单元整体创设教学环节。通过单元学习过程，一方面，确实提高了学生的语文核心素养，如细致观察、自主阅读、朗读课文、深入探究、小组合作、表达交流、客观评价，使同学们创设情境、理解文本、综合运用语文表达交流的能力不断提高。另一方面，引导同学对祖国大好河山、壮丽美景进行欣赏，激发学生的自豪感、自信心，树立爱国情感。

# 家国两相依，书信寄英雄

高佳星　盛　晴

## 一、案例背景

《中共中央　国务院关于深化教育教学改革全面提高义务教育质量的意见》强调："坚持立德树人，着力培养担当民族复兴大任的时代新人""着力在坚定理想信念、厚植爱国主义情怀、加强品德修养、增长知识见识、培养奋斗精神、增强综合素质上下功夫。坚持德育为先，教育引导学生爱党爱国爱人民爱社会主义"。这引导教师在日常教学中以课文文本为依托，注意引导学生形成爱党、爱国、爱社会主义、爱人民、爱集体的情感，具有做社会主义建设者和接班人的思想意识。

统编版语文教科书四年级上册第七单元的主题是"家国情怀"，旨在表现不同历史时期的人们在家国大义面前的不同风采。单元课文讲述的故事都有鲜明的爱国主题思想，正是对学生进行立德树人教育的重要依托。

## 二、案例描述

翻开统编版义务教育语文教科书四年级上册，我们会发现，在语文教科书中，首次出现了以"家国情怀"为主题的单元设计，"天下兴亡，匹夫有责"，这正是对小学生进行爱党、爱国、爱社会主义、爱人民、爱集体情感教育的好时机。

何为"家"，何为"国"？什么是"家国情怀"？在四年级学生的心里怎样才能使他们把家国大义、公民责任烙在心中？四年级组的语文老师们决定设计以"家国两相依，书信寄英雄"为主题的任务群活动，以"诵读古诗经典""传颂家国情怀""致敬英雄豪杰"为子任务，在一个个真实的语文实践活动中，引导学生阅读并讲述革命故事、爱国故事，感受幸福生活来之不易；表达对美好生活的向往，对革命英雄、仁人志士的崇敬之情。

恰值疫情防控期间，学生们在家中上网课。四年级组的教师们以网络为媒介，向广大四年级学生们发出了这样的号召：亲爱的同学们，中华民族的家国情怀是在独特的文化中产生的一种对家园、故土、国家热爱、眷恋的感情和心境，是中华民族最为深厚的历史情感。近期，我们将通过网络开展"家国两相依，书信寄英雄"的沙龙活动。大家可以通过阅读、体会和交流，感受中国人自古就有的"家国情怀"，然后以书信的形式，将你独特的感受、体会分享给读者。愿大家积极参与，期待你们的书信！

在"诵读古诗经典"任务中，学生们阅读古诗、查阅资料，穿越古今，看到了李广、卫青、霍去病、项羽、戍边战士……感受到了这些英雄在家国大义面前的"家国情怀"。无论是王昌龄、王翰，还是李清照，透过他们的诗歌，学生们不难感受到他们忧国忧民的大善；无论在盛唐还是在弱宋，那种与国家民族休戚与共的壮怀，那种以百姓之心为心、以天下为己任的使命感是中华民族的优秀传统。学生们在诵读、查资料中理解了：家就是国，国就是家！天下兴亡，匹夫有责！

回到现代，学生查阅了大量的历史资料，感受到了周总理、梅兰芳的爱国情怀。"为中华之崛起而读书"是周恩来一生为之奋斗的目标，周恩来把自己的全部生命奉献给了祖国，用自己的一生践行着"为中华之崛起而读书"的誓言。教师向学生发出了这样一问：你为什么而读书呢？学生们自然而然地有感而发，将远大理想和自身责任、国家命运与发展联系在了一起。

如果说梅兰芳风靡海外，受到全世界人的爱戴是缘于他优美的嗓音、精湛的技艺，那么他坚定不移的民族气节使他在人们的心目中地位越来越高尚，被称为一代又一代人心中永远的偶像。面对这样一个伟大的艺术家，教师引导学生：把心中的歌，化作笔下的情，把想说的话写在梅兰芳先生的画像旁边。学生们对民族情、民族魂又有了新的理解。

"我们追寻延安，是在追寻延安精神。"延安精神是全心全意为人民服务的精神，是为崇高理想献身的精神，是革命队伍中互相关心、互相爱护的精神，是自力更生、艰苦奋斗的精神。艰苦奋斗是传家宝，学生们不能丢，即使我们经济发达、生活富裕了，还是要提倡艰苦奋斗。因为无论什么时候，人们总要开辟新领域，探索新事物，这就必须发扬艰苦奋斗的创业精神。

穿越古今，学生们认识了很多英雄、豪杰，这些人物身上的家国情怀对正处于成长期的小学生来说具有导向作用，对他们价值观念的形成也发挥着引领作用。

通过阅读体会和交流，大家了解了不同历史时期的人们在家国大义面前的"家国情怀"。自古至今，在中华大地上，英雄豪杰辈出。我们还可以通过信件，跨越时空，和课文中的戍边将士，和在延安时的毛主席以及周恩来总理、京剧大师梅兰芳等人进行一次对话。你想给哪位英雄豪杰写一封信？这是最后一个重要的任务，是学生习得的综合体现。学生以信为载体，以古今英雄豪杰的人物品质和历史故事为思想积淀，在书信中，表达了对古今英雄豪杰的敬佩与崇敬之情。

学生们有给古代英雄写信的，如文天祥、霍去病、卫青、岳飞等，表达他们对古代英雄舍生取义、保家卫国的敬佩之情；还有给现代英雄写信的，如赵一曼、黄继光、邱少云、雨来；还有给当代的英雄们写信的，如钱学森、袁隆平、杨利伟、航天员们、医护工作者……学生们在书信这一古老的交流方式中，表达了对中国古今英雄豪杰的敬佩之情，并进一步表达了身为小学生的自己应该如何努力学习，立志报效国家，为国家做出贡献，实现人生价值。

至此，学生在语文实践活动中，在感受古今英雄豪杰的英雄壮举、爱国思想中，深刻体会到了什么是"国"，什么是"家"，作为社会主义接班人，该如何热爱自己的国家，怎样做才能为中华民族伟大复兴而读书！

## 三、案例分析

### （一）穿越古今，精读文本，感受英雄家国情怀

自古至今，中华民族英雄豪杰辈出。学生跟随文本穿越古今，在历史的长河中，感受不同时代英雄豪杰的英雄壮举和爱国情怀。教师在本单元引导学生，关注课文文本中的主要人物和事件，学习把握文章主要内容：在一个个事件中感受不同时代的英雄命运；从具体事例中感受到"精忠报国""大义凛然""视死如归"的爱国精神；在一个个学习活动中，提升了对革命英雄、仁人志士的崇敬之情。通过一篇篇精读课文，让爱国精神化为英雄壮举、英雄事迹，扎根在学生们的心里。

## （二）善用网络，查阅资料，以历史背景促理解

学生通过课文集中了解古代、现代某一个时期的历史背景、英雄人物。课余，教师引导学生通过网络继续了解某个时期的背景，阅读某位英雄豪杰的生平故事，使英雄人物、英雄事迹在这样的学习情境下更加丰满，更加深刻。比如由李广的生平故事引导学生可以课下查阅还有哪些英勇善战的名将。因此学生关注到了霍去病、卫青、项羽、班超、孙膑等英雄豪杰。学习《为中华之崛起而读书》，围绕"中华不振"查阅资料，了解"鸦片战争""甲午战争""八国联军侵华"等史实，对周恩来为什么立志为中国之崛起而读书有了深刻的认识。

正是在不断地查阅、补充、了解的层层认识下，学生对各个历史时期的英雄人物有了更加饱满的认识，从而为最后的输出"致敬古今英雄豪杰"的习作奠定了情感基础。

## （三）书信为媒，直抒心意，致敬古今英雄豪杰

书信是中华民族自古就有的重要的交流方式。古代由于交通不便，人们与亲人、朋友一别往往数载，甚至一生不能相见，因此，书信成为人们和远方的亲人、朋友互通消息、交流情感的主要方式。至今，电子文字依旧不能替代书信具有的特殊意义。

教师引导学生以书信为媒，穿越古今，和古今英雄展开对话：表达对革命英雄、仁人志士的崇敬之情；诉说对"家国情怀""家国责任"的理解；在革命故事、爱国故事中感受幸福生活来之不易；表达自己的报国之志，以及对美好生活的向往……学生以书信的形式，进行了一场思想的洗礼。

## 四、案例点评

　　案例通过语文课文的学习，让学生了解到在历史的长河中，从古代、近代到现代，多少仁人志士、英雄模范，为了国家的尊严、民族的解放，艰苦奋斗、英勇斗争，甚至不惜牺牲宝贵的生命，体现出了强烈的家国情怀和高尚的思想品质。又通过书信的方式穿越古今，跨越时空，与古今英雄展开对话，表达了同学们对英雄的崇敬、仰慕之情，以及自己的报国之志、爱国之情，对美好生活和民族伟大复兴、国家兴旺繁荣的向往，充分体现出了语文教学所蕴含的人文性、思想性、教育性。

　　小学生的政治思想还处于启蒙阶段，这种教育引领就显得尤为重要。就像习近平总书记说的，要扣好人生第一粒扣子，就是让广大青少年从小树立远大志向，坚定理想信念，听党话，跟党走，立志成为中国特色社会主义事业的建设者和接班人。从这个意义上说，本案例具有重要的教育意义和推广价值。

# 聚焦人物言行，感悟高尚品质

张　潼　许晨晖

## 一、案例背景

习近平总书记多次强调，课程教材要发挥培根铸魂、启智增慧的作用。必须进一步明确"培养什么人、怎样培养人、为谁培养人"，优化学校育人蓝图。因此在教学中要认真领会习近平总书记关于教育的重要论述，全面落实有理想、有本领、有担当的时代新人培养要求。将具有正确价值观、必备品格的教育有机融入课程，增强课程的思想性。培养学生关注、学习人物高贵的品质，思考生命的意义，让学生懂得责任与担当。

教育部《关于全面深化课程改革落实立德树人根本任务的意见》中也曾指出："全面贯彻党的教育方针，坚持立德树人，加强社会主义核心价值体系教育，完善中华优秀传统文化教育，形成爱学习、爱劳动、爱祖国活动的有效形式和长效机制，增强学生社会责任感、创新精神、实践能力。"

统编版小学语文四年级下册第七单元以"人物品质"为主题。本单元的两篇精读课文和两篇略读课文塑造了古今中外不同的榜样人物形象，这些榜样人物身上的道德品质特征对正处于成长发育期的小学生来说具有导向作用，对他们价值观念的形成也发挥着引领作用。在教学时，如果能够深入发掘教材的育人价值，在学生学习本文感受人物高尚品质的同时有意识地对学生进行正确引导，有助于学生形成辨别是非、善恶、美丑的能力，从而培养学生的健康人格和正确价值观。本课《"诺曼底号"遇难记》中的哈尔威船长。文中的哈尔威船长面对突如其来的灾难，机智、果断地制定出营救计划，最终全船乘客及船员得救，而他自己却随着陪伴他多年的轮船一起徐徐沉入了深渊。哈尔威船长甘于奉献、忠于职守的品质可叹可敬，值得我们学习。

基于以上背景分析，老师在教学第七单元中《"诺曼底号"遇难记》一文时，精心设计，充分整合教育资源，通过情境还原、任务驱动、视听结合等活动形式，有意识地激发学生的爱国主义情感与核心精神，取得了良好的"大思政"思想教学效果。

## 二、案例描述

人物品质题材类课文往往多为情感型课文，这类课文与学生日常生活相距较远，学生缺乏生活体验。因此，要想落实好这一题材课文教学，把学生带入特定的情境中去至关重要。即落实好本课教学的关键，在于成功创设课堂教学的"情感场"——只有让学生充分入情入境，沉浸其中，甚至不能自拔，方能受到全方位的熏陶、感染，从而震撼心灵，激起学生无限的使命感和责任感，树立正确的价值观，实现立德树人的教育使命。下面将以四年级下册《"诺曼底号"遇难记》一课的教学为例，试作阐释。

### （一）用心设计教学导语

课堂教学从某种意义上讲，是师生互动交流的过程。教师在互动过程中所说的话，应当要起到"起承转合"的作用。在教学人物品质类题材的课文时，在"起承转合"的过程中，教学导语更要凸显凝心、聚力、向心、激情的作用。因此，教师应当用心设计好教学导语，增强教学语言的冲击力，加大情感冲击的力度和速度，以最快的速度把学生带入情境中，形成共鸣，为后续每一板块的学习奠定情感基础，坚决摒弃教学语言的表面化和随意性。

比如，《"诺曼底号"遇难记》第二课时教学伊始："'诺曼底号'在英伦海峡的浓雾中夜航，突然，'玛丽号'向'诺曼底号'的侧舷撞过去，船身被剖开了一个大窟窿，海水哗哗往里灌。震荡可怕极了，全船的男女老幼面对死亡的威胁，惊恐万状，一片混乱。面对突如其来的灾难，哈尔威船长是怎么做的？这节课，就让我们继续走近这位传奇的英雄。"这样的教学导语，会马上将学生带入课文的情境，为后续探究哈尔威船长的英雄本色与奉献精神提供了有力的情感铺垫。

再如，在学生评价船长的一道命令时，我以教学导语相机点拨："是啊，这无情的一道命令，却是为了全船人的安全着想。"看似简短的一句话，实则将学生对人物的体会引向深入，引向生命意义层面，为整节课培养学生树立责任意识和担当意识，树立正确的生命观、价值观的情感教学目标打下基础。课堂最后的教学导语，则是将本课的"情感场"带入高点，将学生对英雄和生命意义的思考带向最深层："不论是英雄船长哈尔威，还是我们身边的英雄机长刘传健，他们共同坚守的是对于生命的敬畏与尊重！"

综上，本节课用心设计的教学导语，有感染力和穿透力，能很好地营造课堂氛围，激发学生情感，让学生在大思政的"情感场"中动情、善思地学习。

## （二）巧妙运用视听材料

人物品质题材课文的内容和学生的生活有一定的距离，学生在理解、感悟时容易遇到困难，不易与文中的人物产生情感共鸣，这也印证了"情感场"创设的必要性。教师除了用心设计教学导语之外，还应该另辟蹊径，使"情感场"更加丰盈、饱满。人物品质题材的课文，记叙的往往是人物无私奉献、英勇献身的故事，多是真实发生的事件，有不少也被拍成了影视作品，由于影视作品是声、光、电的全方位的艺术加工和刻画，其震撼力、感染力不同凡响。《"诺曼底号"遇难记》这篇课文的故事性很强，船长的形象鲜明，感悟船长所具有的精神，对四年级下学期的学生而言相对容易。但是由于小说的文本背景离学生生活实际较远，学生不能主动联系生活和实际经历，将文本与自身的生命成长建立联系。因此，教学中，更要巧妙运用影视背景音乐、影视精彩片段，为"情感场"的创设推波助澜。

在《"诺曼底号"遇难记》第二课时的教学中，当学生体会人物紧张的对话时，我播放精心制作、整合影视资料剪辑的配音画面，辅以紧张的音乐，让学生尝试合作配音朗读，用自己的声音演绎当时危急万分的紧张情境，并引导学生说说"看着这样的画面，听着这简短有力的对话，你心中的哈尔威船长又是怎样的？"学生答道："我感受到船长是非常镇定自若的。我听到他们的对话简短有力，在这么短的时间里，船长能够迅速向机械师和大副了解情况。"通过视听结合，学生对人物的感受逐渐深入。

为了让学生进一步感受哈尔威船长的英雄本色和奉献情怀，在充分依托文本理解感悟的基础上，在课程总结阶段，播放1分钟英雄事迹短片，片尾展示习近平总书记在颁发"中国人民抗日战争胜利70周年"纪念章仪式上的讲话，鼓舞学生树立远大理想，努力成为国之栋梁，进行社会主义核心价值观和家国意识的教育，寓德于教。一幕幕震撼的英雄场景，一声声动情的讲述，无不震撼着学生的心灵，盈眶的泪水充分证明了学生对英雄的崇敬之情已油然而生。课至此，"情感场"已完全创立，情感渲染和冲击已达极致。

## 三、案例分析

关注生命，塑造生命价值，是课程思政教育"立德树人"的体现。在语文课堂中，引导学生紧紧围绕文本，合作探究、主动思考，学习榜样人物的高尚道德品质，获得对生命意义的理解，从而努力实现自己的生命价值，这是本课语文教学中渗透"大思政"教育的主要体现。

### （一）让学生在文本阅读中感悟生命、尊敬生命、敬畏生命

在课堂中，学生紧紧围绕文本朗读感悟，感受人物的英雄品质。哈尔威船长的生命价值观给学生留下了深刻的印象。通过教师的引导，学生联系日常生活，可以发现像文中哈尔威船长一样品德高尚的人物在生活中也有很多。

在文本学习的基础上，学生联系自己的生活，尽情表达自己对生命的体会。鼓励学生联系自身生活和经历，静下心来思考自己要成为什么样的人，要怎样让宝贵的生命更加有价值。通过这样的交流、表达，加深对道德修养（奉献精神、责任意识）内涵的理解，帮助学生树立正确的价值观和家国情怀，从而达到了课程思政"立德树人"的根本目的。

### （二）让学生在课堂之外树立优秀的思想道德榜样

在作业中，老师精心设计了制作"我心中的英雄"人物卡片活动，学生热情高涨，十分踊跃，从人物的各个角度入手，纷纷撰写各具特色的介绍词，对平凡英雄的奉献精神有发自内心的感悟与赞扬，并以他们为榜样，在自己的生活和学习中向他们学习。

## 四、案例点评

课程教材要发挥培根铸魂、启智增慧的作用。本案例在教学中充分利用教材资源，通过情境还原、任务驱动、视听结合等活动形式，引导学生紧紧围绕文本，合作探究、主动思考，在文本阅读中感悟生命、尊敬生命、敬畏生命。同时学习榜样人物的高尚道德品质，鼓舞学生树立远大理想，努力成为国之栋梁，进行社会主义核心价值观和家国意识的教育，取得了很好的寓德于教的效果。

# 数学文化　启智润心

杨林凝

## 一、案例背景

习近平总书记在关于教育工作的讲话中指出：坚定文化自信，是事关国运兴衰、事关文化安全、事关民族精神独立性的大问题。坚定文化自信，离不开对中华民族历史的认知和运用。对中国人民和中华民族的优秀文化和光荣历史，要加大正面宣传力度，引导我们的孩子树立和坚持正确的历史观、民族观、国家观、文化观，增强做中国人的骨气和底气。在教学景山版二年级上册第一单元《表内乘法》这部分内容时，我想到，乘法口诀是我国古代劳动人民智慧的结晶，是中华文化的瑰宝，学习乘法口诀就是一种对中华文化的传承与推广。基于此我设计并执教了《乘法口诀复习》一课，力求通过教学内容渗透数学文化，激发学生的爱国情怀和民族自信。

## 二、案例描述

### （一）故事引入，激发兴趣

上课伊始，我为学生讲述了 20 世纪三十年代发生在我国的一则考古的新闻。

图 2-4　竹简上的口诀

面对出土的竹简照片，学生惊奇地发现上面清晰地刻着他们熟悉的乘法口诀（见图 2-4），兴奋与激动之情溢于言表。"孩子们，乘法口诀早在两千多年前就已出现，你们想说点儿什么？""了不起！""真厉害！""太伟大了！"被激发出的真情实感的学生愈加想赶紧开始学习了。

## （二）背诵口诀，夯实基础

这一环节的背诵，形式多样，气氛活跃。有个人展示、小组接力，还有颇为有趣的"人浪游戏"。学生带着激动的心情投入背诵之中，在轻松愉悦的氛围中复习了所学的全部口诀。也正是因为汉语的特点，四字一句的乘法口诀，朗朗上口，韵律优美。课上我还试着用英文说了几句口诀，却毫无韵律和节奏，这一对比也让学生感受到了中文的美，为汉语的魅力感到骄傲！

### （三）运用口诀，熟练运算

除了快速准确地利用口诀进行基本的乘法口算，我还设计了几种不同类型的混合运算以及乘法口诀的逆用。面对这样的乘加、乘减运算，学生需要调动对乘法意义的理解，结合口诀正确计算。

运用乘法口诀熟练地进行口算，既是对学生运算能力的训练与提高，更能让学生充分感受到乘法口诀的重要作用，以及在计算过程中为我们带来的方便。

### （四）整理口诀，归纳拓展

"孩子们，我们已经能够熟练运用乘法口诀进行运算了。你们知道乘法口诀一共有多少句吗？这里还藏着哪些规律呢？"学生分组合作，整理填写乘法口诀表。在填写的过程中，他们发现很多句口诀是重复出现的。这时我又以板书呈现更为简洁的"小九九"乘法表，以及算式形式的乘法表。"我们的祖先就是这样精益求精，在使用的过程中，不断地对乘法口诀表进行调整改进。'小九九'表更加简洁明了，而算式乘法表便于观察数据的特点和规律。"

通过这一环节的回顾与整理，学生还初步感受了关于平方数、偶数、五的倍数等一些规律特征。这不仅可以对背诵记忆口诀带来很大的帮助，更重要的是可以让学生感受到，探索规律的研究过程也是学习数学的宝贵财富，有巨大的价值！

### （五）感受文化，激发情怀

"这位老爷爷是元代数学家朱世杰，是他整理出了我们现在使用的乘法口诀表，并将其写在了《算学启蒙》这本书上。""我们中国的数学家不仅编制了乘法口诀，还制作了这样的《算表》，它可以帮助人们计算常用的百以内数的乘除。"

这些小知识、小故事，让学生再次感受到了乘法口诀的伟大，感受到了中国古代数学家的伟大，感受到了中华民族之伟大！尤其是当学生得知我们已经把这些优秀的传统文化输出到国外时，他们的眼睛瞪得大大的，胸脯挺得高高的，民族自信心与自豪感深深地植根在了他们的心底。学生们踊跃地表达自己的真情实感，即使语言还略显稚嫩，或只是只言片语，也足以带给我们深深的感动。

## 三、案例分析

每次教学二年级《表内乘法》这部分内容时，总会听到学生们关于乘法口诀的思考与提问。虽然他们通过近一个月的学习，早已对所有口诀烂熟于心，达到了脱口而出的程度。但对于乘法口诀的由来与发展，学生们仍有着强烈的好奇心和求知欲。这也促使我有了认真研究乘法口诀发展历史的念头和动力。随着对教材、学情的分析以及对相关数学史的了解，我有了以下思考：

如何让乘法口诀这一素材在课堂中发挥更大的价值，帮助学生了解它的历史文化和发展过程？

如何让数学文化悄无声息地浸润学生的心灵，增强他们的文化自信和民族自信，培育他们做有底气的中国人？

带着这样的思考，我大胆地进行了与以往不同的教学设计，在课堂中为"数学文化"留出更多的空间和时间，带领孩子们一起穿越千年，了解口诀的前世今生，感受中华文化的博大精深。

## （一）数学文化浸润课堂

在《乘法口诀复习》这节课上，学生从只会背诵口诀，用口诀进行口算，到对乘法口诀有了比较系统的梳理总结，了解了乘法口诀的发展历程。这一系列活动，激发了他们探索数学历史的好奇心。数学文化自然而然地浸润课堂。

## （二）启迪智慧，培育情怀

刚上课时的考古小故事，让学生感受到了乘法口诀的悠久历史；课上研究过程中对乘法口诀的梳理，让学生由衷地感叹乘法口诀的神奇和美妙；临下课时对乘法口诀前世今生的了解和拓展，让学生情不自禁地感慨中华文化的深奥精微。整堂数学课，学生都沉浸在激动、自豪和充满骨气与底气的情感中。数学学科的育人作用逐渐彰显，学生的爱国情怀油然而生。

在浩瀚的历史长河中，伟大的中华民族和勤劳智慧的中国人民为人类文明的发展与进步付出了辛勤的汗水，做出了巨大的贡献。他们的发明与创造是留给我们后人的宝贵财富。通过一节数学课，可以为学生打开一扇文化之窗；长期重视在课堂上启迪智慧、培育情怀、立德树人，将会把学生培养成为自信的中国人、可靠的接班人！

## 四、案例点评

该案例，教师通过考古新闻引入，为学生讲述了乘法口诀的历史，使学生在学习乘法口诀时，不再仅仅是会背诵、会使用，而是了解到乘法口诀的产生过程，同时感受到数学的历史与文化。老师充分发掘教学内容中蕴含的中华优秀传统文化，当学生了解到乘法口诀是中国古代人们的智慧结晶时，激动之情溢于言表，民族自信心与自豪感油然而生。恰到好处地在数学课堂中渗透传统文化，不仅使数学知识更加生动，激发学生的学习兴趣，更能润物无声地渗透数学学科的育人价值，体现课程思政的理念。

# 跨学科实践活动彰显数学魅力

郭宇凡

## 一、案例背景

习近平总书记强调"四个自信",其中"文化自信"是更基础、更广泛、更深厚的自信。习近平总书记多次就推动中华优秀传统文化创造性转化、创新性发展作出重要论述,并提出殷切期望。

随着 2022 版课标落地实施,课标要求坚持以习近平新时代中国特色社会主义思想为指导,落实立德树人根本任务。2022 版课标与之前相比,在综合实践领域最大的变化有二:其一是有些新知识融入综合实践活动中学习。其二是以数学知识本质为主旨,进行跨学科综合性实践活动,综合利用数学知识和其他学科知识解决生活中的实际问题。体会学科之间的关联。增强综合性与实践性,利于发展学生学科素养。

在实施素质教育的今天,"双减"政策出台的背景下,如何把学科育人与数学本质的内容和形式有机地结合起来,以提高小学数学的教学质量?如何将中华民族传统文化教育有机融入数学实践活动中,增强学科实践的思想性和育人价值?如何设计科学而合理的数学作业,以助于学生理解数学本质、感悟数学思想、赏析数学文化、激发学习兴趣、积累数学活动经验?如何能在实践活动中体现数学的魅力所在?这引发了我们数学党支部小学数学教研组全体老师们的思考。

## 二、案例描述

2022 年北京冬奥会宣传片中曾用一幅幅美丽的画面对二十四节气进行了诠释，受到了全世界的瞩目。二十四节气也正是中华民族优秀的传统文化，作为人类非物质文化遗产，二十四节气凝结着中华优秀传统文化与先民的广博智慧，彰显着中国人的精神气质与民俗风尚。在时代变迁中，仍不断地被传承弘扬，焕发着温润的光彩。正值 2022 年暑假，考虑到学生们在暑假期间，将经历大暑、立秋、处暑等多个节气。我校小学数学教研组在学校党委及数学党支部的引领下，认真研读新课标，结合"双减"政策，设计了一至四年级学生共同参与的"扇送清凉"小学数学跨学科综合实践活动。

同学们在同一大主题下，根据不同学段学生年龄特征，以数学学习的本质为引领、以学生本位为主体、以跨学科综合实践活动的形式为载体，请学生利用暑假时间，亲自动手制作一把小扇子。这是一把利用学生已掌握的数学知识来制作的、蕴含传统文化的、独一无二的小扇子。在实践过程中，为学生搭建了"数学知识世界"与"生活世界"的桥梁，促使学生在动手实践的过程中体会其中蕴含的数学文化、数学知识与文学、科学、美术、劳动、书法、科学等学科的关系，培养学生的创新思维，开阔学生的视野，在解决相关实际问题的同时，体验数学的应用价值，让数学学习充满生命的活力，使学生真正成为活动的主人，使学生在"做中学""用中学""创中学"的过程中发现与总结，从而助力发展学生终身学习的能力，发挥学科育人的价值。

本次跨学科数学实践活动考虑到学生的年龄特点及认知水平，所以采用同一实践作业大主题下，不同年级分层要求的形式开展。为此，各年级备课组老师们结合本年级学生的年龄特点及已有的数学知识和活动经验，制定了本年级的具体活动目标及具体活动要求。明确实践活动的评价标准，为学生建立一个操作性较强的评价框架，根据内容要素科学划分表现性水平层次，明晰学生所处的能力水平，提升学生的数学核心素养。实现"教——学——评"的一致性，不仅帮助学生在评价中学习，做到知行合一、内化于心、外化于行，而且能够推动教师精准开展教学，以便更好地发挥实践性作业的评价功能。

　　本次数学跨学科实践活动真正做到了让学生成为活动的主人。在学生结合数学经验亲手制作了小扇子后，采用了班级互赏、年级推优、校级展示等三个层面的交流欣赏。通过课上互赏、班级壁报展示等形式进行，让每个学生的作品都有展示的机会，充分调动学生的积极性，尊重每一份作品，保护学生的自信心。在班级展示的基础上，扩大互赏、互学的范围，在班级中评选出优秀作品，参与年级展示，也借此增强学生的集体荣誉感。共同营造数学实践活动的展示氛围。让所有参与其中的学生都受到鼓励，不同水平的学生都可以在活动中得到发展。在同一个任务的驱动下，不同认知水平、不同年龄的学生在完成这一任务后，作品共同展出。整个互赏、互评的过程，就是学生们自我学习的过程。让同学们通过不同视角去发现这把扇子当中的数学元素及设计巧妙的地方。在每一个孩子都参与的过程中，鼓励学生用数学的眼光去审视每一把小扇子，去发现作品中的美好。用语言表达出对这把小扇子的赞美。把握每一个环节，落实数学学科素养。

　　在展示活动前，老师们精心敲定活动细节，把展示活动的筹备安排和时间节点进行细化，并落实到每位大备课组长及任课老师。为了配合校园疫情防控，学生可以安全有序参观，为了孩子们可以有更好的参观体验，老师们还将展示活动当天的参观顺序进行了细化，细化到每 30 分钟一个场次错峰进行参观。每个年级的老师们精心布展，并在实践活动的大主题下，为自己年级的作品附上了小标题。"景扇送清凉，科学一夏凉""数之美扇巧纳凉""睡起秋色无觅处，一枕新凉一扇风"……这些充满诗情画意的语句，数学老师也可以信手拈来。

此次活动充分发挥数学党支部的作用，发挥景山学校十二年一贯长链条育人的优势，邀请初中、高中的大哥哥大姐姐们及中学的老师们一起参与到小学数学实践活动中，欣赏小同学的作品，从初中、高中学生的视角为作品点赞。为了在这一活动中可以承载更多的教育理念，我们同时与少先队大队对接，安排了"红领巾小小志愿者服务岗"进行志愿服务，"红通社小记者"进行现场采访，在展示活动中充分体现全员育人、活动育人的理念。

## 三、案例分析

此次"扇送清凉"跨学科数学实践活动虽然落下帷幕，但给学生们留下了深刻的印象。在小记者采访的过程中孩子们这样说："这次的数学作业展示可是不一般。没有一直给我们制造难题的1、2、3、4、5，也没有千克、厘米和公顷的换算。展板上是同学们亲手制作的一把把创意无限、精美独特的小扇子，这些色彩绚丽，形状多样的小扇子都闪烁着智慧的光芒，又在悄悄地讲述着一个个数学故事、数学知识……""这次数学作业已经不是试卷上的一道道考题，而是帮我们创造美好的好帮手了……""我觉得这些小扇子的作业分不出谁的好、谁的不好，都是大家努力思考、动手制作的结晶，都是一份份精美的作品……"

### （一）"扇送清凉"数学跨学科实践活动彰显育人价值

在育人的高度上，进行数学实践活动的设计，引导学生深度思考，激活学生综合运用知识去解决真实问题的意愿，增强学生提出创新构想的信心。鼓励学生以社会成员的身份和心态主动参与社会生活，形成正确的价值观和责任感。

## （二）"扇送清凉"数学跨学科实践活动凸显数学与生活的联系

这一实践活动，一是体现学生在真实的情景中能够用数学的眼光观察扇子的形状、费用等，关注到与数学有关的问题。并能发现且提出与制作小扇子有关的数学问题。二是学生在经历记录、构思、设计、制作扇子的过程中，感受数学在操作过程中发挥着重要作用，感悟数学与生活的联系，发现数学之美。

## （三）"扇送清凉"数学跨学科实践活动体现学科互动

在此次数学跨学科实践活动中，学生深入地理解数学、运用数学。在扇面的设计、美化与制作过程中，文学、科学、绘画、书法、环保、劳技等多学科联动。培养了学生的创新思维，开阔了学生的视野，将人文艺术与数理综合有机结合，体现了数学学科与其他学科的互动。

## （四）"扇送清凉"数学跨学科实践活动体现学生主体性

在此次数学跨学科实践活动中，交给学生探索实践的自主权，从构思、设计再到完成，都鼓励学生自己去思考、去操作，遇到困难时，可以向家长、老师求助，也可以查阅资料，通过自己的方式想办法解决困难。把时间和空间还给学生，也许作品并不那么完美，但重在激发学生参与活动的兴趣与热情，充分发挥其主观能动性，做活动的主人。

### （五）"扇送清凉"数学跨学科实践活动发挥教师的创造性

后续的跨学科实践活动将如何设计与提升，也是对新时代、新课标理念下的教师们提出的更高要求与挑战。作为教师，我们在设计及布置实践作业时，要了解学生的知识基础和知识结构，了解学生已有的生活经验、实践经验，了解学生所能接受的参与方式，了解学生的兴趣爱好和发展需要。让一切学科知识都变成学生探究和使用的对象，让一切知识技能都成为发展学生核心素养的手段。

此次活动也为数学党支部的教师们提供了继续实践与创新的动力。它折射出了教师们在党的二十大精神的引领下、在新课标中提升学生数学素养的指导下、在"双减"政策减负增效的要求下数学党支部教师们贯彻、实践的新亮点，激发了教师们集体的智慧，彰显了教师们的创新与实践。

## 四、案例点评

《义务教育课程方案（2022版）》中强调，义教课程的综合性和实践性将成为新一轮义教课程改革的重要趋势。该案例中，学生通过综合运用数学、文学、科学、绘画、书法、环保、劳技等知识，亲手制作凉扇，充分体现了活动的综合性和实践性。该活动激活了学生综合运用所学知识去解决实际问题的意愿，强化了学生善于提出创新构想的意识，增强了学生认识真实世界、解决实际问题的能力。该案例的设计，也充分彰显了数学教师们在对新课程标准的深入学习领会后的创新与实践。

# 依托数学文化　培养爱国情怀

靳园园

## 一、案例背景

数学课程标准指出，学生应具有爱国主义精神，热爱社会，遵守国家法律和社会公德，逐步形成正确的世界观、人生观、价值观；要使学生具有责任感，成为有理想、有道德、有文化的时代新人。

新时代的数学学科不仅要传授学生数学知识和技能，更要承担起育人的使命。教师明确为谁培养人，培养什么样的人。敢于不断创新实践，培育一代又一代有理想、有本领、有担当的时代新人，为实现中华民族伟大复兴做出新的更大贡献。人民币是我们国家的象征，作为每一位中国公民，我们都要爱护人民币，这也是爱国的表现。在设计《人民币的认识》这一单元时，我有了这样的思考，怎样凸显小学数学课程与教学独特的育人价值，为学生种下一颗爱国的种子呢？基于此思考我设计了《认识人民币》一课，依托教学内容、数学文化，正确引导学生的价值观，感受祖国的壮丽河山，培养学生的爱国情怀。

## 二、案例描述

### （一）创设情境，激发兴趣

给学生讲了过年时的民间习俗压岁钱的由来，过年时长辈会给晚辈分发压岁钱，包含着长辈对晚辈的关切之情和亲切祝福，得到压岁钱就可以平平安安度过一岁。"我也来发压岁钱，三个大红包落下，你猜猜大红包里装着什么？"一下激起了学生的兴趣，纷纷答道"钱"。激发学生的兴趣，引导学生要合理用钱，不铺张浪费。引出本节课的课题"认识人民币"。

## （二）认识人民币和人民币的单位

再次激发学生学习的兴趣，让学生打开大红包，认识 100 元，探索认钱的方法。观察人民币时，发现人民币上有我们的伟大领袖毛主席，还有国徽，看到这些你想说点什么？"爱国""爱护人民币"，知道人民币是我们国家的象征，所以我们要爱护人民币。适时地为学生种下爱国的种子。

给出一大堆钱，人民币不仅有纸币还有硬币。看到一大堆钱，学生跃跃欲试，积极展示。再次引导学生学会管理和合理使用钱，购买需要的东西。带着学生都喜欢的"欢乐购物之旅"活动，在轻松欢乐的实践活动中，通过观察和读商品价格，发现常用的人民币的单位是元、角、分。在学生的求知欲最高的时候，一起探究单位之间的关系。

## （三）认识人民币，探索单位间的关系

在这一环节中，学生的情绪高涨，再用多种形式，带着学生进行操作。一分一分地数，探索 10 个一分是 10 分，够 10 分可以换一个大的单位来表示它，换成 1 角，知道 1 角 =10 分，10 分 =1 角。再探究 1 元 =10 角，1 角 1 角地摆，10 个 1 角是多少？10 个 1 角是 10 角，够 10 角了，可以换 1 元，1 元 =10 角。

在发现角和分，元和角的关系后，有了前面的探索，放手让学生合

作，自主探索元和分之间的关系，通过 1 元换成 10 角，10 角换成 10 个 10 分，就是 100 分，探究出 1 元 =10 角，也等于 100 分。也同时建立了人民币与计数单位的联系。

## （四）依托数学文化，培养爱国情怀

"你们看人民币的背面有什么呀？人民大会堂，党的二十大和刚结束的两会都是在这里召开的。我们国家重要的会议和习近平主席接见外宾都在这里进行。"让学生关注了解时事，感受到中华民族的强大、中华文明绵延不绝的发展、中华民族所取得的成就。

对比观察人民币背面和实际风景，你看到这些，你有什么感受？"很美""国家好大""很多著名景点""爱护环境""爱国""爱护人民币"等这些惊叹溢美之词从学生口中说出。学生感受到祖国的山河壮丽，建筑的雄伟壮观，从而知道要保护好祖国的青山绿水，保护环境。人民币上印着的都是我们祖国的象征，再次感受到人民币也是祖国的象征，要爱护人民币。

## （五）分类整理，巩固练习

学生认识了这么多人民币，手中也有很多，请学生按照元、角、分的单位把它们分分类。让学生玩换钱游戏，并摆出要换的钱数。"清明节时，我们会踏青放风筝。这是咱们北京的特色风筝——雨燕风筝。风筝多少钱？你要怎样付钱才能正好付完？跟你的同桌说说你是怎么付的？"多种形式整理练习，学生感受到人民币的累积。创设情境，将中华传统文化二十四节气融入课堂，使学生了解传统文化，传承文化，应用所学知识探索解决问题。

## （六）拓展延伸

人民币是我国的法定货币，具有国家主权的象征意义。在教学的最后通过播放两段短视频，分层次地介绍有关人民币的文化。一是介绍人民币的发行史，使学生对人民币的认识更加全面，再次引导学生爱护人民币的意识。二是介绍人民币的国际流通，当学生看到人民币在世界经济建设和国际舞台发挥着越来越重要的作用时，树立学生对祖国的自豪感和培植文化自信。

# 三、案例分析

小学阶段，是把握学生身心发展的重要阶段，依据学生终身发展和社会发展的需要，注重培养学生的爱国情怀、社会责任感，奠基未来。人民币一课的教学中困难有很多，例如：小学低段的学生本身接触、使用人民币的机会很少。随着时代的发展，电子支付成为时代的主流，孩子们接触人民币的机会越来越少。因此，教学认识人民币这节课时，将重点定为认识人民币的面值；然后打通人民币单位间的关系，能够正确使用兑换人民币；接着是体会人民币作为国家象征的文化价值。

## （一）"使生活和数学融为一体"是数学课堂的不懈追求

一年级的小学生在实际生活中缺少使用人民币的经历，但在生活中使用人民币的真实情景时时处处存在着，学习了人民币后，不仅要学会书本上的知识，更重要的是要延展到真实的生活中，学会兑换人民币和使用人民币。通过摆一摆、分一分等实际操作活动，学生充分体验如何换取人民币、使用人民币，学生切身实地地感受买卖的过程，应用数学知识解决了生活中的实际问题。学生之间互相交流，锻炼了学生的合作交流能力。切身感受生活中的数学，体验学习数学的现实作用，理解了人民币的价值，体会人民币的社会功能，也享受到了成功的喜悦。

### （二）依托数学文化，培养爱国情怀

数学课堂不能只局限于知识与技能的教学，而要深入数学的文化层面，着力提高学生的文化素养。中国有着五千年的古老文明，孕育了灿烂的数学文化。教师通过介绍中国货币的发展史，渗透了数学文化。介绍中国货币的发展史，增加了学生的学习兴趣，让学生知道中国货币发展的历史渊源，了解祖先的聪明智慧，增强民族自豪感。视频讲述古人的支付方式的演变，讲述当今人民币的世界地位以展现当前国家的实力及创造力，让学生真正体会到了数学的应用价值。观察人民币，通过人民币中的图案，看到祖国的壮丽河山，想到要爱护环境，为自己身在这样美丽的国家感到自豪，更加热爱自己的国家。

### （三）依托兴趣，培养学生文化素养

兴趣是学生最好的老师，基于学生的兴趣，让孩子们可以在活动中学习知识和方法，感悟生活中的道理。用学生喜爱的方式，让孩子对人民币的发展及货币的发展有初步的认识。再在逛"商店"的活动中，让孩子体会人民币在生活中的作用，让孩子通过活动，了解货币的价值与意义。在活动中体验数学与生活密切联系，体会数学文化素养。

通过培养学生数学素养、综合素养、文化素养，实现培养学生全面发展的目标。

## 四、案例点评

　　这篇案例以"人民币的认识"一课为例，在数学课堂中不仅传授学生数学知识，还能在认识人民币、了解人民币的历史中弘扬传承中华民族的优秀文化和光荣历史，从而引导学生树立和坚持正确的历史观。同时通过学生看到人民币背面的图案，感受祖国的壮丽河山，培养学生的爱国情怀。呼应了习近平总书记对少年儿童的寄语，如果学生能够长期浸润在这样的课堂中，不仅能增强他们的文化自信，还能激发学生的爱国之情。

# 爱在身边　感恩有你

张云璐

## 一、案例背景

义务教育《英语课程标准》（2022 年版）指出，英语课程要落实立德树人的根本任务，旨在培养有理想、有本领、有担当的时代新人。为了落实学科育人目标，教师应当发挥核心素养的统领作用。英语课程要培养的核心素养包括语言能力、文化意识、思维品质和学习能力等方面。为了帮助学生树立正向、健全的道德思想和价值观，教师应当在传递文化知识的同时，注重对学生道德行为和思想方面的引导和培养。

北京版小学英语三年级下册第六单元的主题是 Showing love to people around us（向身边人表达爱）。单元的三篇文本涉及向父母表达爱和感谢，教师也将在课程中引导学生感受生活中处处充满爱，渗透感恩教育，落实学科育人目标。

## 二、案例描述

本课是北京版《小学英语》三年级下册第 6 单元 Mother's Day 中的第一课时。本单元的主题为 Showing love to people around us。纵观 3 个课时的语境，从谈论母亲节要做的事、节日到来之际准备礼物，到节日当天赠予礼物，按照事件发展顺序可以概括为 Making a plan to show love（制订庆贺计划），preparing for the day（准备庆贺礼物），celebrating the day（节日当天赠予礼物）。在本单元的学习中，学生感受生活中处处充满爱，不仅有父母的爱，还有老师的爱、朋友的爱。在复习课时中，学生可以从以下 3 个方面交流自己向身边人表达爱的方式：To whom？向谁表达爱，Why？为什么，以及 How？结合实际阐明自己表达爱的方式。

教师了解到多数学生有庆贺母亲节、父亲节的生活经验。他们会制作贺卡、亲吻拥抱父母，或者为父母做一顿饭。从话题上来看，学生了解一些表达爱的节日：包括教师节、妇女节、儿童节，学生在五年级上册也会学习重阳节；从语言知识上来看，学生已经学习过相关活动短语，比如 make a cake, make a gift, make a card, draw pictures；以及 I will/ I'm going to/ I want to……表达自己计划做某事的句型，学生会用 I love ……表达自己对家人的爱。

下面将对本单元第一课时的教学设计进行细致阐述：

课堂开始，学生观看歌曲视频，说出视频中母亲为孩子们所做的事情。视频结束后，学生进行头脑风暴，说出母亲在日常生活中为我们所做的事情。接下来通过日历了解母亲节的时间。教师创设情境——母亲节到了，我们如何表达感谢？在热身环节，教师通过歌曲激发学生兴趣，学生联系实际讨论母亲为我们的付出，进而引入本课的主题：母亲节到了，我们如何表达爱和感谢？

接下来进入对话学习，教师引导学生读图猜想 Lingling 在母亲节要说的话、要做的事。并在观看动画后核实猜想。Mother's Day is coming, where are Lingling and her mum going？ What will

Lingling say and do？接下来教师设计问题链，帮助学生理解对话。并结合板书讲授功能句型 Will……？ Yes, he will。在情境中讲解并拓展词组 drive us there，突破难点。

　　对话 2 的语言相对简单，因此减少教师辅助，呈现问题链帮助学生理解对话。最后引导学生推测外婆的礼物可能是什么？ Lingling's mum gets a box of chocolate, will grandma get chocolates, too？此时有学生回答 No, because it's not good for her body。教师追问外婆可能会收到什么礼物，学生发散思维，给出不同的回答——She will get flowers, cards, clothes, or tea。

　　完成对话学习后学生通过指读课文，角色扮演内化语言，实现准确朗读的目标。本课的新授环节旨在培养学生的读图能力，通过问题链的设置帮助学生理解对话；引导学生合理推测外婆收到的礼物，锻炼学生思维品质。

　　进入操练环节，教师延续对话创设情境。Lingling sees many families are celebrating Mother's Day in the restaurant. Let's go and see what they will do for their mum？教师借助图片讲解短语 kiss his mum, give her mum a big hug 含义，并拓展功能句的否定回答，No, she won't。

　　接下来教师播放视频，学生在补充资源中了解更多表达爱的方式。播放视频后由老师做示范，用功能句型提问，Will he make a card for his mum？学生回答，Yes, he will。之后针对绘本内容进行小组问答。最后教师创设情景，小记者晨晨在学校进行采访：Mother's Day is coming, the school reporter Chenchen is doing a survey——What will the students do for their mum？教师扮演小记者与学生示范对话。之后学生以组为单位创编对话，并在班内展示。

综合 Practice 环节，学生了解更多表达爱的方式，通过问答活动操练功能句型，为后续语言活动做铺垫。

产出环节设置一个活动：

教师引导学生思考更多向身边人表达爱的节日，学生说道 Teachers' Day, Father's Day, Children's Day, the Chongyang Festival。下来教师介绍晨晨针对不同节日提出的庆贺计划，引导学生思考计划是否合理。有的学生对晨晨父亲节送花提出异议，理由是实际生活中爸爸不喜欢花。教师进行追问，学生提出会帮辛苦工作的爸爸按摩，或者给程序员爸爸设计电脑游戏等。最后教师引导学生思考除了在特定的节日，也要在日常生活中关爱身边人。On these special days, we make plans to show love。But love is around us, little by little, day by day。学生制作爱心卡片，交流向身边人表达爱的方式。

在这里学生进行综合输出，通过交流，思考如何恰当地表达自己对身边人的关爱，思维品质得到锻炼，也渗透感恩教育。此时，整节课的教学接近尾声，教师对本节课的学习状况进行总结。课后，学生们还将结合自己的所学和感受，选择自己的方式庆贺即将到来的母亲节，交流分享自己的爱心卡片。

## 三、案例分析

### （一）课程思政要素与学科教学融合

在读前活动中引导学生进行头脑风暴，说出母亲在日常生活中为我们做的事情。学生回答妈妈会给我们做饭、洗衣服、陪伴读书等。在此过程中培养学生从日常小事中了解父母的辛劳，从而体会父母的养育之恩。然后创设情境：母亲节到了，我们如何表达感谢？进一步激发学生用实际行动回报父母养育之恩。

在对话学习中，引导学生获取、梳理 Lingling 在母亲节为妈妈做的事情。同时也引导学生关注 Lingling 的妈妈也向自己的母亲表达感恩，这是一种家庭优秀品质的传承，也就是家风的体现。在对话学习的最后引导学生合理推测外婆收到的礼物，使学生展开想象，锻炼学生的发散性思维，培养思维品质。在思考外婆可能收到的礼物的同时渗透要根据亲人的需求和爱好选择合适的礼物。

在讲授语言点的时候教师也注意融合思政教学，比如在讲授 Will dad drive us there? 的时候，引导学生感恩父母在日常生活中对我们的关爱和照顾。Our parents do a lot for us, they drive us home, to school, to the park everyday。同时教师要引导学生做文明、有礼的小学生，做一些事情之前要得到父母、老师或他人的允许，并且能够根据实际情况对他人的请求给出正确的回答。

在输出环节，教师进行拓展延伸，引导学生思考更多表达爱的节日，比如父亲节、教师节、重阳节等。学生感受生活中处处充满爱，不仅有父母的爱，还有老师的爱、朋友的爱，同时体会父母的教育之恩和师长的辛劳。教师也鼓励学生勇敢表达对家人或朋友的情感，养成在日常生活中帮助父母做力所能及的事情的习惯。

最后学生完成本节课的产品——设计 minibook 介绍自己的家人、愿为家人做的事情，并在班内进行交流、展示。在此过程中，学生会加深对家人的了解，同时体会家人对自己的爱。通过分享，相互启迪，让学生有机会互相学习，互为榜样。

## （二）课程思政要素融合的效果

了解到部分学生对于母亲节和父亲节的具体日期不是很了解，向亲人表达爱的方式主要是制作贺卡，送花，亲吻和拥抱等。在课程结束后，教师在跟学生和部分学生家长的沟通中了解到学生对于爱有更深的感受，并且意识到日常很多小事都是爱的表现，比如在家里做家务、在家人工作时倒一杯茶、给很晚回家的父母做一顿晚饭等。由此看出孩子开始感知到父母的辛劳，因此会选择做一些力所能及的小事来表达自己对亲人的爱。初步具备了孝敬父母、尊敬师长的意识。

另外，在课堂教学中，教师拓展了多种表达爱的方式。在小组讨论中，教师发现学生会根据自己的实际情况来表达对父母的爱。比如班里有一位同学的爸爸是程序员，该生表示想给自己的爸爸设计一款游戏；另一位同学的妈妈是音乐老师，所以她想给自己的妈妈唱一首在学校新学的歌曲。能够看出孩子开始真正关心身边人，因此会选择自己认为最合适、亲人会喜欢的方式来表达关心和爱。

### （三）课程思政融合反思

我们仍要在英语课堂和平时的教育教学中渗透感恩教育，引导学生感知父母的辛劳、养成孝敬父母，尊敬师长的良好品质，真正在课堂中落实英语学科立德树人的根本任务，达成课程的育人目标。

## 四、案例点评

如何在英语教育中落实"为党育人"，发挥英语教育在新时代的育人价值是教改的新课题。感恩教育是教育学生学会做人的基本点。立足学科内容，围绕感恩教育，引导学生成人，本案例提供了英语学科实践，表现出强烈的课程思政意识和较强的课程融合能力。

# 持之以恒的"坚毅者挑战计划"

马会萍

## 一、案例背景

2020 年初，新冠疫情暴发。危难中，我们众志成城，万众一心，经过长达近半年的艰苦斗争，我们国家的抗疫取得了巨大成功。

然而，疫情期间居家隔离不仅改变了人们的生活习惯，也对学校教育造成了巨大冲击，正常的教学节奏被打破，刚入学的部分学生出现了自主学习能力不足的问题，尤其在学习、生活习惯和意志品质方面，出现了一些问题，亟待解决。而上述问题向来困扰家长，尤其疫情期间居家学习，若单靠家长教育孩子，效果十分有限；若单靠老师要求，也难以达到理想效果。急需一个合适的抓手，将家庭、学校和学生三者结合起来。

正因如此，我在 2020 年 7 月初，设计了"坚毅者挑战计划"，就是为了利用近两个月的暑假时间，帮助学生夯实因疫情而打得不够坚实的学习基础，养成良好的习惯，为进入二年级做好充分准备，帮助他们培养自律、坚毅的意志品质，提升学生的自主学习能力。

## 二、案例描述

2020 年 7 月初，针对疫情防控期间教育教学中出现的上述问题，我萌生了开展暑期主题教育活动的念头，因此设计了《一（4）班暑假"坚毅者挑战计划"表》。

为了培养学生的意志品质，养成良好的学习生活习惯，我让孩子们自行选择一个在暑假达成的短期目标，设定一项具体可行的计划，每日打卡。

虽然在和家长的沟通中已了解到，很多孩子因为疫情居家学习出现了各种问题，但毕竟没有科学的数据做支撑，为了了解他们的自控力情况，也为了检验主题教育活动的效果，我修订了《小学生意志力测试问卷》，以作前后测准备。

7月10日，结业式当日，下发挑战计划表，号召学生自愿参加。最后全班42名学生全部参加。确定报名人数后，我在线上发布了《小学生意志力测试问卷》，并在两天内收集了所有前测数据。

7月11日是活动的第一天。我制作了具有启动仪式意义的起始帖，并在班级微信群发布帖子和倡议，鼓舞士气。然后开始了为期八周的活动；每周一至周日，孩子们自行完成周挑战计划，每天打卡，周末家长签字；每周日收集挑战计划进程表，由家长拍照发给我，进行数据统计和周小结。周小结主要是为了总结过去，查找共性问题，提出建议，为家长和学生指明方向；新的周一公布上一周小结，并发布新的周一帖，以鼓励学生继续前进。

由于疫情防控期间放假在家，很多学生的作息都是很不规律的，尤其很多孩子容易晚睡晚起，这对他们的身心健康极为不利，如果持续下去，会影响到新学期开学的正常学习生活。为此，我于开学前第3周召开主题班会，从科学的角度和学生深度探讨了小学生按时睡眠和充足睡眠的重要性。本次班会，也是将按时作息纳入挑战计划的启动班会，统一思想，让学生意识到按时作息的重要性，更有利于后续活动的开展。班会的顺利召开，的确达到了很好的教育效果，家长反馈"稳准狠""班会达到了自省目的"。班会之后，我便将规律作息正式纳入挑战计划。

9月7日正式开学，我收集了全班纸质版的《坚毅者挑战计划表》。进行了分类整理；然后，给所有学生下发了"坚毅之星"个人定制书签，按照学生完成率情况，进行了全班总结表彰。之后，在线上发布了《小学生意志力调查问卷》，请家长配合学生进行后测。

二年级开学后，随着活动形式日渐成熟，我进行了调整。

一年级属于起步阶段，个人意愿很重要，所以挑战内容完全自选，包括：文化课的学习，即练字、抄词语、学汉字和单词、练习英语听力、中英文阅读和朗读、背诵古诗、写日记、练习口算等；作息和体育锻炼类，即早睡早起、护眼、跳绳、仰卧起坐、跑步等；还有兴趣爱好类，如学围棋等。

二年级开始，返校后重新培养基本的学习习惯和生活习惯。

三年级第一学期，再次根据兴趣自主选择挑战内容。

三年级第二学期，响应学校号召，加入了劳动教育，并且根据班级需要，开始了正念练习，每天3～5分钟。

三年级快结束时，为了进一步培养学生的坚毅品质，在7月1日党的生日这一天，我召开主题班会，将活动再次升级为两部分："规定动作"为正念练习和家务劳动；而"自选动作"则为"了不起的生日礼物"，鼓励学生做一件坚持一年的有意义的事情，作为送给自己的一份特殊的生日礼物。同时，这项活动也融入了生命教育和感恩教育。

此项活动至今仍在开展中，已坚持了将近1000天。

## 三、案例分析

习近平总书记曾告诫青少年：少年强则国强。当代中国少年儿童既是实现第一个百年奋斗目标的经历者、见证者，更是实现第二个百年奋斗目标、建设社会主义现代化强国的生力军。希望广大少年儿童刻苦学习知识，坚定理想信念，磨炼坚强意志，锻炼强健体魄，为实现中华民族伟大复兴的中国梦时刻准备着。"坚毅者挑战计划"活动，正是在疫情形势严峻的情况下，积极响应了习近平总书记的号召所开展的活动。

三年多来，从家长和学生的反馈看，本活动达到了较好的教育效果，学生和家长均有所获，有利于成长，有利于养成，有利于落实，已成为一种班级特色、班级文化。总体来看，本活动有以下特色。

### （一）将"补基础""养习惯"和"磨意志"三者有机结合起来

2020年初，我们国家的疫情防控取得了战略性的伟大胜利，教育部门也根据实际情况，在疫情防控期进行了线上和线下教学的结合。但因受疫情的影响，线上效果毕竟不如线下教学，尤其对于刚刚入学一个学期的一年级新生来说，学习基础薄弱，学习习惯尚未完全养成，意志品质的锻炼也相应地遭受负面影响，很多学生都缺乏毅力和意志。

"坚毅者挑战计划"正是将这三者有机结合，帮助学生继续打好学习生活基础，培养学生良好的学习生活习惯，并在"挑战"中磨炼学生的意志品质，培养坚毅的个性。

### （二）契合疫情防控下的教育需要，将学校、家长和学生三者有机结合起来

任何教育活动都需要抓手，但疫情防控期间，尤其是放暑假后，学

生居家学习生活状态比较松散，家长着急，学生基础不牢、能力不足、意志不强等问题都亟待解决，但由于家长的话孩子往往不太容易能听进去，即使想努力帮助孩子改变和提高，也都会感到心有余而力不足。开展此次主题教育活动，以家庭为载体，以班级为核心，以学生为主体，将家庭、学校（班级）和学生三方有机结合，实现了较好的家校合作，因而达到了良好的教育效果。

### （三）活动有延续，充分体现了"坚毅"的本质

本活动持续了将近 1000 天，挑战内容从学习、生活习惯，到个人兴趣，再从劳动习惯到正念练习；单项挑战内容的时间从一个月延续到数个月，再到持续一年；监控方式从他律到自律的转变等，都充分体现了"坚毅"的本质，为培养学生良好的学习行为习惯、坚定的意志品质乃至幸福的人生奠定了基础，也为党培养合格的少先队员和后备军奠定了坚实的人格基础。

## 四、案例点评

亟须提升青少年的意志力，培养"坚毅"品质几乎是当今教育的共识，高质量教育的必然要求，也是教育工作的难点。这个案例最感动人的不仅是文字优美，更是坚持近 1000 天的实践；这个案例最可宝贵的不仅是活动设计的精彩，更是立足学生生活实际的能力的提升；这个案例最大的价值不仅是理念的先进，更在于教师付出背后包含的教育爱。这种教育爱让这个活动坚持了近 1000 天，这种教育爱让一个活动转化成一种教育，让学生在"坚毅"的道路上不断提升。

# 版画印出育人印记

田　君

## 一、案例背景

习近平总书记指出：美术教育对塑造美好心灵具有重要作用。教师更要坚持以学生为中心、以活动为中心、以经验为中心，做好美育工作，坚持立德树人。

与此同时，《义务教育艺术课程标准》（2022 版）以习近平新时代中国特色社会主义思想为指导，全面贯彻党的教育方针，遵循教育教学规律，落实立德树人根本任务，发展素质教育。以人民为中心，扎根中国大地办教育。坚持德育为先，提升智育水平，加强体育美育，落实劳动教育。反映时代特征，努力构建具有中国特色、世界水准的义务教育课程体系。聚焦中国学生发展核心素养，培养学生适应未来发展的正确价值观、必备品格和关键能力，引导学生明确人生发展方向，成长为德智体美劳全面发展的社会主义建设者和接班人。

坚持以美育人，以落实核心素养为主线，引导学生感受美、欣赏美、表现美、创造美。重视艺术体验，强调艺术课程的实践导向，提高学生的艺术素养和创造能力。

## 二、案例描述

2022年4月21日，我作为代表在北京市"庆建党百年，铸红色印记"版画教学研讨活动中，做三年级教学研究课"快乐的童年"。

学生已学习过"吹塑纸版画"，对版画已有初步的认识并且已经掌握了版画的基本印刷方法。本课是在此基础上，引导学生进一步学习纸版画的知识。"快乐的童年"一课在全套教材版画系列内容中非常重要，因为在纵向版画系列内容的学习中，四年级下册《北京的城楼（二）》、五年级下册《有趣的纸版画》、六年级上册《制作藏书票》等课业内容都涉及运用纸版画的技法，所以本课具有承上启下的作用。

另外，本课教学内容紧密联系学生生活，因为在孩子们的童年生活中都会留下许多美好而快乐的生活场景，与伙伴们在一起玩耍做游戏、参与丰富多彩的活动等，都可以成为学生们在本课学习中所表现的内容。在本册前一课《给同学留个影》的学习中，学生们学习拍摄了一张张记录着快乐、记录着参与各项活动美好情景的照片，这对本课学习是一个铺垫。

教师将"快乐的童年"设计成为一个版画单元。第一课时，教师和同学们共同回忆了在北京景山学校学习的美好时光，创设"攀峰版画展"情境，让每一个学生都以版画家的身份参与到本课的学习当中。并根据自己参加的社团，运用快乐的小纸人，快速地制作出参与学校特色活动的快乐场景：有奋勇拼搏的排球队、有劈波斩浪的游泳队、有婀娜多姿的金帆舞蹈团，有运笔行云流水的金帆书画院，有精益求精的机器人社团，更有热爱生活的同学们劳动的场景。

第二课时，就是我们的研究课，我们"变废为宝"将平时收集的材料，用到版画创作中，创造性地运用生活中的材料丰富版画的细节和肌理效果。

在导入环节，我们将同学们已做好的作品进行展示，教师通过语言、背景音乐使同学们感受到童年的美好和校园生活的丰富多彩。

在探究新知环节，我先请同学们看一看、摸一摸我们收集的这些材料，在感受不同肌理的特点的同时对比不同时期童年物质生活的丰富程度，使学生更加珍惜现在的幸福生活。选择不同的材料，通过印一印，说一说，让学生感受、了解不同材料印制出的肌理效果。并尝试总结出：包水果的塑料网能印出粗斜线图案；包巧克力的锡纸能印出随机的冰裂纹图案；防撞泡泡能印出规则的点点图案；瓦楞纸能印出规则的直线图案；纱网能印出网格图案。

学生通过看书，欣赏名家和同龄人的作品，自主探究如何在版画中使用这些有趣的肌理效果。从作品入手感受不同国家儿童的童年，使学生更加珍惜现在的幸福生活。

在学生艺术实践环节，以组为单位进行创作。适当运用废旧材料为版画添加场景和装饰，并把他们印制出来。在创作的过程中，感受不同材料的美感，回味学校集体活动的快乐，体验变废为美的成就感。

在评价设计方面，教师采用了多种评价方式，涉及学习态度、过程表现、学业成就等多方面，贯穿学习的全过程和教学的各个环节。针对不同的环节量化布置方法，我们会在课堂的活动中，比如在小组汇报、个人讨论、个人展示后，采用交流、举手评价的方式，利用学生自己绘制的成长进度袋最大限度地直观展示学生的整个成长过程。做到自评、互评、师评相结合，过程性、结果性评价相结合。在评价过程中感受自己身边的美和幸福，如运动场的拼搏之美、书画社的优雅古典之美、打扫卫生时的劳动之美。美就在我们身边，幸福就在我们脸上。

在研究课结束后，同学们没有立刻离开教室，而是收拾好教室的环境卫生。帮助学生学会与他人合作劳动，体会到劳动光荣。使学生树立正确的劳动观点和劳动态度，热爱劳动和劳动人民，养成劳动习惯。

## 三、案例分析

一节美术课通常不过 40 分钟，但历经精心梳理、精巧设计后，却能很好地折射中小学校思政工作中的特色亮点，激发教育工作者的育人智慧，彰显教育的专业创新，真可谓"美术课，大作用"。

### （一）以总书记的讲话、美术课程标准、美术核心素养为指导思想

本课题属于"造型·表现"领域课程。本教学设计面对全体学生、激发学生的学习兴趣，力求体现素质教育的要求。主要采取问题导向式的教学手段，培养学生独立思考问题并解决问题的能力，把灌输式的教学模式转化为兴趣驱动式的自主学习。通过不断地思考、探究，引导学生发现并找到解决问题的"钥匙"。发挥美术教学特有的魅力，让学生充分体会到成功的喜悦，树立学习的自信心。并使这种兴趣持续保持进而转化为持久的情感态度。通过学生亲自动手摸一摸、试一试、想一想、印一印等多种体验手段，充分感受纸版画的特性，并了解不同的材料印制后产生的不同肌理变化。在"玩"的过程中最大限度地激发学生的学习兴趣，并在整个学习过程中不断地自我探索新知，体验成功的喜悦。

（二）在本课的教学中，教师充分利用各个环节，不断启发学生进行回忆交流，让学生感受童年生活的美好，珍惜现在的幸福生活

在导入环节，教师利用记录学生美好童年生活的图片、音乐和同学们创作的版画作品，启发学生进行回忆交流，让学生感受童年生活的美好。使学生更加珍惜现在的幸福生活。在探究新知环节，面对琳琅满目的材料，教师引导学生对比不同时期童年物质生活的丰富程度，使学生更加珍惜现在的幸福生活。在欣赏不同年代、不同国家的作者创作的描绘童年生活的版画作品的同时，感受不同国家儿童的童年，使学生更加珍惜现在的幸福生活。在体验制作纸版画的过程中，培养学生对艺术实践、版画制作的热爱之情。在评价环节，学会欣赏他人作品的优点，感知身边的美，发现生活中的幸福更加珍惜现在的幸福生活。在课程结束后，与劳动教育相结合，帮助学生学会与他人合作劳动，体会到劳动光荣。

（三）利用废旧材料，变废为宝，培养了孩子们的节约意识

同学们利用废包装、破纱窗等旧物，经过巧妙构思，将自己的版画变得更加富有美感，变废为宝，在动手动脑的过程之中，体会艺术实践的快乐，养成劳动习惯，培育劳动素养。诸葛亮在《诫子书》中有言："夫君子之行也，静以修身，俭以养德。""变废为宝"，不仅仅是勤俭节约的需要，更是修德、育人的需要。生活即课堂，对废旧物品的再利用，既减少了对环境的污染和伤害，又可以让同学们感受创造生活的美好。

## 四、案例点评

"版画印出育人印记"注重让学生结合生活和社会情境，运用美术学科的技能进行创作和表现。在欣赏不同年代、不同国家的作者创作的描绘童年生活的版画作品的同时，感受不同年代、不同国家儿童的童年，引导学生珍惜现在的幸福生活，增强民族自豪感和爱国情怀。在整个教学过程中培养学生正确的审美，提高学生欣赏美、创造美、感受美的能力。体现艺术课程立德树人的根本任务，并以美育人，艺术体验贯彻始终。

# 动态之美

张楚仪

## 一、案例背景

《义务教育艺术课程标准（2022 年版）》提出了"坚持以美育人"的课程理念，从"引导学生积极参与各类艺术活动，感受美、欣赏美、表现美、创造美，丰富审美体验"等多个角度，阐释了"以美育人"的概念和具体做法。

美育，即审美教育，以培养人的审美素养、审美能力等为主要目标。当美育的思想和理念渗透在学科教学中时，不仅能够让学生把握基础的学科知识和技能，还能使他们具备欣赏美和创造美的能力，挖掘美术作品和现实生活中的审美要素。为此，在小学美术学科的教学中，教师要遵循以美育人、美美与共的原则，将美术学科中的基础教学内容、创新性教学活动，与美育思想融合为一体，为学生创造审美与鉴赏的空间，从而完善美术课程教育体系。

"五育"即德育、智育、体育、美育和劳育，坚持德育为先，提升智育水平，加强体育美育，落实劳动教育，加强"五育融合"是促进学生全面发展的重要措施。新课标背景下，美育是小学教育的关键组成部分，也是"五育并举"育人模式中的关键内容，而美术学科是小学艺术课程的重要内容，它具有美育的功能和作用。

## 二、案例描述

"体育给艺术以灵感，艺术给体育以品位。"当下，"五育并举""五育融合"，已经成为新时代中国教育变革与发展的基本趋势，是最值得关注的发展方向和路径之一。美术是创造美，体育是展现美，在人类历史发展长河中，美术和体育自始至终都是一体。它们具有着共同的根源，它们都来自人类的劳动实践，更是在实践的过程中不断地发展和独立出来的。

本课《动态之美2》属于"造型·表现"类艺术实践，具有承上启下的作用。与五年级第9课《展现瞬间之美》、第10课《动态之美1》、第12课《动态之美3》，都是以"动态美"为主题的单元内容，形成人物的动态表现的单元学习，进一步巩固人物动态的表现方法。本课旨在让学生初步了解线材造型的特点，学习用线材进行造型的方法。

在《动态之美1》中，学生已经运用剪影的形式了解、表现人物动态的外形。在此基础上，第二课侧重学生运用中性线材进行人物造型，表现人物的动态美。通过观察生活中的人物动态，用易加工的中性线材把各种动态的人物按比例立体弯折出来，感受动态美的多样性。鼓励学生发现美、表现美，提高审美能力。

五年级的学生通过前四年的学习，有一定的观察、分析与造型能力，但大部分同学用线材塑形能力相对较弱。本课艺术实践需要选择易于加工的中性线材，运用弯折、组合等方法进行有意图的造型活动。五年级同学在之前的劳动课接触过纸藤（一种用纸包裹的铁丝），所以可以选择这个学生们比较熟悉且便于塑形的材料，方便学生能运用立体造型的方法，使用线性材料，记录与表现所见的人物动态。

本课紧密联系学生生活，学生在实践时从自己身边的动作开始联想，如：做操时的动作、运动中的动作、做值日的动作等，用线造型生动表现生活中、课堂上的动态等。

本课在导入环节，教师通过让学生欣赏视频中的平时生活中、运动活动中、课间操中的动态美，并说出美在哪里，唤起学生前两节课已有的记忆和认知。

在探究新知环节中，教师展示力量美、舒展美的运动员图片，学生尝试快速地概括出图片中人物的动态。让学生自主探索如何快速表现动态，总结出动态也可以用线条来表现，为后面用铁丝这种线材表现动态做铺垫。

学生第一次对比观察，通过对比发现，两个作品的相同点是都用线条来表现动态，不同点是一个是平面的，一个是立体的。学生再通过观察可以发现立体作品是用铁丝缠绕的方式制作出来的。第二次对比观察，对比《约瑟芬·贝克》和《掷铁饼者》，学生通过对比发现，《掷铁饼者》风格是写实的，《约瑟芬·贝克》是抽象的。接下来是第三次对比观察，对比《约瑟芬·贝克》和同学模仿照片，学生通过对比发现，雕塑作品夸张了人物的比例和动态，运用概括的方法，去掉过于烦琐的细节，凸显人物特点，重点表现人物动态。本环节利用观察比较法引导学生对比欣赏，培养学生多角度观察思考问题的能力。通过 3 次对比，层层递进地引导学生，自然而然地通过比较判断，总结出线材雕塑作品的特点。

学生欣赏表现生活中的玩滑板、拉小提琴、唱歌等动作的动态线材人物视频，通过观察学生总结出，可以采用缠绕、折、弯曲等方法制作出线材人物。接着学生大胆尝试快速制作一个线材人物，并找到制作中出现的问题，本环节培养学生自主观察、尝试制作、分析问题的能力。找出问题后，接下来教师利用示范解答学生在尝试制作中遇到的问题，示范环节依据人物动态规律，大胆运用基本方法，概括、夸张、生动地表现人物形象特征，调整人物的动态，完善作品，突破本课的重难点。作品完成之后，欣赏同龄人巧用废旧材料与线材进行组合的作品有助于开阔学生的视野，激发学生的学习兴趣，培养学生的观察分析能力。

接下来，教师鼓励学生动手尝试，观察生活中人物的动态，捕捉美的瞬间，用线材生动、有趣地表现人物动态美。对于动手快的同学教师还可以引导学生将作品进行组合，完成一组场景。作品完成后，学生两人一组，同学之间分享自己的作品，找到彼此作品中有趣的地方，在彼此倾听的过程中，学会尊重，学会悦纳。

## 三、案例分析

从美术课程教育与思政教育的内部逻辑看，德育、智育、体育、美育、劳育是互联互通的，五者之间存在共同的教育逻辑关系。这种"五育并举""五育互通"的逻辑关系为中小学美术课程教学开展课程思政提供了理论基础与现实依据。

### （一）以习近平总书记的讲话、美术课程标准作为指导思想

本课属于"造型·表现"类艺术实践，本教学设计面对全体学生、激发学生的学习兴趣，力求体现素质教育的要求。主要采取问题导向式的教学手段，培养学生独立思考问题并解决问题的能力。利用观察比较法层层递进地引导学生进行3次对比欣赏，培养学生多角度观察思考问题的能力，自然而然地通过比较判断，总结出线材雕塑作品的特点。通过制作实践作业，让学生充分体会到成功的喜悦，树立学习的自信心。

教师除了向学生讲解重点知识外，通过欣赏运动员照片，引导学生体会其背后蕴含的家国情怀、爱国主义精神等，使学生形成正确的价值观，增强学生的民族认同感。

## （二）在本课的教学中，教师引导学生观察生活中运动的美、劳动的美，发现动态美就在身边

本课在导入环节，教师通过让学生欣赏视频中的平时生活中、运动活动中、课间操中的动态美，启发学生进行回忆交流，感受身边的美。学生欣赏表现生活中的玩滑板、拉小提琴、唱歌等动作的动态线材人物视频，启发学生生活中有很多动态美，都可以做线材人物。学生回忆、观察生活中人物的动态，捕捉美的瞬间，用线材生动、有趣地表现人物的动态美。在评价环节，学生两人一组，同学之间分享自己的作品，找到彼此作品中有趣的地方，在彼此倾听的过程中，学会尊重，学会悦纳。在拓展环节，教师引导学生发现身边的美，有老师们认真上课、专心判作业的工作的美，有校园保洁阿姨、送饭师傅的劳动美，也有学生专心致志学习的美。学生感知身边的美，发现生活中的美，美就在身边。

## （三）巧用废旧材料，打开创作新思路

学生欣赏同龄人巧用废旧材料与线材进行组合的作品，为学生打开思路，有助于开阔学生的视野，激发学生的学习兴趣，培养学生的观察分析能力。学生在自己的作品中巧妙利用废旧材料，使作品变得更加有趣，发挥学生的创意与个性，同时，废旧物品变废为宝，有助于学生养成勤俭节约的好习惯。

## 四、案例点评

"动态之美"在教学目标、内容、设计、组织形式等方面都体现了2022版艺术新课标的教学理念。通过欣赏运动员照片，引导学生体会其背后蕴含的家国情怀、爱国主义精神等，使学生形成正确的价值观，增强学生的民族认同感。在学习的过程中培养学生专注和精益求精的工匠精神。鼓励学生动手尝试，观察生活中人物的动态，捕捉美的瞬间，用线材生动、有趣地表现人物动态美。引导学生观察生活中运动的美、劳动的美，发现动态美就在身边。

# 你避我让　写好中国字

陈永兴

## 一、案例背景

2022 年 9 月 14 日，国务院学位委员会、教育部印发《研究生教育学科专业目录（2022 年）》《研究生教育学科专业目录管理办法》。将"美术与书法"正式列为一级学科，自 2023 年下半年启动招生的研究生培养按新版学科专业执行。书法学科地位的上升与书法教育的持续升温，一方面加快推进了书法本体研究的进程，另一方面体现出书法在德育、美育方面的独特优势。

历史悠久的书法艺术，记录着中华文明发展进程，承载着中华优秀传统文化，蕴含着丰厚的中华美学精神，是以美育人、以美化人的重要抓手。无论是婉转修长的篆书、蚕头燕尾的隶书，还是潇洒奔放的草书、方正规矩的楷书、如行云流水般的行书都体现着中国文化之美。

古往今来，书法作品的格调还往往同创作者的道德修养相联，欣赏者可以从翰墨中得见创作者的心境、人格、情感与个性，因此，中小学开展书法教育是开展德育、美育的有效载体。作为一线中小学书法教师，我除了教学生书写技法，还注重培养学生书写能力和良好的写字习惯，陶冶学生的艺术情操，增强文化自信与爱国情感。本案例即通过汉字左右结构需要相互避让的结构特征，从而引申到同学们在校园、生活中也要注意相互避让，和谐相处，培养学生友善、谦让的良好品德。

## 二、案例描述

　　学校四年级开软笔书法课，使用的教材是《颜勤礼碑》，经过上学期的基本笔画的学习，基本掌握了毛笔的执笔要领与书写姿势，初步学会了利用米字格来把握字的笔画与结构，大部分同学基本掌握了颜体基本笔画的写法和部分左右结构字的书写规律，本节课继续学习左右结构的字。

　　《左右相同的字》是人民美术出版社四年级第八册第十五课的内容。它属于汉字结构的学习内容，学生在前边已经学习了基本笔画和部分左右结构的字。左右相同的字在书写时要注意左右两部分的避让穿插关系。在教学中，本节课通过汉字左右结构需要相互避让穿插的结构特征，引申到同学们在校园、生活中也要注意相互避让，和谐相处，从而在书法教学中渗透德育。下面就该课例实际操作过程作一阐述说明。

　　本课以造字游戏作为导入，首先老师摆出一个人作揖的形态，让学生造一个字，学生造出"人"字。然后让两个学生上讲台，老师指导出示学生通过身体摆的"从、比、北"造型，让学生猜一猜都是什么字？然后提问学生这类字有什么共同特征？同学们思考后回答左右两部分都是由同一字组成。从而，引出我们今天学习的课题是"左右相同的字"。接下来出示"木"字和"林"字的甲骨文图片，简单说明，引出今天要学的例子"林"字。

　　在技法讲解之前，先让学生自己临写颜体楷书的"木"字和"林"字，并要求在临写过程中思考：林字的两个"木"字与单独书写的"木"字有哪些变化？学生完成临习后，对学生临写作业作点评，并让学生回答前面问题。然后教师总结：左边木字捺变点、横变短，右边"木"字撇变短。教师继续提问：为什么要作出这些变化？同学们都说出了原因：左右两部分要相互避让。这时教师总结，并讲述一个书法小故事。

据史书记载，颜真卿的老师张旭，有一次见到两担夫在羊肠小道上相遇，开始各不相让，僵持了一阵后，两担夫相互巧妙地避让，竟走过了狭窄的道路。这本是一件平常的小事，张旭却从中领悟到书法中结构布白的道理，因此书法大进，被后人尊称为"草圣"。这就是"担夫争道"这一典故的由来。它对书法的启示是，在狭窄的空间书写时，各部件要注意相互穿插、避让，使各部分协调，成为一个整体。

接下来，播放两个学生挑着篮球分别上下楼模拟担夫争道的视频，加深理解。两个学生一个上楼一个下楼，都挑着担子，而楼道却很狭窄，如果两人都横行的话，肯定会"打架"，最终谁也过不去，而当两人都侧身，相互避让，在避让的同时，他们一侧担子同时也是向前"趋就"，这样两人就"和谐"地通过了狭窄的楼道。生活中需要相互避让，我们的汉字结构也是这样的，只有汉字的各部件之间相互避让，这个汉字才能和谐统一，不然则要么四分五裂，要么眉毛鼻子挤一起，汉字之美就无法展现。

接下来回到例字，出示"林"字图片，引导学生两人一组讨论，分析"林"字左右两部分的关系。学生讨论总结出"林"字的结构特点是：左小右大，左右错落穿插。这时，老师才示范一遍"林"字，让学生再临写六次。学生临写过程中，老师提醒书写姿势，进行个别辅导，纠正错误，红笔画圈鼓励。

作业点评环节，让学生大胆展示自己的书写，将作业粘贴到黑板上，然后采取自评与互评形式。在评价之前，先引导学生在评价时，先说出自己的优点，然后再提出一些需要改进的意见。这样可以让学生建立自信与学习他人的优点。

　　第 2 个例字"竹"字主要采取学生自主学习的方法。首先图片展示"竹"字的楷、行、篆、隶、草五种字体，让学生运用刚学到的知识来分析"竹"字的左右两部分的关系。老师根据学生回答进行总结：左小右大，穿插避让，横变成点。然后，学生再观察老师示范，进行练习，最后再进行"竹"的点评与展示。

　　本课的拓展环节是出示颜体左右相同结构字的碑帖原字，让学生总结出书写此类字的规律，再次强调避让穿插的重要性。

　　在本课结束总结环节，再次展示"担夫争道"的图片，让学生向张旭学习，善于观察生活，从生活中去发现书法的秘诀。让孩子们举例校园中和生活中发生在自己身上或所见到的相互谦让的事例。对学生的文明友善行为进行表彰，提倡同学们在生活中要注意相互礼让，让校园和社会更加和谐团结。


## 三、案例分析

　　左右相同的字，在书写时关键是要注意左右两部分相互穿插、避让协调合理。为了让学生更好地理解这一类字的避让关系，掌握书写规律，我用了"担夫争道"这一典故来说明问题。"担夫争道"是书法史上有名的典故，史书记载，张旭见"担夫争道"而得笔法。它在书法中的启示是，在狭窄的空间书写时，部件要注意相互穿插、避让，使各部分协调，成为一个整体。这一典故可以帮助孩子们比较直观地理解书法中的避让关系，从而掌握左右相同这类字的书写规律。并且避让关系可以引申到学校德育中来，让学生在提高书写水平的同时，培养学生文明礼让的美德。

书法史中的典故与小故事，给我在教学中如何让学生更立体、更简单快速理解书法技能与书法文化带来很大启发。本教学设计最大的特点就是发掘书史中的典故，并通过观看学生模拟视频，让学生更好地理解书法中的避让关系，以及启发学生注意观察生活，从生活中去感悟和发现艺术的规律，告诉孩子们艺术源于生活。我觉得这样设计能让学生更容易理解书写技法，并通过训练较快地掌握书写方法。

## 四、案例点评

课例"你避我让　写好中国字"体现了 2022 版新课标的理念，聚焦学生核心素养，教学设计中充分体现课程的育人价值。陈老师引用"担夫争道"这一典故来说明左右相同的字，在书写时关键是要注意左右两部分相互穿插、避让协调合理。通过汉字左右结构需要相互避让的结构特征，引申到同学们在校园、生活中也要注意相互避让，和谐相处，从而在书法教学中渗透德育，培养学生良好的品德。同时，通过软笔书法的练习陶冶学生的艺术情操，增强文化自信与爱国情感。

# 永字八法

李泽华

## 一、案例背景

　　"永字八法"是中国书法用笔法则。以"永"字 8 笔顺序为例，阐述正楷笔势的方法：点为侧，侧锋峻落，铺毫行笔，势足收锋；横为勒，逆锋落纸，缓去急回，不可顺锋平过；直笔为努，不宜过直，太挺直则木僵无力，而须直中见曲势；钩为趯，驻锋提笔，使力集于笔尖；仰横为策，起笔同直画，得力在画末；长撇为掠，起笔同直画，出锋稍肥，力要送到；短撇为啄，落笔左出，快而峻利；捺笔为磔，逆锋轻落，折锋铺毫缓行，收锋重在含蓄。学生学会"永字八法"，掌握书写的表现技能，并通过研究分析古代书法大师与当代书法名家的作品，使学生掌握书法书写的基本技能，熟悉传统字体和风格。结合自身平时所学，提高书法水平和艺术修养，建立个性化的书法品位。掌握书写中的步骤和主要技法、提高学生的书写能力和立意。通过系统学习，提高学生的传统文化修养，增强学生的民族自尊心和自豪感，为今后的社会主义文化建设及自身的创新创业打下良好的理论和实践基础。掌握汉字的造型特征、书写要领，实现中华传统文化在书法课上的立体渗透，让学生从书法课中深入领会到中华传统文化的内涵与精髓，激发学生对中华优秀传统文化弘扬和继承的积极性和主动性。

## 二、案例描述

### （一）案例的引出

①我们在学习楷书的过程当中，经常有同学问我为什么在很多教材或者字帖的封面经常看到这样一个"永"字？

②是否了解"永字八法"的起源和内容？

### （二）案例内容

①案例形式：教师书写示范 + 讲授。

②字帖名称：《兰亭序》《颜真卿多宝塔碑》。

③有一种说法为它来源于书圣王羲之所写天下第一行书《兰亭序》开篇第一个字，其实最开始"永字八法"的萌芽源于王羲之的老师——卫夫人，她所作《笔阵图》中有关于汉字笔画审美的论述，比如它里面讲"横如千里云阵"那种开阔、辽远、一望无际的那种气势，"点如高峰坠石"那种石头从高山上坠下来很有力量的感觉。

④像我们描述线条的质量高时，常以"屋漏痕"作喻。屋漏痕其实就是下雨时流淌在屋檐下方或是墙壁上的水痕，除了印记本身我们更多的是在观察雨水流淌下来动态的过程。用笔如破屋壁间之雨水漏痕，形态上复杂多变，风格上凝重自然，力道上极具张力。"屋漏痕"行笔，要求笔锋如雨水紧附墙壁一般"紧咬"纸面，或徐或疾、或涩或畅、或轻或重，仪态万方，自然前行。

⑤书法中关于笔画形态的描述，很多是来自于我们的生活和自然现象，横如千里云阵、点如高峰坠石等，所以我们要培养自己拥有一双善于发现美的眼睛。我们平时要注重这种观察的方法有助于我们发散思维、创新能力的培养。

　　课程开始我也谈道："永字八法"，并不是单纯的 8 种笔画，而是 8 种不同的用笔时候的状态，并且用的都是动词，阐述的是写楷书时的用笔法则。它更深刻地揭示了汉字的笔画形态来自笔法，用各种类比说明笔法有来自日常生活中的动作。做"永"字示范，同学们先有一个整体的感受，注意在我写的过程中体会用笔的方法。

　　⑥通过示范对于"永"字所包含 8 种点画进行逐一的讲解：

　　点为侧，如鸟之幡然侧下，我们在写点的时候要侧锋峻落，铺毫行笔，势足收锋。

　　横为勒，是勒马用的缰绳，作为动词表示收束，是由松向紧的状态转化，比如说"悬崖勒马"。用在笔法中，其动作为由轻快过渡到重缓。书写的时候要注意：逆锋落纸，缓去急回，不可顺锋平过。

　　竖为弩，用力也。看到这个字我们可能会联想到这种兵器，它后面的弦用力紧绷或者说箭发射出去时的状态、力量。书写时不宜过直，太挺直则木僵无力，而须直中见曲势。

　　钩为趯，既念 tì，也念 yuè，可能念 yuè 的话更容易理解，如跳跃。就像我们跳远的时候预备姿势一样，先下蹲，然后再发力跳起。书写时驻锋提笔，使力集于笔尖。

　　提为策，骑马用的鞭子，我们常见的词比如"策马奔腾"，在写的时候，笔法为重起轻落，起笔同直画，得力在画末。

　　撇为掠，如用篦之掠发，起笔同直画，出锋稍肥，力要送到。

　　短撇为啄，就像鸟的嘴啄物一样，书写的时候落笔左出，快而峻利。

　　捺为磔，裂牲为磔，裂牲是古代分裂牲体用来祭神的，也就是说书写的时候笔锋要开张，笔毫要铺开。

　　⑦中国书法富有增强民族认同感的魅力，正发展成为世界性的艺术。

书法展现在人们面前的首先是书者的人文修养、道德追求和精神气度，其次才是表现出技巧。书法特别强调书品与人品的统一，"苟非其人，虽工不贵"，"高韵深情，坚质浩气，缺一不可为书"。书艺一道，尤忠人品。书法与中国的文化相表里，是整个民族精神的外化。在几千年的书法发展史上，修身立品、完善人格，始终是书法的主旋律，书法也成了中国传统文化中最具经典标志的民族符号。

⑧除了认真观察生活和自然以外，我们静下心来认真书写、认真思考，不仅有利于我们提高自己的文化修养，深入领会到中华传统文化的内涵与精髓，也有利于在现在如此浮躁的社会环境当中平和心态、锻炼心性，于潜移默化中提高自己的审美观念，使自己的心灵得到净化，在超脱凡俗的胸襟里升华自己的理想。

故学书之道，入门要正，心态要平，入门正则能达其变，心态平则能通其灵，排除一切杂念，在这微妙的天地里通灵达变。

## 三、案例分析

### （一）重点分析：案例与本讲内容的关联度

通过本讲的学习，使学生掌握传统书法的基本理论、方法。掌握书写的表现技能，并通过研究分析古代书法大师与当代书法名家的作品提高学生的书法修养，提升传统文化修养。使学生掌握书法书写的基本技能；熟悉传统字体和风格。结合自身平时所学，提高书法水平和艺术修养，建立个性化的书法品位。

案例中需要学生掌握书写中的步骤和主要技法、提高学生的书写能力和立意。掌握汉字的造型特征、书写要领，实现中华传统文化在书法课上的立体渗透，让学生从书法课中深入领会到中华传统文化的内涵与精髓，激发学生对中华优秀传统文化弘扬和继承的积极性和主动性。

## （二）如何达成课程思政预期目标：采取适宜的教学方法和教学模式

①学习楷书要从笔画开始练起，练完了笔画就可以练习单个字了，《多宝塔碑》是需要一个字一个字地练习的，可以一个字写上三五遍，比较难写的字也可以多写上几遍，最好不要一个字写一遍，容易写得不够深入，有了错误也不能及时改正，多写几遍不仅可以及时改变错误，还可以强化记忆，重复记忆。等这样写了几遍以后，可以选择通篇临写，也就是我们常说的通临，通临的时候就是一个字写一遍了，每一个阶段的要求都是不一样的。

②先从"永字八法"入手，研究侧、勒、努、耀、策、掠、啄、磔诸法及其化势，这些基本点画是构成字形结构最为基本的要素，《汉溪书法通解》谓："凡学必有要，若网在纲，有条而不紊，永字者众字之纲领也，识乎此则千万字在是也。"若一点失所，如美人之眇目；一画失所，似壮士之折一肱，势必就会破坏字形的美。点画既备，次则研究字形结构，唐有欧阳询大字结构三十六法，明有李淳大字结构八十四法，清有黄自元大字结构九十二法，初学者不必硬记，亦不必一遍遍通临，先择定数十字精临，力求点画妥帖，尽理，然后再通临以博其兴趣，由生渐熟，熟能生巧，结法自成。次则研究笔势，楷书以点画为形质，使转为性情，其势盘纡于虚，为无形之使转，虽笔断而意连，形不贯而气贯，写到得势时，自然会生动起来。次则研究行气与章法，点画与点画之间、

字与字之间、行与行之间的微妙关系以及落款、钤印、幅式、装潢形式等。最后再研究笔意，即通幅作品的统一笔调和精神境界。

③教师通过书写示范讲授用笔方法。用笔不外乎有方圆、中侧、藏露、曲直、滑涩、肥瘦、刚柔、迟速、虚实之分，虽有主次，但都必须控制在"度"的范围之内，过方则刚而不韵，过圆则弱而无骨；用笔太快笔即直过，意思浅薄，太慢则笔机凝滞，骨肉冻痴；用笔过直则无力，过曲则失劲；太肥则臃肿，太瘦则露骨；太虚则浮怯，太实则沉闷。而贵乎骨肉相称，刚柔相济，虚实相兼，方圆并用乃妙。书写楷书时要求每一点画能完满到位，一丝不苟，使其点画有一种圆浑饱满的立体感。特别是楷书大都以方笔为主，而方笔中的棱角、锋芒、转折、钩趯、撇捺、挑剔处蕴含着最为基本的"永字八法"，运用得好，自然富有神采，这种笔法对初学者来说只有在书写楷书中得到解决。其实我很反对"书法是一种线条的艺术"这种说法，在古代书论中亦从未提到"线条"二字，"积其点画，乃成其字"，点是画的缩短，而广义的画都是一种富有韵律变化，形质动荡富有生命力的笔形。如果我们仔细观赏古人的楷书，几乎没有一画是一样粗细的线条，其中有轻重、有徐疾、有虚实、有浓淡枯湿的变化，亦几乎没有一画是笔直笔平的，它总是于不直中求直，不平中求平，或仰或覆，或向或背，充满着一种动人的姿态，而这一切微妙的变化都能在楷法中表现得淋漓尽致。

## 四、案例点评

书法是中华民族的文化瑰宝，书法教育对培养学生的书写能力、审美能力和文化修养具有重要作用。"永字八法"是中国书法的基本用笔法则，每一法则都用日常生活中的动作来类比，该案例用这一传统的教学方式，将传统文化融入书法教学，让学生能从中深入领会到中华传统文化的内涵与精髓，激发学生弘扬和继承中华优秀传统文化的积极性与主动性。同时，通过掌握汉字的造型特征、书写要领，引导学生在书写中提高自己的文化修养、锻炼心性，在潜移默化中提高自己的审美能力。

# 品读人物通讯，学习时代楷模

张亚南

## 一、案例背景

《普通高中语文课程标准（2017年版2020年修订）》强调了思想教育的重要性和人文养成教育的必要性，对学生思想道德培养提出了新的要求。在课程目标的总括部分中指出："学生必须自觉遵守社会主义核心价值观，坚定文化自信，树立积极的人生理想。"这阐述了德育教育在语文课程中占有不可替代的位置，立德树人成为语文教学的基本理念。在新课程标准的引导下，语文课程的特点、性质及育人功能得到了全方位的拓展与升华，在普通高中语文教材中，也增加了大量体现中华优秀传统文化、革命文化和社会主义先进文化的作品。在这样的背景下，在牢牢把握新课标的同时，重点发掘教材中的思政元素，使之融入日常的教学活动中，已经成为语文课程的重要体现。

## 二、案例描述

不同时代有不同的楷模，他们都为国家的发展与社会的进步作出重大贡献。他们身上有特殊的时代印迹，同时又都具有相同的初心。普通高中《语文》必修上第二单元和选择性必修上第一单元选取了四篇人物通讯，大力宣扬了我国优秀的共产党员基层干部焦裕禄和新时代杰出的先进人物袁隆平、张秉贵、钟扬等楷模的先进事迹，教学中可以充分整合学习资源，将思政建设和语文教学有机结合。本课例旨在让学生了解上述先进人物的先进事迹和精神世界，接受榜样的教育和鼓舞，感受时代对崇高事业、伟大精神的呼唤，理解中华民族伟大复兴的精神基石。同时从撰写人物通讯的写作角度，引导学生体会选材、剪裁和评论等重要写作方法。

单元学习任务一：阅读人物通讯，了解通讯人物的先进事迹。

通读单元课文，《县委书记的榜样——焦裕禄》《喜看稻菽千重浪——记首届国家最高科技奖获得者袁隆平》《心有一团火，温暖众人心》《"探界者"钟扬》。查阅相关资料，归纳文章所涉及的各年代的时代楷模的主要功绩（事迹），概括其精神品质，完成学习任务单。

单元学习任务二：召开"我讲时代楷模的故事"演讲会。小组活动，推荐宣讲员，聚焦本单元某一个通讯人物，讲述人物先进事迹。注意突出宣讲的立场和态度，讲好突出表现通讯作者倾向性的评论，注意体现人物的精神品质对时代的影响。

可参考的角度：

① 1966 年 2 月 7 日，《人民日报》刊登新华社播发的长篇通讯《县委书记的榜样—焦裕禄》，并发表社论《向毛泽东同志的好学生—焦裕禄同志学习》。报道发表后，全党干部掀起了学习焦裕禄的热潮。

②袁隆平这样的知识分子作为杰出劳动者能充分发挥自身优势，勇于担当，敢于创新，服务社会，报效人民。他的创造性劳动能够为社会发展和时代进步提供重要的人才支撑、智力支撑、创新支撑。为了培育杂交稻，他"挽起裤腿走下稻田"，"头顶烈日，脚踩淤泥，弯腰驼背去寻找天然雄性不育株"，弘扬了辛勤劳动、脚踏实地的劳动风尚。

③张秉贵 1955 年到北京市百货大楼当售货员。1958 年加入中国共产党。从事商业服务数十年，退休以后仍到柜台售货。他从为人民服务的信念出发，为顾客提供热情周到的服务，成为那个时代商业服务领域的学习榜样，他身上的精诚服务的精神至今仍需要大力提倡。

④钟扬以一个植物学家的视角，思索生命的价值和意义。正如一个物种中的先锋者会为整个群体乃至物种作出牺牲一样，他在探寻生命的边界时，甘愿成为一个先锋者，为社会的发展奠定基础，以实现"生命的高度"。他辛勤工作，不怕风险，攀登到中国植物学家采样的最高点，具有心系科学、情系祖国、胸怀人类的品质。

单元学习任务三：在前述学习活动的基础上，以"我心中的新时代榜样"为主题，开展写作活动，选择一位你最钦佩的新时代人物或团队，通过网络、书刊，查阅他们的事迹，以人物通讯的形式展现你心中的时代人物或团队。

## 三、案例分析

### （一）立德树人，在语文课堂中加强青少年思想道德建设

加强立德树人教育，努力做到启智润心，避免在课堂教学中采用生硬的说教方式，按课程标准的要求，创设综合性学习活动情境，引导和组织学生围绕单元学习任务，开展自主、合作、探究学习，以促进思政教育在课堂的落地生根。本课体现了课程标准和教材编写所追求的课程整合的理念，以布置任务、设置情境、组织活动来实施。首先指导学生阅读，研讨社会主义革命、建设、改革过程中涌现的英雄模范事迹；其次动员学生讲时代楷模的故事，感受他们无私无畏的爱国精神，体会为

社会主义建设不计回报、辛勤劳动、不断创造的高尚品质；最后鼓励学生动笔写，用新时代榜样人物的事迹陶冶性情，坚定志向，奠定正确的世界观、人生观和价值观。

### （二）读写一体，加强理解人物通讯的文体特征

学习通讯报道，要学会准确把握新闻信息，学习以典型事件和细节表现人物品质的写法。同时我们要了解新闻事实和新闻背景的关系，理解新闻的倾向性，有意识地提升自己的媒介素养。《喜看稻菽千重浪——记首届国家最高科技奖获得者袁隆平》《心有一团火，温暖众人心》《"探界者"钟扬》3篇人物通讯，展现了3位当代杰出劳动者的风采。作为时代楷模，他们的劳动与业绩反映了时代精神，因此这3篇通讯的主题意义深远，具有广泛的影响力。作为典范的通讯作品，它们都具有通过典型材料，以生动的细节表现人物个性的特点。正是通讯中所表现出的人物的个性风采，使他们成为我们心中一个个有时代精神的劳动模范典型。

在报道人物及其事迹时，这3篇通讯也利用时代背景来帮助读者深入了解人物形象，认识人物功绩的价值，同时也揭示出时代精神的内涵。虽然新闻以"事实说话"，但记者的观点、情感往往会蕴含在新闻事实中，因此我们写通讯也要具有鲜明且正确的立场和态度，才能更好地表达思想情感，进行评价。从内容上说，这是由先进人物报道引导舆论的目的和宗旨决定的；从形式上说，也突出地体现了人物通讯这一文体的特征。

## 四、案例点评

落实立德树人的根本任务，培养时代新人，是一线教师教学实践应该认真思考的课题。"品读人物通讯，学习时代楷模"这篇教学设计引导

学生学习时代杰出人物融入国家发展，促进社会进步的感人事迹和精神动力，促进学生自觉接受榜样的教育和鼓舞，激励他们成长为有理想抱负，掌握知识本领，甘于奉献的劳动者。教学设计紧紧依托人物通讯，将社会主义核心价值观念与语文学科教育深度融合，在学生精神世界播下健康发展的种子。

# 勾股修身　微积致远

郇维中　凌　杰

## 一、案例背景

景山学校位于北京市核心城区，邓小平同志曾为学校题词"教育要面向现代化，面向世界，面向未来"，是一所以教育改革为目标而建立的学校。包含小学部、初中部、高中部，其中小学和初中实行九年一贯和五四学制培养方式，即小学五年制初中四年制，小学直升初中。

学生进入初中后要重新分班构建新的班集体，如何构建班级文化，并得到学生的认同，从而形成班级凝聚力是班主任工作的重中之重。作为一名数学老师，文化底蕴不是强项，也不善于组织丰富多彩的文化活动。这个短板困惑了我很长时间，找不到合适的方向和方法来构建班级文化，就在一筹莫展之际，教育界前辈提点我："可以发挥自己的长处，数学也有文化，也有育人的价值！"

开始尝试从数学学科角度构建班级文化，开展相关活动促进学生的文化认同，形成班级凝聚力。

## 二、案例描述

### （一）以数学文化为底蕴的特色班训

古之圣贤告诉我们，教育的目的就是"蒙以养正"，培养人之浩然正气，班级文化是班级的灵魂，优秀的班级文化能够达到"文以化之"的教育目的，能够帮助培养出有理想、有道德、有学识、有仁心的国之栋梁。

为了让学生们更加自然地认同班级文化，组织了一次以小组为单位，包含班主任在内全员参与的班训征集活动，历时一个月，所有小组均提出了自己的方案并加以解释。最终投票确定班训"勾股修身，微积致远"。

它散发着理性与人文的光辉，勾股有两层含义：①勾股定理是中华民族智慧的体现，它最早被记录在我国最早的数学著作《周髀算经》中。②勾股中的勾即表示直角三角形的短直角边也表示胳膊，股即表示直角三角形的长直角边也表示大腿，引申为言行。勾股修身就是指我们要通过规范自己的言行来达到修养身心的目的。微积也有两层含义：①微积分是近现代数学中非常重要的分支与工具，微积分的思想萌芽早已有之，魏晋时期的刘徽在割圆术中提出的"割之弥细，所失弥少，割之又割以至于不可割，则与圆合体而无所失矣"就有微积分的思想。②微积分也指我们既需要有远大的目标，也需要把远大的目标微分成一个个小目标，最终积跬步以致千里、积小流以成江海。

## （二）以逻辑严谨为特点的班级制度

数学有一个重要特点是严谨，在日常管理中经常用到一些"数学味的语言"，学生听起来觉得好玩，执行起来也觉得有章可循。比如做值日时我要求摆放笤帚要做到"共线"，垃圾桶的位置要与两墙面"相切"等。这些数学味的语言既让学生知道了做值日的标准，学会了严谨的做事方法，更让学生体会到了数学的有用。

数学的另一个特点就是计算，在感恩节前夕，我会开一个这样的班会，让学生算算"我至今已经花了父母多少钱"。引导他们从各个方面开始计算，吃穿住行，教育、医疗、旅游、零花钱等，从每日算到每月再算到每年。有些同学告诉我说"花了两百多万了"，其实具体的数额本身并不重要，关键在于通过计算让学生了解了父母为自己付出了很多，父母的爱是无价的，是无法计算的，要用心感受，用行动回报。

数学还有一个特点是逻辑性，我利用班会课出了这样一道证明题："已知：我爱你，求证：你爱我。"学生特别兴奋，那时候我们刚刚接触几何证明，证明的要求要做到"步步有据"。通过引导与讨论，最终得出各自的证明方法。

通过这次班会，告诉大家：只要你用心去爱每一位同学，每一位同学也都会爱你的，爱是相互的。因为有爱，班级才能成为学生能够健康快乐成长的乐园。

## （三）以数学知识为载体的文化活动

### 1. 班徽设计

我们的班徽是集体智慧的结晶，以五言律诗为基础随机分组，每个组展示自己的设计理念和作品，最终在一组设计的基础上结合其他组的想法确定了班徽：用 π 组成了大海，代表微积分，班徽的右上方是飞翔的鸽子，代表着和平、自由，左上方是一轮皎洁的月亮和一支笔。组成了我们二班的"二"字，月亮上画了几个手拉手的学生，代表了我们团结友爱。

### 2. 文化活动

六、七年级的时候，年级举办过两次"数学文化"展示活动，希望学生通过活动了解数学的一些历史以及数学家的故事、中华民族曾经在数学上取得的令人瞩目的成就、数学在生活中的应用，同时设计了很多数学游戏，例如魔方、九连环、T字之谜、解扣、猜数字等。数学大师陈省身曾给青少年题词"数学好玩"，玩的过程也是教学与教育的过程。我们班级在两次"数学文化"展示活动中都获得了第一名的好成绩。

八年级第一学期，年级举办了"十四岁的生日"主题活动，每个班需要设计一个徽章，我们的设计是一个立方体（寓意我们要学会从多角度分析和看待问题），立方体下面是 $\pi=3.1415$ L，其中 3+1+4+1+5=14 寓意 14 岁，"L"表示 $\pi$ 是一个无限小数，寓意虽然我们过了 14 岁，成为青少年，但我们的人生还很长，还有无限种可能。

利用班会课，开展了以二进制为知识基础的数学游戏，介绍了数字的起源与发展历史。计数方法中有两个重要方面——进制和位值。罗马数字中没有进制和位值的概念，表示数的规则比较烦琐，例如 V 表示 5，在左边加 I 表示减 1，即 IV 表示 4，在右边加 I 表示加 1，即 VI 表示 6，这样表示数的方法基本上不可能进行运算。埃及数字已经采用 10 进制，但没有位值的概念，采用累加的方式，这样表示数的方法可以进行简单的运算，但如果要表示比较大的数就必须发明新的符号。中国用算筹计数，采用 10 进制，并且有个十百千万等位值的概念，是比较先进的计数方法，即可以运算又可以表示非常大的数。大部分算筹是用竹子做成的，所以"算"这个字是竹子头。

### 3. 数学拓展

数学拓展的内容非常丰富，例如有趣的谜题、好玩的游戏、漂亮的定理等。并不等同于传统的以选拔为目的的奥数竞赛，通过数学拓展活动体现"奥林匹克"的精神，培养科学的态度。

### 三、案例分析

数学的育人功能主要体现在能促进人的理性思维水平的提升和科学精神的发展以及严谨求实态度的形成。

#### （一）数学有利于培养严谨的逻辑思维

数学是思维的体操，逻辑思维的培养不局限在数学课堂中，而是融入班级的日常管理中。对于我们绝大部分人来讲，学习数学并不在于最终学习了多少数学知识，就像庄子说的"吾生也有涯，而知也无涯。以有涯随无涯，殆已！"而且知识是会遗忘的。学习数学最终获得的是一种能力，一种以数学的思维来思考、分析、解决问题的能力，由于数学思维的概念太大，也没有统一明确的定义，也许称之为"数学素养"更合适。爱因斯坦在他的一次演讲中说道"一位哲人说过，当你把学校里学到的东西都忘掉以后，剩下的就是教育"，数学教育剩下的也许就是"数学素养"。

#### （二）数学有利于培养高雅的审美情趣

数学并不是由枯燥的公式堆砌而成的，数学是非常简洁而美丽的。数学之美可能体现在很多方面，例如一个漂亮的图形、一个简洁的公式、一个漂亮的证明等。著名数学家丘成桐曾说，他对数学有兴趣是因为初中二年半的时候念了几何。他认为平面几何漂亮得不得了，又严谨又很干净，清清楚楚地将一些命题写出来，让他很震撼，他觉得这是一个很漂亮的学科。

数学之趣也可能体现在很多方面，例如一个数学游戏、一张数学家的情书、一条神奇的莫比乌斯带等。著名数学家陈省身在 2002 年给青少年题词——"数学好玩"。

通过丰富多样的数学文化活动，提升学生学习的兴趣，发现数学中的美，从而也能在生活中发现生活中的真、善、美，并身体力行，知行合一，达到勾股修身的境界。

### （三）数学有利于培养勇敢的攀峰精神

中华民族是伟大而不屈的民族，创造了非常灿烂的文明。党的二十大为中华民族的伟大复兴指明了方向，从 2020 年到 2035 年基本实现社会主义现代化；从 2035 年到 21 世纪中叶把我国建成富强民主文明和谐美丽的社会主义现代化强国。这需要大量具有攀峰精神的人才！

学习数学没有捷径，就像当年欧几里得回答国王的提问时回答说："在数学的王国里没有专门为国王陛下铺设的道路。"也就是学习数学是需要踏踏实实，一步一个脚印，是需要付出艰苦的努力的。马克思曾说过"在科学的道路上没有平坦的大路可走，只有在崎岖小路的攀登上不畏劳苦的人，才有希望到达光辉的顶点"。我们需要经过艰苦的攀登，才能领略到那无限的风光。也就是学习数学的捷径就是没有捷径！

有兴趣和目标，那么在努力的过程中可以体会到乐趣，就像我们在攀登险峰的过程中，看到那无尽的漂亮风景，觉得很开心很快乐，觉得付出的"幸苦"是值得的，从而更加愿意努力地去继续攀登，希望能看到那更广阔的更漂亮的风景，从而微积致远。

### （四）数学的理性应与人文的浪漫相结合

中华优秀传统文化博大精深，古人云：孤阴不生，独阳不长。人才的培养既需要数学的理性与逻辑，也需要人文的浪漫与情怀。在今后的工作中需要进一步提升自己的人文素养，从而在教育教学中达到更高的境界。

## 四、案例点评

本案例中的班主任老师在工作中积极反思，发挥数学教师的特长，以数学文化为载体践行立德树人的根本任务。"勾股修身，微积致远"的班训散发着理性与人文的光辉，既渗透了数学知识又弘扬了优秀传统文化。没有规矩不成方圆，制度是班级管理中不可或缺的部分。班级制度应该以理性的逻辑为框架，以人文关怀为补充。以数学文化为特色的班级制度充满智慧，体现了逻辑严谨的数学特征。老师以班训为核心，开展系列班级数学文化活动（班会），学生通过班会活动，充分体会班训的深刻含义，体会数学的魅力，体会数学中蕴含的文化内涵与精神力量，进而达到修身、致远的教育目的。

# 关注垃圾分类，将思政教育融入数学课堂

洪　晔　王　旭　石来京

## 一、案例背景

2021 年 3 月 6 日，习近平总书记提出"'大思政课'我们要善用之"的新要求，并指出"思政课不仅应该在课堂上讲，也应该在社会生活中来讲"的方针指南。

随着信息技术的不断发展，人们在享受互联网带来便利的同时，也要面对来自四面八方繁杂的信息。学生作为未成年人，人生观以及价值观还未成型，心智尚不成熟，容易受到各类思潮的冲击，一些负面消极的信息极易对学生的成长造成不可估量的后果。而学校是国家培育人才的摇篮，课堂作为学生获取知识的重要途径，更是教育的主阵地。

如何利用好课堂教学这条重要途径，使数学课程与思政形成合力，在传授学生数学知识的同时，帮助学生提升核心素养，树立良好品格，形成正确的人生观、价值观，助力学生健康成长是每一位数学教师应该思考的问题。

## 二、案例描述

如何在学校大思政框架下开展本学科的实践探索，将思政教育与学

科教学有效进行结合，是每一位一线教师都需要思考的问题。2021 年 5 月的一天，在浏览新闻时，我无意间看到记者正在介绍北京市各小区垃圾分类的情况。2020 年 5 月，《北京市生活垃圾管理条例》正式实施，标志着北京市正式开展垃圾分类。想要做好垃圾分类，除了要有相关知识，更重要的是要解决思想问题，了解推广垃圾分类的背景，以及完成此活动能够为我们的生活带来哪些好处。不但要知其然，更要知其所以然。

生活垃圾的分类事关生态的可持续发展，垃圾分类的背后，更是折射出生态文明建设的理念。我不由得思考，能否将其融入我们的数学课堂中呢？结合当时的教学计划，我们即将开始《数据的收集、整理与描述》一章的学习。如今的时代，是信息数据爆炸的时代，因此，对于统计知识的学习，并不是局限于让学生完成几道统计的题目，更重要的是学会用应用数据，将其作为工具，能够用数据说话。而垃圾分类正是一个非常好的统计调查情境，可以让学生将数学知识作为工具，通过统计调查活动了解垃圾分类的现状，学习垃圾分类知识，将数学小课堂与思政大课堂结合起来，树立生态文明的理念。

确定了以"垃圾分类"为授课背景，接下来就是循序渐进的设计教学内容。作为综合实践活动课，为了让每一位学生都参与到活动中来，有所收获和体会，因此采取了小组合作的方式。

## （一）课前准备——了解本年级的垃圾分类情况

学生们利用一周的时间，观察拍摄了本年级的垃圾桶中垃圾分类的情况。结果发现，虽然楼道内设置了 4 个不同类别的垃圾桶，垃圾乱放的情况非常严重。班中的同学也随机对本年级的部分同学做了访谈，结果发现，垃圾未按要求分类的一个原因是同学们的环保意识还不够，觉得这是件小事，不够重视；另一个原因则是很多校园生活中常见的垃圾，例如酸奶罐、吸管外包装的塑料皮、没有墨的签字笔等，大家并不知道应该投放到哪个垃圾桶中。既有意识原因，也有不了解相关知识的原因。

## （二）课前准备——制作调查问卷，收集、整理、描述数据

每个小组基于主题制作了一份调查问卷，来调查本年级同学对于开展垃圾分类活动的意愿以及了解同学们对垃圾分类知识的掌握情况。最终问卷的问题由教师来定稿，通过问卷星以小组为单位向全年级学生发放问卷，了解我校本年级学生的情况。在得到数据后，班中的同学利用Excel 对统计数据进行整理，同时利用数学课上学习的知识制作统计图来描述数据，同时进行分析。

## （三）课上活动——交流分享

首先教师选取其中一个小组进行汇报，汇报的内容包括进行此次统计调查的原因、主题，采取何种方式收集、整理数据。根据统计图的特点选择恰当的统计图描述数据，进行分析最终提出建议。其他小组聆听汇报，着重听分析数据的角度是否和自己组的角度相同，如果角度不同，可在后续进行补充汇报。

接下来，教师请其他小组进行补充汇报，主要汇报和上一个小组不同的部分，例如第一个小组介绍了调查的整体过程，而有的小组从知识问卷中的 10 题中挑选作答正确率较高和正确率较低的题目进行分析，并且针对结论提出自己的建议。还有的小组介绍问卷中学生获取垃圾分类知识的途径以及学生希望学校举办哪一类的宣传活动这两个问题，通过条形统计图可直观看出学生从哪一个途径获取垃圾分类知

识最多，以及学生最希望参加什么类型的活动，并根据分析结果给学校提出合理的建议，采用学生们更感兴趣的方式进行垃圾分类知识的宣传。

### （四）课下活动——采取实际行动

班级学生在参加课题学习后，深刻地体会到了垃圾分类的重要性，并且提高了宣传的积极性。为了更好地帮助我校开展垃圾分类活动，班里的同学也都自发地采取了行动，有的同学在相应的垃圾桶上贴上易混淆垃圾的名称，例如酸奶罐属于可回收垃圾，签字笔属于其他垃圾等，而擅长绘画的同学们则手绘了垃圾分类宣传单，发给学校的其他同学，贴在宣传橱窗中，用画笔向大家介绍垃圾分类的相关知识。还有同学剪辑制作了垃圾分类的宣传短片在班中进行宣讲。

## 三、案例分析

### （一）基于大思政框架下的数学课程实践探索，教师要提高认识

大思政是近年来提出的新观点、新要求，对于一线教师来说，则要将思政教育与学科知识相联系，将思政内容融入学科教学中。在大思政框架这个概念提出以前，义务教育阶段的思政教育主要是靠道德与法治等课程进行，而数学课上的教学则更多地关注数学知识，认为思政方面的培养的道法课老师的责任，缺乏将思政教育融入数学课程的意识。因此想要在学校大思政框架下开展数学课程实践探索，首先教师应该提高认识，体会到思政教育与学科教学相联系的必要性以及重要性，从思

想上提高认识后，才能主动学习思政知识，加强主动融入思政队伍的意识。

## （二）基于大思政框架下的数学课程实践探索，教师要深挖数学与思政的结合点

在学校大思政的框架下，要想将思政教育与学科知识相联系，教师则应深入发掘课程中与思政知识的结合点，而不是生搬硬套。在此次主题活动中，结合正在学习的《数据的收集、整理与描述》一章，以北京市正式实施垃圾分类满一周年为背景，将数学作为统计调查的工具，学生通过亲身调查，收集数据进行分析，体会到垃圾分类的重要性以及其背后所蕴含的新发展理念、生态文明理念，将思政教育与数学知识巧妙地联系了起来。

基于大思政框架下的数学课程实践探索，要制定合理有效的课程评价标准，课程评价是指依据一定的评价标准，通过系统地收集有关信息，采用各种定性、定量的方法，对课程的目标、标准、计划和实施过程与结果等有关问题做出价值判断并寻求改进途径的一种活动。课程评价是课程实施的重要一环。将思政教育融入数学课程并不是一朝一夕就能够完成的，这是一个需要所有数学教师共同探索的重要课题。在实践的探索中，制定合理有效的课程评价体系是非常必要的，科学的评价标准不但可以评价学生在课堂上知识掌握的情况，还可以帮助教师了解自己在课程中融入思政知识的情况效果如何，便于后续的改进和提升。在此次统计调查的实践活动中，采用了小组合作的方式开展活动，后续的课程评价采用了形成性评价，利用量表的方式，从学生自评、互评以及教师评价3个不同的角度对学生本次主题活动进行评价，为思政教育融入数学课程的评价做出了初步的尝试与探索。

## 四、案例点评

垃圾分类关系人民群众的生活环境，关系节约使用资源，是社会文明水平的重要体现。教育的根本任务是立德树人，数学教学不仅要培养学生具有数学的核心素养，更要培养学生具有社会责任感。本案例以垃圾分类这个学生身边的真实情境作为切入点，有机地结合数据的收集、整理与描述的学习，引导学生进行了实践探索。在探索的过程中，学生在收获了数学知识的同时，还体会了新发展理念和生态文明理念。本课例很好地践行了课程思政，落实了全员、全程、全方位育人的理念。

# 致敬英雄

曾　雯　刘　涛　付永庆

## 一、案例背景

《义务教育英语课程标准》（2022 年版）明确指出，英语课程落实立德树人根本任务，以培养有理想、有本领、有担当的时代新人为出发点和落脚点。而核心素养是课程育人价值的集中体现，是学生通过课程学习逐步形成的适应个人终身发展和社会发展需要的正确价值观、必备品格和关键能力。本文将结合外语教学与研究出版社出版的九年级《英语》上册第三模块 Heroes 的教学案例，探讨英语学科教学是如何进行德育渗透的。

在本单元教学前，教师以问卷的形式调查了解学生对英雄人物的已有认知。调查结果表明，学生对"英雄"有宽泛的理解，但不了解具体的英雄事迹，特别是对即将学习的英雄人物认知有限，而且有三分之二的同学表明自己没有崇敬的英雄。因此，本单元教学将旨在帮助学生学习英雄人物的事迹，深入分析英雄事迹背后的高尚品质，树立心目中的英雄，让英雄品质代代相传。

## 二、案例描述

九年级《英语》上册第三模块 Heroes 属于"人与社会"主题语境下的"对社会有突出贡献的人"，涉及的话题是"英雄"，分三个自然单元，包含七个不同类型的语篇。每个单元中的各个语篇分别从体育、医疗、航天、农业等领域围绕"英雄"的主题展开，逐步呈现"英雄"的结构化知识——英雄的事迹和成就、英雄的品质以及对我们自身的影响。

第一单元的教学内容包含两个听力语篇，都是关于体育领域中的英雄邓亚萍的。语篇一是赵明与电台主持人的对话，简要介绍他的心目中的英雄邓亚萍的生平，并简要提及邓亚萍的英雄事迹和成就。语篇二是大明与老师的对话，谈论英雄邓亚萍在她的体育生涯和学习生涯中克服困难、奋勇拼搏的事迹以及她的一些成就。两个语篇通过介绍著名运动员邓亚萍的事迹和成就，反映了运动员面对困难、奋勇拼搏的优秀品质。

第二单元的教学内容包含一篇阅读语篇，是王玲玲撰写的她心目中的英雄的习作。语篇详细描述了她心目中的英雄白求恩在战争期间利用自己的医疗技术改善医疗设备、救治伤员的英雄事迹，体现出他敢于牺牲自我、无私奉献的精神。这是关于医学界英雄人物的介绍。写作部分是关于科学家袁隆平的生平大事记，列举了袁隆平的重要成就以及他对世界人民的贡献。

第三单元的教材内容包含语境中的语法练习、词汇巩固练习和 *Around the world* 等语篇内容。其中的语法练习语篇介绍苏联宇航员加加林在学习和训练中通过努力获得成功的经历，反映了他不畏困难，努力获得成功的优秀品质，他是航天领域的英雄；*Around the world* 的语篇介绍南丁格尔通过改善英国军区医院的恶劣环境来救助伤兵的事迹，她是医疗领域的英雄。

为了丰富学生的学习材料，帮助学生从不同角度了解袁隆平院士的成就和影响，教师补充了外国记者采访袁隆平的视频，谈论他的"禾下乘凉梦"，反映了袁隆平一心为粮、无私奉献的精神。

在本教学设计中，教师将根据语篇的难度通过 4 课时来进行教学。学生从英雄的事迹和成就、英雄的品质和英雄对自己的影响三个方面进行主题意义探究、学习语言、建构新知、了解学习并尝试介绍自己心目中的英雄的事迹、成就和品质，思考自己在哪些方面可以向英雄学习，形成"英雄事迹和成就——英雄品质——英雄对自己的影响"的结构化知识，实现对模块主题"奋斗和奉献铸造英雄，向英雄学习"的探究，在"校广播台举办的'我的英雄'分享活动"中，完成介绍"我心目中的英雄"的习作。学生在本模块的学习结束后，能够由浅入深，逐步建立起关于"英雄"主题的结构化新知，即英雄们在不同领域的事迹和成就，反映出他们具备的克服困难、努力拼搏和无私奉献的精神，能介绍自己心目中的英雄，引发学生思考"我能向英雄们学习什么"，从而做到知行合一。本模块的教学思路如图2-5。

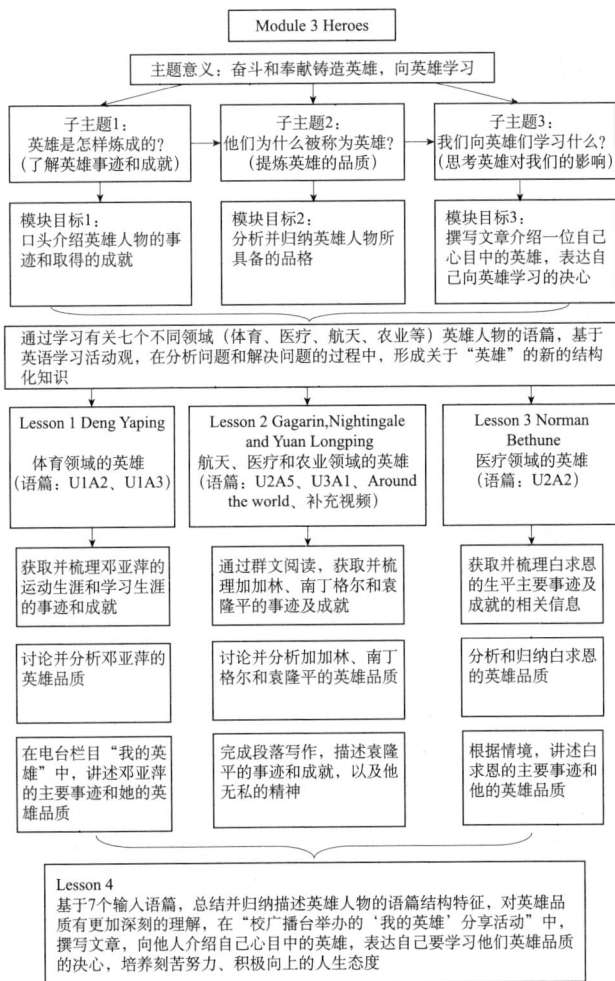

图 2-5　*Heroes* 模块教学思路图

## 三、案例分析

本模块教学设计围绕"英雄"主题，依托 7 个不同类型的语篇，引导学生在探究英雄的事迹和成就、英雄的品质和英雄对自己的影响的过程中，通过 3 个层级的活动，逐步形成关于英雄话题的结构化知识，并鼓励学生表达对英雄品质的理解，阐述在实际生活中如何向英雄学习，实现英语学科的育人价值。

### （一）依托主题意义探究，开展内容、语言、思维融合的教学

教师通过语篇研读，梳理出了教材语篇内容之间的内在关联，在此基础上提炼出了单元主题意义："奋斗和奉献铸造英雄，向英雄学习"，并结合所有语篇都聚焦于各领域不同英雄奋斗事迹的共同特点，将单元主题意义探究的落脚点确定在 3 个学习子主题：了解英雄事迹和成就、提炼英雄的品质、思考英雄对我们的影响。随后，教师结合 3 个学习小主题，在 4 课时的教学中引导学生一步步梳理语篇内容，形成有关不同领域英雄人物事迹的结构化知识内容，还引导学生关注描述英雄事迹和品质的语言知识，在语境中内化目标语言，并加以运用。同时，本模块教学案例中层层递进的问题链，有助于在开展意义探究和语言学习的同时，促进学生思维的发展。以第 2 课时课例为例，问题 Why is Norman Bethune still remembered in China and Canada？ What kind of person is Dr Bethune？有助于加深学生对语篇内涵的理解与思考，引发学生对英雄事迹背后的品质展开分析和阐释，既加深了对单元主题意义的理解，也理性表达了自己的情感、态度和观点，促进了能力向素养转化。

## （二）创设情境，助力学生表达向英雄学习之心

本模块 4 课时的输出活动均围绕"英雄"主题设计，学生基于语篇听读活动，分别介绍邓亚萍、袁隆平、白求恩等英雄人物的主要事迹和他们的英雄品质，并在校广播台举办的"我的英雄"分享活动中，撰写文章，向他人介绍自己心目中的英雄，表达自己要学习他们英雄品质的决心，培养刻苦努力、积极向上的人生态度。在完成口头介绍和写作的过程中，教师引导学生先回顾教材文本中提及的英雄人物的主要事迹，并分析事迹中反映出的英雄品质，再鼓励学生结合自己的实际生活，谈谈在现实生活中，应当学习英雄的哪些优秀品质，并如何落实到学习生活中，不仅实现了语言知识、语言技能的训练目标，也实现了育人目标，促进了学生核心素养的发展。

## 四、案例点评

案例通过语篇的学习，让同学们了解在不同的领域几位英雄的事迹成就，及其所具有的刻苦努力、积极向上的人生态度和精神品质。正是这股强大的精神动力和坚定理想，使他们在各自的领域做出了突出的贡献。相信同学们学习后也会深受感动，深受启发，达到了思想引领和精神培育的目的。有梦想，谁都可以了不起。追寻梦想，坚持不懈，永不言败，超越自我，每个人都能成为英雄。

# 青年理想　志在报国

刘　丽

## 一、案例背景

立德树人教育理念的提出为高中思政教育工作的开展指明了方向，高中英语教学的开展和改进，应以助力思政教育改革为主要目标，增强德育教育在英语课程教学方面的渗透能力，在保证英语课程教学质量的前提下，为思政教育工作的推进做好德育教育布局，提升高中高素质人才培养的水平。在高中英语教学中进行德育渗透，不光需要在高中英语教学中发掘出德育素材，还要充分发挥出德育教育英语教学活动中的育人功能。学生在学习英语的语言知识的同时，树立正确的人生观、价值观和世界观，对促进学生全面发展起到十分重要的作用。

英语教学不仅仅是学生学习专业知识的主要载体，更是提升课堂育人价值的重要素材。将德育教育渗透到英语教学中，不仅能在开展教学活动中培养学生艰苦努力的品质，还能在英语课堂中培养学生的综合素养，使学生成为符合时代发展需求的人才。

在英语课堂中进行德育教育也是英语教学需要承担的新的社会责任。在新时代发展的今天，英语教学不仅仅停留在帮助学生学习英语知识，提升英语运用能力上面，还应该在教学中渗透德育内容，培养学生的思想政治性和思想道德。只有我国高中英语德育教学中和实践过程中不断进行渗透德育教育，才能够真正地让我国高中学生得到更好的发展，才能真正地满足未来几年我国经济社会对于复合型高中英语教育人才的巨大需求。

## 二、案例描述

高中英语教材 *Great Scientist* 单元的主要话题是"科学家如何以探索、钻研、无畏的科研精神验证未知的科学真理"。在这个单元中，介绍了外国著名科学家对人类的贡献及其主要成果。此外，本单元还介绍了中国著名科学家钱学森的故事，帮助学生了解这位伟大科学家的生活经历和对我国科学事业的巨大贡献。在学习钱学森的生平和事迹这部分内容时，教师利用课上学习和讨论，引导学生不仅学习科学家追求真理的精神、锐意创新的品质，也让学生了解并学习这位伟大科学家用科学知识报效国家的爱国情怀。在进行这节课的学习时，教师利用课内课外多模态语篇形式，帮助学生了解钱学森的学习经历、生活背景和伟大成就，在合作完成小组任务时，也会为这位科学家不断探索的科学精神和无私奉献的爱国情怀所激励。

在本节课开始时，学生通过回顾本单元了解过的几位科学家的事迹和成就，总结科学发展和科技创新在人类社会发展中的重要意义。之后，教师介绍本节课的教学任务——响应学校科学节的活动，制作一张海报，介绍著名科学家。教师展示科学家钱学森的图片，同学们讨论对这位科学家了解多少。同学们都知道这位科学家是我国航天事业的奠基人、两弹一星功勋奖章的获得者，但是对这位伟大爱国科学家的人生经历了解得很少。因此，学生列出他们想了解的关于钱学森的信息，如成长过程、求学经历、奋斗目标等。

怀着对这位科学家的崇敬和好奇，学生们听了一段英文对话。在这段对话中，两个学生介绍了自己的"航天梦"，他们都想在毕业后从事和航天有关的工作。之后，他们讨论到了其中一位学生的榜样——钱学森。在介绍钱学森是如何成为航天科学家的过程中，提到了他曾在美国学习并工作。但是在当时，中国的航天技术还处在非常落后的阶段。钱学森回到中国，指导中国航天事业，设计并发射了中国的第一个探空火箭。学生在听完第一段对话后，分析出钱学森目标远大并努力奋斗的性格品质，也对他学成报国的精神表示深深的敬佩。在他们的海报上，学生总结出了关于他目标宏大，勤奋爱国的品质。如 passionately patriotic, extraordinarily ambitious 等。

从听力语篇中，学生了解钱学森学成归国的事迹，但是学生对当时时代特征和历史背景还缺少了解。因此，学生又收看了电影《钱学森》的片段。在这个片段中，学生了解到了钱学森在美国优渥的生活和卓越的学术成就。他的夫人是一名艺术家，在美国也有着较高的声望。1955年，中华人民共和国刚成立不久，综合国力远不如当时的美国，航天科技领域更是几乎一片空白，但是他拒绝了美国大学的挽留，毅然回国，在艰苦的环境中，带领中国的科学家填补这一领域的空白。在观看了这个电影片段后，学生了解了钱学森在美国科学界享有的崇高的威望和他一家在美国的优渥生活。也了解到他在美国学习和工作的期间，始终心系祖国，密切关注国内局势变化，决心早日学成报效祖国。当他历经千辛万苦回到祖国后，立即带领科学家们展开研究，为中国航天事业的发展努力奋斗。1960年2月，钱学森指导设计的中国第一枚液体探空火箭发射成功。同年11月，他协助聂荣臻成功组织了中国第一枚近程地地导弹发射试验。在看完这个片段后，学生更加钦佩钱学森不惧困难勇于挑战的精神，主动承担国家大任的气魄。

为了帮助学生进一步了解钱学森的成就，教师准备了一段语篇内容。

语篇介绍了钱学森在归国后，带领中国科学家不畏艰险，锐意探索，为中国航天事业实现了一个又一个零的突破。学生通过阅读语篇，能进一步了解钱学森为中国的科技进步和航天事业所作出的突出贡献。学生们通过阅读，更加了解钱学森的科研精神和爱国品质，强化了高中学生的理想信念教育和道德情操教育，激发他们的爱国情怀和报国热情。在这段文本中，学生了解到了钱学森为中国导弹航天事业的创建与发展作出的杰出贡献。学生们纷纷表示，钱学森是中国航天事业的开拓者，是在中华人民共和国成立初期做出了诸多贡献的学者、长者和智者，但他仍然保持勇攀高峰的科学精神、求真务实的研究态度和甘为人梯的高贵品质。钱学森是当代青年学生的楷模榜样，是求真求知道路上的指路明灯。

## 三、案例分析

在学生们完成的海报上，不仅介绍了钱学森的事迹和精神，也体现了学生们对这位伟大学者的敬仰之情。学生们纷纷表示自己要向钱学森学习，让青春在为祖国、为人民、为民族、为人类的奉献中焕发出更加绚丽的光彩。

### （一）树立远大的目标

学生们在讨论中表示，钱学森从小就立志成为一名航天工作者，并为之不懈地努力奋斗，在科学领域取得了巨大的成就。而他心系祖国，心系人民，胸怀报效祖国这个更伟大的目标。当代中学生应该在青年时期就树立远大的理想目标，并把自己的理想信念与国家的发展和未来联系起来。为了能更好地实现人生价值，升华人生境界，要把自己的小我融入祖国的大我中，与时代同步伐，与人民共命运。当代青年人，燃烧着理想的火苗，沸腾着爱国的热血，涌动着奋斗的热情，唯有树立远大理想，坚持刻苦奋斗，才能不负时代使命，不负青春时光。

## （二）承担时代的责任

学生们不仅为钱学森取得的科技成就感到钦佩，更钦佩他放弃安逸的生活，在艰苦的环境中，义无反顾地投身祖国建设中的奋斗精神和爱国情怀。习近平总书记指出：青年是社会主义事业的建设者和接班人，要自觉认识肩负时代使命，培养担当意识。拥有了担当意识，才能激发青年的奋斗激情，积极投身于社会建设；才能正确处理自身与社会的关系，促进社会和谐发展；才能领会时代的要求，完成自己的使命，实现自己的人生价值。青春似火，担当如钢。青春与担当的交织，是火与钢的熔炼。新时代中国青年要无比珍惜时代赋予的机会，我们要担当历史的重任，努力干一番事业，在担当中历练成长，让青春在新时代的广阔天地中绽放，让人生在实现中国梦的奋进追逐中展现出勇敢奔跑的英姿。

## （三）练就过硬的本领

钱学森能够成为中国航天事业的奠基人，为中国航天事业的发展做出突出的贡献，成为国之脊梁、国之英雄，也是因为他在这个领域取得的成就无人能敌。"青春虚度无所成，白首衔悲亦何及。"青年时期是苦练本领、增长才干的黄金时期。在这个黄金时期，学习是首要任务，应该把学习作为一种责任、一种精神追求、一种生活方式。在这个最好的时代，青年人更应该充分施展才华、展现才能、发挥才干。才能使自己的思维视野、思想观念、思想敬业跟上时代的发展。在当今时代，新技术、新模式、新业态层出不穷，这既为青年人提供了展示自我的舞台，也对青年能力素质提出了更新的挑战。因此，勤奋学习才是青春远航的动力，增长本领是青春搏击的能量。

## 四、案例点评

一代人有一代人的使命，一代人有一代人的长征。以钱学森为代表的老一辈科学家在新中国一穷二白的基础上，艰苦奋斗，勇攀高峰，为我国航天科技的发展做出了不可磨灭的功勋。"两弹一星"使中国真正屹立于世界民族之林。今天，面对百年未有之大变局，美国推行科技霸权，对我国实施科技封锁。今天的中学生，明天就要担当民族大任、时代重任，敢于打破科技封锁，抢占科技制高点，实现科技自主、自强。希望同学们通过这节课的学习，能从钱学森等老一辈科学家身上汲取不断前行的精神力量！坚定理想信念，练就过硬本领，树立报国之志，培育爱国情怀。

# 提升学科素养　讲好中国故事

刘　涛　付永庆　曾　雯

## 一、案例背景

教育是国之大计、党之大计。习近平总书记强调，"我国是中国共产党领导的社会主义国家，这就决定了我们的教育必须把培养社会主义建设者和接班人作为根本任务，培养一代又一代拥护中国共产党领导和我国社会主义制度、立志为中国特色社会主义奋斗终身的有用人才"。培养什么人，是教育的首要问题。这是思考和谋划教育工作的逻辑起点，也是丝毫不能偏离的政治方向。为此党的二十大报告明确提出，要落实立德树人根本任务，培养德智体美劳全面发展的社会主义建设者和接班人。因此，普通高中英语课程的总目标是全面贯彻党的教育方针，培育和践行社会主义核心价值观，落实立德树人根本任务，在义务教育的基础上，进一步促进学生英语学科核心素养的发展，培养具有中国情怀、国际视野和跨文化沟通能力的社会主义建设者和接班人。

## 二、案例描述

人民教育出版社出版的普通高中英语教材必修二第二单元的话题为 *Wildlife Protection*（野生生物保护）。在对本单元全部语篇进行分析后，结合学生的学情，教师将本单元的教学目标确定为：①学生能够构建野生生物保护的结构化知识（原因、举措、效果）；②学生能够结合中国在野生生物保护方面的成就，宣传并介绍野生生物保护的具体措施。

为达成教学目标，教师特意选择了本单元的两个语篇 *A Day In the Cloud* 和 *A Strange Tale of The Milu Deer*。第一个语篇主要通过作者一天在羌塘藏羚羊保护区的经历，介绍了藏羚羊濒临灭绝的原因，我国政府的保护措施和取得的成效。藏羚羊生活的区域，植被稀疏，气温较低，但随着人类活动范围不断扩大，无人区不断减少，栖息地面积不断缩小，生态环境不断恶化，全球气候变暖等都对藏羚羊的繁衍生息产生了影响，使得它的数量不断减少。藏羚羊数量减少的根本原因是在中国境外存在着利润巨大的藏羚羊绒及其织品贸易。为了保护藏羚羊，为了拯救濒临灭绝的藏羚种群，我国政府采取了积极有效的措施，在藏羚羊主要分布区先后建立了青海可可西里、新疆阿尔金山、西藏羌塘等自然保护区，各保护区组织开展武装反盗猎行动，并达成共识，通力合作，携手保护藏羚羊。同时，我国政府积极加入国际公约，通过国际合作，打击非法藏羚羊绒买卖。经过多年努力，中国的藏羚羊保护级别已从"濒危"物种降级为"近危"物种。就可可西里自然保护区统计的藏羚羊数量来看，由原先的 2 万只增涨至 7 万余只，目前中国的藏羚羊总数已增至 30 余万只。

第二个语篇主要介绍了麋鹿的神奇经历。麋鹿源自中国，但是 19 世纪末，麋鹿遭到杀戮和劫掠。多重劫难下，麋鹿在中国彻底消失。1900年前后，英国十一世贝福特公爵将散落在欧洲各地的 18 头麋鹿收集到其家族的乌邦寺庄园进行散养，经过繁衍生息，麋鹿的生机得以延续，逐步建立起完整的小种群。1985 年 2 月 27 日，中华人民共和国麋鹿引进小组与英国乌邦寺庄园代表签订了关于麋鹿引进的协议书。1985 年 5 与 6 日，中国麋鹿基金会在京成立。1985 年 8 月 24 日，22 头麋鹿从英国运抵北京，其中 20 头被当晚运至北京南海子麋鹿苑，终于实现了麋鹿百年回归的愿望。从 1985 年开始，通过重引入项目，先后在北京南海子、江苏大丰、湖北石首和江西鄱阳湖等地开展了麋鹿人工繁育、散养和野外放归计划，已形成可野外自然繁殖的种群。目前麋鹿种群已全面覆盖麋鹿的原有栖息地。从繁盛到本土灭绝，从重新引入到成功野放，中国麋鹿保护得到世界认可。麋鹿种群重建是中国生物多样性保护的一个缩影，展示了中国保护生物多样性的智慧，为国际社会提供了野生动物保护的有益示范。

为帮助学生进一步探究我国政府在习近平生态文明思想指导下在野生动物保护方面取得的成就，教师还引导学生在《中国日报》英文版 *Chinadaily* 网站上，搜寻 2021 年在中国昆明召开的联合国《生物多样性公约》第十五次缔约方大会的信息，了解我国政府在生物多样性公约的政策方面做出的努力，比如建立新的国家公园等。

通过教师和学生在课堂内外的共同探究，学生关于野生生物保护形成了以下的结构化知识（见表 2-2）。通过本单元的学习，学生意识到野生生物保护是一个复杂的问题，需要多方面综合考虑。野生生物保护离不开经济社会的发展，离不开人们意识的提升，同时也离不开国际的合作。经过本单元对于野生生物保护的探究，学生进一步了解到习近平总书记的"绿水青山就是金山银山""人类命运共同体"，以及"碳中和、碳达峰"等这些理论和主张的深刻意义，同时也深深地为我国政府在野生生物保护方面取得的成绩而自豪，更加坚定了对中国共产党的领导、社会主义、绿色发展的信心。

表 2-2　野生生物保护的结构化知识表

| 野生生物灭绝的原因 | 保护野生生物的举措 |
|---|---|
| 1. 非法猎杀 | 发展经济，提高农民收入 |
| | 制定法律，严惩非法猎杀 |
| | 国际合作，打击非法贸易 |
| | 加强教育，提高保护意识 |
| 2. 栖息地减少 | 绿色发展，可持续发展 |
| | 加强规划，共享生活空间 |
| 3. 污染 | 践行绿色低碳的生活方式 |

## 三、案例分析

本单元围绕单元主题——野生生物保护，教师通过各种教学活动引导学生探究野生生物灭绝的原因、深入探讨野生生物保护的举措和成效，助力学生深层次理解我国政府在环境保护和绿色发展方面的理念和主张，进而将绿色发展的理念践行到日常生活中，身体力行，实现人和自然的和谐共生。

### （一）结构化知识助力学科核心素养形成

《普通高中英语课程标准（2017 年版 2020 年修订）》指出，要"重视以学科大概念为核心，使课程内容结构化，以主题为引领，使课程内容情境化，促进学科核心素养的落实"。这就要求教师改变针对零散知识点的教学，引导学生在零散的信息和新知识之间建立联系，形成基于主题的结构化知识，指向学科结构化大概念的形成。

对单元主题意义的探究通过单一的课时教学是无法实现的，只有从多角度建构单元主题知识，发掘单元内不同语篇的深层意义，才能使学生形成相对完整的对主题的认知、价值判断和行为取向。单元的教学过程应是教师引导学生进行主题意义探究的过程，也是帮助学生围绕主题不断建构与主题相关的知识，深化和拓展认知的过程。

教师要在深入研读语篇的基础上，根据主题语境、语篇类型、不同文体的语篇结构和语言特点，引导学生深入学习和理解语言所表达的主题意义，建构结构化知识，内化所学语言和文化知识，自主表达观点，实现深度学习。

本案例聚焦野生生物保护，教师深入语篇，发掘语篇的教育教学价值，并整合教材内容，引导学生从"问题——举措——效果"3个角度探究野生生物保护话题。学生在探究问题的过程中，充分运用语言，通过小组学习、个人探究等方式，完成知识建构，形成核心素养。

## （二）主题意义探究促进爱国情怀提升

高中英语课程应在义务教育的基础上，帮助学生进一步学习和运用英语基础知识与基本技能，发展跨文化交流能力，为他们学习其他学科知识、汲取世界文化精华、传播中华文化创造良好的条件。高中英语课程同时还应帮助学生树立人类命运共同体意识，加深对祖国文化的理解，增强爱国情怀，坚定文化自信，树立正确的世界观、人生观和价值观。

就本案例而言，学生在探究野生生物保护的成果时，了解到我国近年来在保护生物多样性方面的举措和理念，以及取得的卓越成就。同时意识到我们所取得的成就都离不开中国共产党的坚强领导和社会主义制度的优越性。通过野生生物保护这一案例，学生进一步深刻理解和把握习近平生态文明思想。坚持人与自然和谐共生，坚持绿水青山就是金山银山，坚持统筹山、水、林、田、湖、草、沙系统治理，坚持绿色发展，坚持把建设美丽中国转化为全体人民自觉行动，坚持共谋全球生态文明建设之路。这些经常在电视和其他新闻媒体上听到的表达，通过本单元的学习变成了学生们发自内心的感受和行动。本单元的单元任务要求学生宣传我国政府在野生生物保护方面的措施和取得的成就。学生在完成任务的过程中，不仅提升了语言表达能力，为日后讲好中国故事奠定了坚实基础，更重要的是学生的"家国情怀""人类命运共同体"的意识得到了进一步提升。

习近平总书记指出："建设绿色家园是人类的共同梦想。"相信通过本单元的学习，学生能够自觉践行习近平生态文明思想，为建设美丽中国贡献自己的力量。

## 四、案例点评

本案例使同学们系统地学习了野生生物保护的相关知识，如野生生物数量锐减甚至灭绝的原因，我国保护野生生物的措施。展示中国在保护野生生物、保护生物多样性领域取得的伟大成就。从而让同学们更加坚定了对中国共产党的领导，对中国特色社会主义道路，对习近平生态文明思想的信心。

我们只有一个地球，地球是人类和所有生物共有的家园。建设人类命运共同体的重要内容，就是人类能和平共处，人类和所有生物能和谐共生，承续发展。让地球成为所有生物的绿色家园。

中国式现代化，是人与自然和谐共生的现代化。我们坚持可持续发展，坚持节约优先，保护优先，以自然恢复为主的方针，像保护眼睛一样保护自然和生态环境，坚定不移走生产发展、生活富裕、生态良好的文明发展道路，实现中华民族永续发展。

今天的中学生要牢固树立生态文明的思想，明天，他们将成长为建设美丽中国的主力军！

# 渗透传统文化教育的杠杆教学

张庆丽

## 一、案例背景

大思政的含义是要形成全课程育人格局的形式，形成协同效应，把"立德树人"作为教育的根本任务的一种综合教育理念。教学中既要重视物理学科知识的传授，也要在教学中做好思政元素的渗透。相比于文科的渗透思政元素具有的天然的优势，物理学科由于学科知识特点，作为一门自然学科，感觉思政元素的渗透有些困难。那么我们应如何进行呢？

在中国传统文化中，简单机械的原型已存在几千年。杠杆是生活中常见的简单机械，从教材的整体结构来看，杠杆这一节起到了一个联系前后知识点的纽带作用。如果引入物理学史，特别是古代机械史，是不是能找到思政元素的渗透的一条途径呢？

如何通过对杠杆中传统文化的深入了解，弘扬优秀传统文化。培养学生领悟我国传统文化中的艰苦奋斗精神、创新精神、工匠精神等优秀精神。激发学生的爱国情怀，提升学生的民族自豪感和实现中华民族伟大复兴的使命感。

## 二、案例描述

在中国传统文化中，简单机械成为人们日常生活的组成部分。其中杆秤是中国古代沿用至今的常用测量工具；抛石机在古代战场发挥了很大的作用；由抱瓮汲水、桔槔打水进而创造出辘轳汲水；水碓实现了利用水力自动化；这些机械是科技进步的产物，是方便人民工作的机械，也是提高效率的机械。

## （一）课题布置

出于以上考虑，教师从古代机械中，选择包含杠杆的五种有特点的机械：桔槔、杆秤、辘轳、抛石机、水碓，作为学完杠杆原理后的研究课题，编写成实践类作业布置给学生。

为给学生提供研究方向，给出了以下几个问题，作为研究方向的引导和参考。你研究的机械是怎样工作的？杠杆是哪一部分？通过受力分析，说明杠杆部分是怎样帮助人们提高工作效率的？谈谈机械的使用对社会发展、人类文明的发展的促进作用，你通过研究对中华优秀传统文化的体会是什么？

学生自愿结合成组，课题自愿选择，为避免有的课题没有人选，采取先到先得的办法。学生也可以选择其他自己感兴趣的有杠杆的古代机械。给学生3天的时间准备。每组完成一个5分钟研究报告的演讲，绘制1份研究报告。每组喜欢小制作的同学，自愿完成1个小制作。

## （二）课题研究过程

这个实践类作业布置完后，教师对每一组的活动及时关注，随时提供指导和帮助。

对于古代杠杆机械，20世纪农村地区还会有一些使用，城市中的初二学生根本没见过，不知道是什么，怎么使用。这5个课题，单是课题名称中的字，学生都有很多不认识。研究的过程先从认字开始，慢慢查资料。所以后来给同学讲 PPT 时，会很贴心地注上拼音。

进行研究的过程中，有学生跟家长求助时，家长中有些见过或者用过这种机械。家长给孩子们讲如何使用，怎样便利，既增进了亲子关系，又促进了传统文化的传承。有的家长说药店还在使用杆秤，带着孩子看了一下。学生描述说过程很神奇，店员使戥子是一手扣着秤砣和刻度，一手拿秤盘子抓药材，抖落着看到哪儿称平了，抓十几味药一眨眼的工夫。

## （三）课题课堂汇报

每组根据分工，派一两名同学进行汇报演讲。讲的同学首先要把自己负责的课题搞得很清楚，用自己的语言说出来。听的同学可以提问，比如杠杆的支点在哪里？到底是省力还是费力杠杆？讲的同学回答，气氛融洽。

除了按照教师提供的几个问题进行汇报，找出每一个杠杆的受力等。每组研究的同学还有自己的发挥。

研究水碓的组员小关同学，还讲了脚踏碓，它利用杠杆原理工作，即用脚踩碓杆的一端时，碓杆的另一端连同碓头迅速抬起，当脚松开时，碓头就会落下重重砸在石臼里的米麦上；再踏，再砸，如此不断地重复，臼里的粗粮就会渐渐舂成粉末。从这一点看，水碓与踏碓相同，不同的是，水碓利用的是水力，它可解脱劳力且日夜运作。

研究杆秤的组员小王同学，汇报时提到，杆秤是我国古代人民独立发明的衡器，其中充满着古人的智慧。了解到了杆秤的文化内涵，感受大国工匠精神，从杆秤出发引申出人们心中的杆秤是对公平、公正的追求，都深深地体现着中国传统文化，同时也警醒世人要做一个有良心的人。

在讲抛石机时，小于同学讲道：抛石机作为一种强力远程武器，是一种攻守兼备的战具。30公斤的石弹射程约为140～210米，大型抛车已经需要"200人挽之"。这些具体的数字，能看出来听的同学非常惊讶。小于还用了游戏植物大战僵尸里面的图片，做了杠杆分析，学生在哄堂大笑中理解了。

研究辘轳的组，讲到了辘轳运用到了简单机械中的轮轴，也是杠杆的变形。把一根短圆木固定于井旁木架上，圆木上缠绕绳索，索的一端固定在圆木上，另一端悬吊水桶，转动圆木就可提水。省力，给人带来方便，还把直线运动转化成圆周运动。

学生在听汇报的过程中，也能学习别的组如何分工，如何演讲。有人觉得自己还可以改进，还要求改后重新再讲。学生们汇报完后，老师和同学进行点评。

### （四）古代杠杆的深入理解、落实

老师引导同学利用手边的器材，橡皮、尺子、一次性筷子对原理进行简单模拟。让学生真实地感受到手施加的力使杠杆转动，让学生从动手到动脑，实现了从感性使用杠杆到理性认识杠杆模型的飞跃。

在学案上画出杠杆，标出杠杆的支点、动力和阻力的大致方向受力分析图，加深对其他四组研究的机械中杠杆的使用的理解。桔槔适用浅水取水，辘轳适用深井取水。桔槔的受力分析较复杂，怎样说明省力。先取杠杆为研究对象，再取水桶为研究对象。水桶向下进入井中取水的时候，是费力杠杆，为什么不做成省力杠杆？因为使用的时候，配重才是动力，对配重来说，是省力杠杆。水桶向下进入井中取水的时候，由于人是向下拉，虽然是费力杠杆，但仍然轻松。感受杠杆给古代人民生活带来的便捷。

### （五）课题总结、评价

机械在我国的使用大多应用在农业，这是因为我国自古以来便是农业大国。此外，我国古代战事频繁导致军事业也十分受到重视，对古代机械发展起到推动作用。

学生完成的研究报告做成展板，可以慢慢欣赏。通过阅读研究报告，体会传统杠杆的原理，体会古人智慧。学生画的古代机械，比如水碓、投石机非常精美，原理都描述得很清楚，科技感满满。很多学生喜欢画画，花时间也乐意。

两位女同学制作的投石机，不仅能使用，效果还很好。把一块橡皮从讲台弹到教室后黑板。同时看到制作过程中，解决了受力部分加固的问题，及杠杆的自由旋转的问题，她两个高兴地说，做了一个多小时，研究得很开心。

制作水碓模型的同学，理解了拨子错落有致地排列，是为了受力均匀。制作杆秤的同学，中间制作的时候，他来找我，要了钩码来校正杆秤的刻度，制作的过程中，他能清楚地说出来定星点如何确定？如何标注杆秤的刻度？如何增大杆秤的量程？

由于实践类作业时间跨度长，教师需要随时指导，学生需要查资料、整理分析、研究。老师学生花费的精力很大，但是老师也能看到学生的很多平时在课堂上，在普通作业中表现不出来的优点，对学生表扬得很具体，有利于学生的成长，也可增进师生感情。

## 三、案例分析

### （一）传统文化的渗透中，培养了学生的合作精神

在对古代杠杆的研究中，对传统文化有了深入而具体的认识，有了很强的民族自豪感。以传统文化——古代杠杆为纽带，通过研究小课题和动手小制作，尝试物理教学中实践性作业的布置。促进学生逻辑思维的发展，提高学生的创新意识、动手能力、合作能力，激发学生的民族自豪感。物

理的学习应当从生活中来，从生活中的杠杆中探究杠杆原理。再应用到生活中去，研究古代杠杆，学生在小课题和小制作中学习。

### （二）传统文化的渗透中，体现了对学生差异性的考虑

通过对传统机械中杠杆的使用的研究，了解了其对社会发展的作用。根据学生的能力特点，分工查阅资料，完成发言稿，做 PPT，写研究报告。体会到了我国古代科技对人类文明的发展的促进作用。

学生的差异明显，有的组当时就分工，第一天晚上就将 PPT 发给我看，我提供意见后，他们做了修改。班级之间也有差异，我带的两个班，其中一个班在规定时间都完成，且都发给我看了。另一个班只有两组同学按时完成，给我看了，有一组匆忙凑了一个。有两组第三天也没有完成。汇报时学生也能互相学习，有学生要求再给一次机会，好好做一下再讲。一个同学晚上都很晚了，还让我帮着看 PPT 的修改，还希望给他机会再讲一下，和平时对普通作业的态度完全不一样。

对于这样的作业，学生的理解能力和规范完成 PPT、研究报告，都需要一点点训练。学生自愿组合的弊端就是，有可能能力强的同学在一组，这个以后还要将学生自愿与教师干预相结合。拿到组名单后，在学生同意的情况下，适当地调整一下。

### （三）传统文化渗透中，培养了能力

以研究中国古代机械中的杠杆为情境，通过研究桔槔、杆秤、辘轳、抛石机、水碓，学生通过教师引导，自己研究这些古代简单机械，并通过交流，说出涉及的杠杆的知识。

学生从古代杠杆中，寻找杠杆模型，并进行受力分析。培养了模型建构能力和科学论证等能力。通过与脚踏碓的对比，说明水碓利用的是

水力，可以日夜加工粮食等，它可解脱人力且日夜运作。映射出中国古代劳动人民的聪明才智。课堂上的展示交流，提高了学生的表达能力，渗透中华传统文化教育，学生在学习中增强了民族自豪感。

水碓可以不停歇地工作，是提高生产力的壮举。科技的发展与时代积累有着密切的关系，古代科技已经积累了丰硕的成果。是先人留给后代的宝贵财富。传统文化的传承从模仿和借鉴开始，从而进行创新。现在的各种机器就是在古代工具的基础上制造而成的，学生有了利用杠杆方便自己工作的意识。

现在的中考越来越重视将传统文化作为题目背景，对传统文化的了解和研究，对于学生的应试能力也有助益。实践类作业的布置，作业的时间至少3天，尽量包括一个周末，减轻学生的负担。

对于传统文化的发掘和保护，学生还提出建立一个手工业的技术与历史文化史展馆。在仿古街或是中式餐馆中，为其添彩。始于南宋的灌溉"活化石"，桔槔井灌工程，诸暨市赵家镇古井桔槔灌溉工程是世界灌溉工程遗产。古人的智慧却往往能够创作出令人称赞的奇迹。了解到这些让学生感到很自豪。现代中学生发展核心素养，以科学性、时代性和民族性为基本原则，以培养"全面发展的人"为核心。学生通过这些自己全程的活动，受到润物细无声的思政教育。

## 四、案例点评

张庆丽老师的杠杆教学案例，非常好地发掘了物理教学中的育人素材，将对学生爱国情怀、科学素养、实践能力的培养融入学生的研究性学习中，既能够很好地激发学生的学习兴趣，又潜移默化地渗透了课程思政和学科育人的理念，值得老师们参考和借鉴。

# "铅锂"之行，始于足下

何　轶　林红焰

## 一、案例背景

2018 年，习近平总书记在全国教育大会上对教师提出了做"四个引路人"的殷切期望，把立德树人作为根本任务。普通高中教育是国民教育体系的重要组成部分，在人才培养体系中起着承上启下的关键作用。目前，我国普通高中教育全面深化教育综合改革，持续推进育人方式变革，不断提升育人质量。在普通高中教育阶段，教师不仅需要关注"教学"，还需要关注"教育"，以培养德智体美劳全面发展的社会主义建设者和接班人为己任。

为落实立德树人的根本任务，国家组织研究"中国学生发展核心素养"及"学科核心素养"，修订高考方案、高中课程方案、课程标准。《普通高中化学课程标准（2017 年版 2020 年修订）》指出：化学学科核心素养反映社会主义核心价值观下化学学科育人的基本要求，在教学中通过创设真实的问题情境，开展以化学实验为主的多种探究活动，激发学生的学习兴趣，培养他们的创新精神和实践能力。通过基于核心素养的教学，帮助学生形成必备品格和关键能力。高中化学学科核心素养包含"宏观辨识与微观探析""变化观念与平衡思想""证据推理与模型认知""科学探究与创新意识"以及"科学态度与社会责任"，其中"科学态度与社会责任"是化学教学最高层次的价值，这也是化学课程需要融入思想政治课的意义。化学教学需要传授知识，更需要承担好为党育人、为国育才的责任。在教学中既需要帮助学生丰富学识，增长见识，还需要将化学知识与思政元素相融合，在教学中弘扬社会主义核心价值观，让知识的传授与价值导引保持一致，帮助学生建立中华民族文化的自信。

## 二、案例描述

如何将思政教育与学科的教学有机结合起来，是每位教师都需要思考的问题。课程的主要功能是传播知识和塑造价值，普通的化学课程侧重于知识传授，化学思政课不仅需要传授知识，也要塑造价值，帮助学生树立崇高的理想信念，树立正确的世界观、人生观和价值观。事实上，科学知识的传授与"课程思政"目标一致，高中教育阶段，教师的根本使命是"培养社会主义接班人"。因此，化学作为高中学生的必修课程，需要与思想政治课同向同行，在高中化学教学中有机融入思想政治教育，坚持在社会主义核心价值观下实现化学学科育人的目标。课程思政是把"立德树人"作为教育根本任务的教育理念。因此，中学化学教学就是围绕立德树人的根本任务，实现化学学科的育人价值。中学是学生形成世界观、人生观、价值观的关键时期，因此，教师要在传授知识和培养能力的基础上，加强对学生的品德培养，在专业知识的解疑释惑中给学生以思想启迪，从而培养学生的家国情怀、文化自信、国际视野，激发学生的民族自豪感，增强学生的民族自信心。

2023 年 2 月商务部对外贸易司司长李兴乾表示，在去年，以电、光、锂这"新三样"为代表，就是以电动汽车、光伏产品、锂电池的出口为代表，我国高技术、高附加值、引领绿色转型的产品成为出口新增长点，

2022年，我国电动汽车出口增长了131.8%，锂电池增长了86.7%。我国出口产品新增长点反映出我国科学技术的飞速发展，尤其是锂离子电池自主技术的突破，使我国电动汽车成为世界电动汽车领域中重要的成员。我不由得思考，能否将其融入我们的化学课堂中呢？结合教材内容及教学计划，高一年级化学必修二的课程中涉及化学电源的内容，备课时我们反复思考，在教学过程中怎样利用好素材在课堂中引入"课程思政"？从而让学生了解新能源，了解"绿色化学"，面向高一年级学生的化学电源该讲些什么内容，既能让学生感受到学科知识的发展，感受到科学家前辈们严谨的科学态度和治学精神，又能感受到我国科学技术的进步，培养学生的民族自豪感并形成科技兴国的观念？怎样才能在课堂中让思政元素和化学知识同行，培养学生的化学核心素养和家国情怀？为了让每一位学生都参与到活动中来，有所收获和体会，因此教学采取了小组合作的方式。

### （一）课前准备——查阅资料，了解电池的发展史

学生们利用课余时间，在校图书馆查阅文献，了解电池的发展历史。通过阅读文献，更好地帮助学生了解历史，感受中外科学家们的治学精神，培养学生认真求实的科学态度。此外，部分同学还利用互联网查阅资料，了解当前电池领域的最新技术。

### （二）课前准备——绘制电池发展史的小报及演讲PPT

每个小组通过查阅的文献绘制了一份电池发展史的小报，整理并描述电池发展史，以小组为单位，制作关于电池发展史的演讲PPT。

### （三）课上活动

课上第1个环节是交流分享，教师选择一个小组进行关于电池发展

史的汇报，其他同学聆听汇报，思考其他同学汇报的角度和自己汇报的角度是否相同，如果不同，可进行补充汇报。第一个小组汇报的内容包括古代电的发展史、生物电的发现、电池的发明、现代电池的发展状况。其他组的同学做了补充。有的小组详细介绍了古代电池的模型，有的小组介绍 1780 年意大利生物学家伽伐尼在做青蛙解剖时，发现的"生物电"，引出伽伐尼和伏打关于是不是生物电的学术争论，以及伏打电堆的原理。有的小组详细介绍了铅酸蓄电池，并阐述了铅酸蓄电池的优点及缺点，尤其是对环境方面的担心。教师在此补充资料，铅酸蓄电池的比能量低，并注意废旧电池的回收，避免对环境的污染。在此环节上帮助学生树立绿色化学的思想，让学生牢记习近平总书记关于"金山银山不如绿水青山"的嘱托。

课上第 2 个环节是结合资料请学生思考：如果你是电动汽车的电池设计师，你会选用三元锂电池还是磷酸铁锂电池呢？你认为从哪些方面可以继续优化锂离子电池？学生们以小组为单位，结合资料讨论后各抒己见，从不同角度阐述选择某种材料的理由，从而完成了电池评价角度的教学。

课上第 3 个环节是老师补充锂电池的应用现状，介绍了我国比亚迪推出的刀片电池，它通过了电池安全测试领域的"珠穆朗玛峰"——针刺测试。刀片电池是比亚迪于 2020 年 3 月 29 日发布的电池产品。该电池采用磷酸铁锂技术，体积利用率提升了 50% 以上，达到了高能量密度三元锂电池的同等水平，续航里程轻松突破 600km。2022 年 6 月，宁德时代发布的"麒麟电池"，采用电芯大面冷却技术使安全性大幅提升，空间利用率达到 72%，续航里程可突破 1000km。

最后，教师引用商务部发布的数据，说明 2022 年我国以电动汽车、光伏产品、锂电池的出口为代表，我国高技术、高附加值、引领绿色转型的产品成为出口新增长点。学生听完都很振奋，感叹于我国科学技术的快速发展。

## （四）课后反思——对电池发展历史进行总结

本节课结束后，学生深刻体会到了从伏打电堆到丹尼尔电池、铅酸蓄电池燃料电池，再到锂离子电池是科学的不断发展；从传统的锂离子电池到刀片电池、麒麟电池，再到六棱柱电池是技术的进步；在原有的发展历史上补充了当前锂离子电池的发展现状及电池的未来。

此外，从电池发展史，学生也深刻感受到科学家们严谨的治学态度，对实验中细小的异常现象仔细分析，从一点一滴做起，体会本节课的主旨思想："铅锂"之行，始于足下。

## 三、案例分析

### （一）查阅电池发展历史资料，穿越古今，激发学生民族自豪感

我们通过课前电池发展史的调查作业，帮助学生了解电池的发展历程，通过科学史的教育让学生感受中外科学家们的治学精神，培养学生认真求实的科学态度；通过引导学生运用化学、物理、数学、仿生学等知识解决电动汽车电池续航的实际问题，培养学生学以致用的意识及"科学态度与社会责任"的核心素养。在教学中，巧妙利用素材，以我国比亚迪的"刀片电池"和宁德时代"麒麟"电池为例，让学生感受我国科学的创新与技术的创新。激发学生民族自豪感。商务部在 2023 年新闻部发布会公布："2022 年我国电动汽车、光伏产品、锂电池出口增加，我国高技术、高附加值、引领绿色转型的产品成为出口新增长点"，我们以新闻中的内容为素材，帮助学生理解科学创新及技术创新的重要性，从而更深层次理解科学技术是第一生产力。

## （二）基于大思政框架下的化学课程实践探索，教师要深挖数学与思政的结合点

"课程思政"重在"知识的传授"与"价值层面的引领"并行，从而实现教育的全程育人、全方位育人的目标，这与高中化学学科核心素养高度一致，高中化学学科核心素养中的"科学态度与社会责任"，它包含两个层面：对与化学相关的社会热点有正确的价值判断，具有严谨求实的科学态度，学生能够认识到化学对人类社会的作用。因此，化学教学不仅需要传授知识，更需要承担好为党育人、为国育才的责任。在教学中既需要帮助学生丰富学识，增长见识，还需要将化学知识与思政元素相融合，在教学中弘扬社会主义核心价值观，让知识的传授与价值导引保持一致，帮助学生建立中华民族文化的自信。

化学作为高中学生的必修课程，需要与思想政治课同行，在高中化学教学中有机融入思想政治教育，坚持在社会主义核心价值观下实现化学学科育人的目标。教学中通过我国取得的科技成就，激发学生的民族自豪感和自信心，帮助学生认识到科技兴国的使命感，激发学生的家国情怀。通过潜移默化的教学使学生筑牢爱国主义、民族情怀的基础，为社会主义建设培育出优秀的化学人才。

## 四、案例点评

案例将学生所学的课本知识与现实生活、科技前沿以及电池历史发展有机结合起来，在传授化学知识、方法的同时渗透了课程思政的理念，有意识地发展和提升学生"科学探究与创新意识"及"科学态度与社会责任"的核心素养，同时也能够帮助学生树立科技报国的理想和志向，值得推广和借鉴。

# 探秘米酒酿造　感受民族智慧

李　燃　闫如月

## 一、案例背景

党的二十大报告强调，要把马克思主义基本原理同中国具体实际相结合，同中华优秀传统文化相结合。全面执行党的教育方针，落实立德树人根本任务是广大教师职责所在。全力培育德智体美劳全面发展的社会主义建设者和接班人，需要释放优秀传统文化新活力，实现学生由"知"到"情"再到"行"的转变，全面提升立德树人实效。

习近平总书记指出："培养社会主义建设者和接班人，首先要培养学生的爱国情怀。"爱国主义是中华民族的民族心、民族魂，激励着一代又一代中华儿女为国家发展繁荣不懈奋斗。中华民族绵延不绝的辉煌历史，孕育滋养了中华儿女厚重隽永的爱国情怀，谱写了可歌可泣的爱国主义篇章。对于具体教学而言，要以生动可感的教学方式引导大学生对优秀传统文化的认知，激发大学生对传统文化的探知欲，进一步增强对中华传统文化的认同。

## 二、案例描述

在山东科学技术出版社出版的普通高中教科书《化学》（必修）第二

册第 3 章的学习之后，教材设置微项目《自制米酒——领略我国传统酿造工艺的魅力》。其中与中国传统文化密切相关的内容包括了解米酒酿造的变化原理、了解酿酒工艺发展两个部分。

## （一）了解米酒酿造的变化原理

学生完成课前任务，以了解米酒酿造的变化原理为目的，从不同的角度查阅资料，课程初始阶段，依次完成汇报。

有的学生说："米酒生产常常以糯米作为原料，在发酵过程中，毛霉菌会分泌出糖化酶。淀粉等大分子糖类在糖化酶的作用下会水解成麦芽糖、葡萄糖。在无氧的条件下，酵母菌会分解葡萄糖和麦芽糖，产生酒精和二氧化碳。发酵过程本质上是酵母菌无氧呼吸的过程，酵母菌在有氧和无氧的条件下都能生存，属于兼性厌氧菌。在有氧的条件下，酵母菌通过细胞呼吸产生大量的二氧化碳和水；在无氧的条件下，酵母菌通过细胞呼吸产生酒精，会产生少量的二氧化碳。同时，醇类、糖类等物质会在各种酶的作用下被氧化成有机酸，这就是为什么米酒生产过程中pH 值会缓慢降低的原因。"

教师对学生的汇报进行点评，认为该学生可以以高中生物的学习为基础，对酿酒的过程进行分析和认识。并从化学学科的角度帮助学生深刻的认识到酵母菌、乳酸菌等微生物的无氧呼吸叫发酵。在没有氧气参与的情况下，葡萄糖等有机物经过不完全分解释放少量能量的过程，就是无氧呼吸作用。

还有的学生结合中国古代著作进行这样的描述：成书于北魏末年的《齐民要术》中，关于米酒的酿造有这样的记载，"乃平量曲一斗，臼中捣令碎。若浸曲一斗，与五升水。浸曲三日，如鱼眼汤沸，酘米。"这句话涉及了米酒酿造的三个过程，即"捣——研磨、碾碎；浸——浸泡；

酸——在清水中淘洗"，浸泡酒曲的目的是加快酒曲中微生物的代谢速度，"如鱼眼汤沸"的意思是如汤锅沸腾一般冒出鱼眼大的气泡。猜测气泡是微生物呼吸释放的二氧化碳，代表了微生物的活性。《齐民要术》中还有这样一句，"初冻后，尽年暮，水脉即定，收水则用。其春酒及余月，皆须煮水为五沸汤，待冷浸曲，不然则动。"这句话介绍的是如何预防酿造过程中酒变质。冬月及腊月，可直接用水浸泡，因为此时温度低，微生物性弱；其余时节，浸泡酒曲的水须反复煮开，因为此时温度高，煮开可以起到杀菌的作用。

教师结合学生的发言，抓准教学切入点，适时提问："如同学所查资料，在酿酒过程中要考虑温度（季节）的影响，温度除了影响酿造过程中酒的变质速度之外，还会对什么产生影响呢？应该怎样控制温度呢？"引发学生思考。

经过讨论，学生进行了表达："在酵母菌发生无氧呼吸的过程中，可以概括地分成两个阶段，第一个阶段是 1 分子的葡萄糖分解成 2 分子的丙酮酸，并释放少量的能量。第二阶段是丙酮酸在酶的作用下分解生成酒精和二氧化碳。由于酶所催化的化学反应一般是在比较温和的条件下进行的，适宜的温度下酶的活性会升高，所以，往往选择 25℃～ 35℃的环境完成酵母菌的培养和发酵。"教师的提问和学生的回答具有生成性，既推动了课堂的发展，又使课堂教学真实、流畅。

在学生汇报的基础上，教师又引导学生关注其他古代经典著作，例如《礼记》《北山酒经》《天工开物》等。

学生说，在《天工开物》中，《曲蘖》篇记载"凡酿酒必资曲药成信。无曲即佳米珍黍，空造不成。"意思是酿酒必须要用酒曲作为酒引子，没有酒曲，即便有好米好黍也酿不成酒。"曲"和"蘖"都代表含有微生物的酒曲，分别用来酿造黄酒和甜酒。"造者将麦连皮，井水淘净，晒干，时宜盛暑天。磨碎，即以淘麦水和作块，用楮叶包扎，悬风处，或用稻秸罨黄，经四十九日取用。""造面曲用白面五斤、黄豆五升，以蓼汁煮烂，再用辣蓼末五两、杏仁泥十两和踏成饼，楮叶包悬与稻秸罨黄，法亦同前。"这两段则分别描述了用麦粒和面粉制作酒曲的过程，说明除了用糯米酿制米酒，酿酒也可以使用其他原料，酿造不同的酒，所以酿酒的原料种类也是一种影响因素，而且"时宜盛暑天"也表明温度对酿酒有所影响。

在学生汇报之后，教师对学生的发言进行了点评，鼓励了大家关注中国古代综合性农学著作《齐民要术》《天工开物》中的相关内容，并对著作的内容即米酒酿造的步骤以及如何预防酿造过程中酒的变质进行了适当的总结，引导学生感受中国古代劳动人民的智慧。

## （二）了解酿酒工艺发展

在课程的后半部分，教师结合"在发酵的过程中酒精度达到一定数值之后就保持不变"的事实，引导学生认识到这是因为反应具有一定的限度，再基于此向学生提问："如何使酿造出的米酒酒精度变大？"

学生通过课前查阅资料，提出采取蒸馏的方法。学生这样表达：当酒中的乙醇体积达到 10%，且 PH<5.4 以后，酵母菌的活性就会受到抑制，产生乙醇的速率趋于平缓。发酵好的米酒中，乙醇的含量约为 5%。这时我们可以把米酒加热后变成酒蒸汽，在通过冷却，酒精蒸汽重新变回液态的酒，从而提高酒精的纯度。

教师对学生的发言作出肯定，并指出蒸馏酒的产生是人类酿酒史上划时代的进步，是人类利用物理、化学方法改进工艺，改善生活的重要体现。最后请同学为大家介绍酿酒工艺的发展历程，学生利用 PPT 汇报酿酒工艺的发展。

在提问、讨论、汇报、总结等环节之后，教师引导学生认识到酒是一种文化的载体，酿酒工艺历史悠久，内涵丰富。了解酿酒工艺的发展，对我们感受技术的发展与进步有重要的意义和价值。通过了解酿酒工艺的发展，帮助学生从哲学的层面感受酒的发现的偶然与发展的必然，即人类发现酒是偶然，发展酿酒工艺是人类不断追求生活品质和乐趣的必然，而在发展工艺的过程中，靠的是科学技术的发展。

## 三、案例分析

米酒酿造在高中化学、生物的课程中都有涉及，是一个基于实际问题解决的教学素材。本项目以"我是米酒酿造师——如何在家中酿造出美味可口的米酒"为主题，在化学、生物学融合的大背景下，开展"认识物质转化及调控化学反应"的教学。在认识酿造工艺中有机化合物及其反应的过程中，学生学会从化学的视角分析、解释生产、生活中的实际问题，体会调控反应条件的重要性，感受中国古代劳动人民的智慧，感受科学技术的进步对人类生活的重要影响，从而发展创新意识及社会责任的核心素养。

教学过程中，基于《天工开物》《齐民要术》等著作，一方面，教师要引导学生感受科学史上宋应星等前辈们强烈的使命感与百折不挠的精神。被外国学者称为"中国17世纪的工艺百科全书"的《齐民要术》，从各方面为从事农业生产的劳动者提供了重要的知识与经验，具有富民教民的现实意义。另一方面，教师要带领学生感受古代著作中蕴含的哲学思想。如《齐民要术》中"顺天时，量地利，则用力少而成功多"，体现了我国农耕文化中所强调的"地生万物、天养万物、人与天调、天人合一"，表示人与自然应和谐相处。

　　学科教学要渗透德育观念，引导学生继承优良传统、传承文化基因、赓续精神血脉；鼓励学生崇尚劳动、尊重劳动，并创造性地劳动，用奋斗书写时代发展新篇章。

## 四、案例点评

　　学科教学的最终目的是育人，案例米酒酿造不仅让学生理解米酒酿造工艺中的科学原理和所设计的化学、生物知识，还通过对我国古代酒酿造工艺资料的查询和展示感受我国古代劳动人民的勤劳和智慧，同时感受中华文明绵延不绝、历久弥新、传承发展的生机活力。既有科学方法的普及，也有对传统文化的继承和创新。

# 生物职业调查与体验

王晓蕾　谢震泽

## 一、案例背景

课程思政指以构建全员、全程、全课程育人格局的形式将各类课程与思想政治理论课同向同行，形成协同效应，把立德树人作为教育的根本任务的一种综合教育理念。高中生物学"课程思政"可以通过提炼生物学课程中蕴含的思政价值基因，将思政教育"精准滴灌"式地融入教学，并通过课堂教学的渗透融合，实现学科核心素养提升与思政教育吸收内化的统一。

高中阶段，学生在学习生物学知识的同时，已经了解到在与生命科学相关的不同研究和实践应用领域，需要具有不同知识和技能的生物专业人员。在高中阶段对学生开展初步的生物学相关职业教育，引导其形成正确的职业观是生物学"课程思政"的重要组成部分和任务之一。通过引导学生参与职业调查与体验，了解自己的兴趣和专长，形成积极的劳动观念和态度，形成初步的生涯规划意识和能力，有助于学生把政治认同、国家需求、文化自信、人格养成等与职业实践课程的知识传授与技能训练有机融合。通过在高中生物学"课程思政"工作中对学生开展初步的职业教育有助于培养未来人才全面发展，为中国特色社会主义事业培养合格的建设者和可靠的接班人。

## 二、案例描述

高中阶段开展职业调查与体验课程，将知识传授、价值塑造与能力培养进行融合，使学生在进行知识教育学习的同时，走出校园、接触社会、接触职业，主动地尽早为自己未来的专业选择和人生目标确立进行初步的准备与规划。

生物职业调查与体验课程，首先，结合学生感兴趣的生物相关专业，进行有针对性的职业体验实践活动，包括职业选题、寻找职业机构和职场人士、接触职业、访谈专业人士、实地体验等；其次，在课程设计中可以对学生进行科学方法（如文献研究法、问卷调查法、访谈调查法、实地考察法等）的指导，引导实践活动的合理设计与有序开展；最后，在活动过程中，组织学生以团队形式进行项目式分工合作，共同参与活动的设计与实践，体会到合作的重要性。

课程完成后，学生获得了真实的职业认识与情感体悟，形成较为深刻的职业理解，开始逐步关注自身的兴趣专长和专业选择、职业需求，形成初步的生涯规划意识和能力，更重要的是形成了积极的劳动观念和责任态度。

下面以在生物学课程中开展的"欣喜若鸢，走近猛禽康复师"职业调查与体验课程为例来进行阐述。整个项目的准备、实施与总结交流持续两个半月，在活动前进行课程设计、在整个活动当中尊重学生们生成的活动思路，最终形成了多样化的课程安排（见表 2-3）。

表 2-3 "欣喜若鸢，走近猛禽康复师"职业调查与体验活动课程

| 项目进展 | 周次 | 课程安排 | 时长 |
|---|---|---|---|
| 项目准备阶段 | 第 1 周 | 组建团队、设计职业兴趣调查问卷 | 1.5 小时 |
| | 第 2 周 | 职业兴趣问卷调查与分析<br>确定职业调查与体验活动主题 | 2 小时 |

续表

| 项目进展 | 周次 | 课程安排 | 时长 |
|---|---|---|---|
| 项目实施阶段 | 第3周 | 猛禽康复师职业资料调查与分析<br>寻找与职业相关的社会资源 | 1.5小时 |
| | 第4周 | 模拟情境中进行职业工作日常角色扮演<br>寻找与职业相关的社会资源 | 2小时 |
| | 第5周 | 访谈法学习（设计访谈提纲）<br>猛禽康复师职业讲座与访谈的准备和组织工作 | 2.5小时 |
| | 第6周 | 北京师范大学北京猛禽救助中心猛禽康复师<br>职业讲座、面对面访谈 | 2小时 |
| | 第7周 | 北京野生动物救护中心参观活动沟通与准备 | 2小时 |
| | 第8周 | 北京野生动物救护中心<br>实地参观、简单职业体验，面对面访谈 | 4小时 |
| 总结交流阶段 | 第9周 | 整理访谈记录、撰写结题报告 | 2小时 |
| | 第10周 | 项目结题汇报与总结反思<br>生物社团公众号发布分享文稿 | 2小时 |
| 拓展延伸阶段 | 长期 | "保护鸟类、珍爱生命、敬畏自然"校园志愿活动 | — |

课程阶段一：以兴趣为导向，确定职业理想。

基于高中生物学课程，学生自主设计并发起职业兴趣调查——"喜欢生物，我可以从事什么职业？"学生通过小组自由讨论发掘自身职业兴趣与理想，教师指导学生采用问卷调查法开展学生职业兴趣调查，学生进行问题设计，汇总形成问卷，并进行数据分析。通过实际调查，了解学生对于职业调查与体验课程的内容需求以及希望得到哪些帮助和体验，真正将学生们真实感兴趣的职业作为主题，开展职业调查与体验活动。

课程阶段二：以成就感为动力，提高学生主动意识与责任意识。

积极引导学生突破难点、帮助学生建立自信，更多地接触社会、增加职业认知，提升自身综合素质，学会面对问题、解决问题，主动寻求社会资源，增加参与职业调查与体验活动的动力与热情。本次课程从学生的职业兴趣出发，没有现有社会资源，如何主动地寻找到相关职业人员和工作单位并获得支持成为难点。学生们从经历挫折、面对失败，到逐渐能够冷静、主动解决问题；从想要放弃退出，到能够积极负责好所承担的团队任务。最终学生们邀请到北京猛禽救护中心的猛禽康复师来校讲座并面对面访谈，联系到北京野生动物救护中心进行单位实地参观、康复师们的现场访谈、简单的职业体验与实习等，最终获得对这一职业的真切理解与体验。

课程阶段三：完成自我探索与职业价值匹配。

本课程是结合学生职业理想，有针对性地与大学生物专业的就业方向相结合的职业体验实践活动。学生对高中学科、大学专业和未来职业之间的关系有了直观的理解，能够从工作内容、工作时间、加班情况、危险性、稳定性、工资、福利、保障、行业发展、社会需求、职业发展以及具体的企业文化、办公室氛围等方面，打开职业认知思维，在全面深入了解的基础上，形成自己对一个职业的理性认识和真切的理解。并且学会从知识、技能、专业、学历、身体条件、性格等各方面了解职业要求，对自己设定目标、努力提升自我。

## 三、案例分析

以往的职业体验活动，往往直接借助已有的社会资源来组织活动，不能从学生的真实兴趣和需求出发，实践内容较为固定、形式较为单一，学生被动参与活动的积极性不高，没有起到好的教育效果和学科思政价值。

在生物职业调查与体验课程中，首先，采取正确的教育方式，以学生为主体，尊重学生的兴趣，激发学生的能动性，引导学生主动推动实践。在设计课程时，自然而巧妙地渗透教育思想，使学生在潜移默化中实现思想道德与知识能力的共同发展。其次，深入研究课程内容，发掘思政价值，着重培养学生生物素养，并指导学生学会做人、学会做事、学会成才。学生在实践中体会团队的力量与努力后的喜悦、理解各行各业的艰辛与不易、获得最直接的生活体验，在内心深处受到感动与震撼，懂得感恩、体味责任。最后，鼓励学生形成奋斗意识，树立正确发展方向，将个人的学业规划、职业目标同国家发展的现实需求相统一。猛禽处于食物链顶端，是衡量地区生态环境的晴雨表。近年来，我国着力推进野生生物保护管理体系和能力建设，增强野生生物救助与野生生物栖息地管理，在野生生物保护法的基础上专门出台《野生动物收容救护管理办法》，建设和发展以野生动物救护救助中心、城市动物园、野生动物园等为主体的救护救助体系，加强专业人才队伍建设。

通过开展生物职业调查与体验课程，学生在学习生物学知识、了解生物学专业的同时，将政治认同、国家需求、社会责任、文化自信、人格养成等与自身发展进行综合理解，全面提升了学科核心素养。本课程以"立德树人"作为教育的根本任务，达到了学科思政的目的。

## 四、案例点评

本案例通过设计"生物职业调查与体验课堂"，让同学们从自身真实的兴趣和需求出发，形成较为全面而深刻的职业理解，形成初步的职业生涯规划意识和能力，形成积极的劳动观念和责任态度，帮助学生从兴趣走向志趣，从志趣走向专业，从专业走向职业，从职业实现个人价值，服务奉献社会。教育的重要任务就是培养学生发现问题、解决问题的能力，发现的问题越有价值，解决问题越有意义。

# 识山体，勇攀峰

张柯颖

## 一、案例背景

世界之最珠穆朗玛峰巍峨耸立，吸引无数人攀峰，世人赞美攀登者的勇敢无畏，却忘记了那些为珠峰清理垃圾的夏尔巴人，可以称之为真正的英雄，为保护珠峰的干净纯洁，保卫大江大河之源的纯净，他们穿山谷，越山脊，攀过一座座山峰，清理沿途的垃圾。

学生已认识地图三要素（图例、比例尺、方向）初步具备读图能力，并会运用地图设计、选择路线。在本节课中学生将运用手中的等高线地形图，跟随夏尔巴人的步伐，一起认识喜马拉雅山脉不同的山体部位，攀上本节课的"珠峰"，感悟攀峰之不易，同时树立热爱祖国、保护祖国大好河山的思想，形成保护环境、保护生态的人地协调观。

## 二、案例描述

等高线地形图是利用带有海拔高度曲线的形态变化来表示坡度陡缓和山体部位的地图。通过判读等高线地形图，可精确断定山体部位，可以设计路线开展爬山、宿营、攀岩等活动。等高线地形图比较抽象，需结合景观图帮助学生理解。

　　判读等高线地形图的思路主要如下：①看疏密，判陡缓。②看闭合找峰盆。等高线呈闭合圆圈状的，观察数值变化，由四周向中心数值越来越高的，为山峰；由四周向中心数值越来越低的，为盆地。③两山峰处为鞍部。④高凸山谷，低凸山脊。观察等高线，等高线形态弯曲处，为山谷或者山脊，按照等高线弯曲方向，数值越来越高为山谷，数值越来越低则为山脊。⑤最密集处为陡崖。

## （一）新课导入

　　播放夏尔巴人攀登珠峰清理珠峰垃圾的视频。请学生思考：夏尔巴人在攀峰过程中可能遇到哪些危险？夏尔巴人清理珠峰？夏尔巴人清理珠峰时折返路线的起始点分别是什么？

　　本设计主要目的：①培养学生地理信息的提取能力。②感悟夏尔巴人的英勇。③知道并理解保护珠穆朗玛峰环境的重要意义，培养保护祖国大好河山的思想，培育人地协调观这一地理核心素养。

## （二）活动过程

　　①观察"珠穆朗玛峰等高线地形图"，分析夏尔巴人行进路线所经等高线分布状态与其他位置等高线的不同。"看疏密，判陡缓"通过读图识别攀登珠峰路线是选择等高线最稀疏的一条，帮助学生树立地理知识可以服务生活意识，在日常爬山活动中，可以根据等高线的疏密状态，选择最适宜的登山路线。

　　②结合山体模型图、等高线地形图与夏尔巴人大本营景观图以及视频资料总结珠峰与夏尔巴人宿营地的形态特点，并在等高线地形图中找出该位置，归纳等高线形态特点。通过景观图，总结山峰是高耸的尖状，鞍部形态似马鞍（或者两个驼峰之间的部位）的形态特点，并结合等高

线地形图总结归纳其对应的等高线形态特点。

③读大本营至 Camp4 以及 Camp4 至珠峰路线景观图，描述两段路线的不同之处，(形式不限)可用手比画、绘图、语言描述等指出其差异。结合大本营至珠峰路段的等高线地形图，找出山谷与山脊处等高线形态的异同。

在上面的活动中，通过景观图与等高线地形图，在认识判读山体部位的过程中会遇到许多问题，如等高线地形图较抽象难理解、怎样去描述等高线形态、山体形态，等等。在处理描述类问题时，地理老师应及时予以帮助，不一定先教学生如何去处理这些问题，在实际读图活动中，有些学生能摸索出经验，并总结不同山体部位的形态特点与等高线分布特点，对于理解能力相对较差的学生，教师应予以其帮助。这样学生对等高线地形图的判读会相对顺利一些。在表述类展示分享时，可以不局限语言表述这一种方式，可以让学生用动作语言以及绘画等形式表达。

根据珠穆朗玛峰等高线地形图并结合珠峰景观图，学生较容易判读地形陡缓，感受到夏尔巴人攀登珠峰的勇往直前的精神。通过读图找到呈弯曲形态的等高线，判读数值变化，需要教师帮助学生甄别数值的变化趋势，按照等高线弯曲的方向，数值越来越大，海拔越来越高的，为山谷，反之为山脊。

最后，作业布置为以动手实践的形式，学生回忆自己见过的地面形态(平坦的地面，高耸的山峰，凹陷的山谷，凸起的山脊，四周高中间低的小洼地……)，用橡皮泥、超轻黏土、泥巴、土豆等材料，制作地面形态模型，并绘制上等高线。本作业的设计突出对学生地理实践能力、核心素养的培育，即通过制作山体模型、绘制等高线培养学生的知识综合运用能力、地理绘图能力，作业要求中的"绘制""制作"强调的是对学生操作能力的要求，更是对学生对本知识掌握程度的检测。本内容属于地理技能学习，学生必须通过动手操作才能真正掌握。

## 三、案例分析

小小一幅等高线地形图，却能涵盖一座山体的不同部位，感受地面的起伏，这就是地理语言的魅力，通过读图、析图、用图，培养学生的读图能力，让学生获得用地理知识解释生活现象的成就感，树立学习地理的信心。形成用地理知识解释生活并服务于生活的意识。

### （一）跟随夏尔巴人，攀珠穆朗玛峰

学生只知珠穆朗玛峰是世界最高峰的美誉，却未曾了解过珠穆朗玛峰的积雪还是我国大江大河的重要水源，也未曾了解珠穆朗玛峰自然环境的恶劣，本次课借用夏尔巴人清理珠穆朗玛峰垃圾的故事，跟随他们的足迹，一起感悟攀登珠峰的险峻以及攀峰后一览众山小的喜悦。

### （二）读等高线地形图，攀读图之峰

结合珠穆朗玛峰高度与夏尔巴人攀登珠峰的案例，以问题链的形式层层深入，探究海拔高度、相对高度、等高线地形图与五种山体部位及其应用，利用最近发展区理论，应用景观图、等高线地形图，抽象与具象结合，引导学生逐步建构等高线地形图的知识框架，转变读图视角，从关注等高线地形图全貌到局部，由关注整体形态到聚焦山体部位，在培养学生读图能力的同时，认识不同山体部位，理解山峰、鞍部、陡崖、山谷、山脊对人类生活的意义。

## （三）建构地理思维，攀地理学习之峰

地理思维是人们根据思维的共同规律，认识地理事物，把握地理事物的本质，揭示其内部联系，达到对地理事物规律性的认识的过程。地理思维是理性认识地理事物的过程，是一种理性认识活动。在认识山体部位形态特点时，山体景观图与等高线地形图相结合，达成由表及里、由现象到本质的进阶认识。阅读等高线地形图是学生建构分析综合这一地理逻辑思维的一种重要形式。把复杂的"等高线地形图"这一面状事物分解为一条条"等高线"条形的要素，在头脑里分析条状要素的形态特点、数值变化，结合起来成为整体。

## 四、案例点评

本案例通过对等高线地图的学习，培养学生人地协调的地理核心素养，了解攀登珠穆朗玛峰的艰辛和凶险。理解夏尔巴人清理珠峰垃圾、保护珠峰生态的重要意义，从而更好地形成热爱祖国、保护祖国大好河山、保护自然环境，建设美丽中国的思想情感！结合地理知识的学习，也使同学们更深刻地理解"攀峰"精神的内涵，就是不怕困难，勇往直前，超越自我，勇攀高峰！

# 借助考古遗存　坚定文化自信

金邵爽

## 一、案例背景

案例来自人民教育出版社出版的七年级《历史》上册第2课《原始农耕生活》，以半坡居民、河姆渡居民的生活为代表，讲述原始农耕生活。本课所属单元为《中国境内早期人类与文明的起源》，通过第1课的学习学生了解到化石是了解远古社会的重要依据，在此基础之上，本课通过考古遗存让学生了解原始农耕生活。第3课《远古的传说》主要是通过传说的形式，这3节课通过不同的形式让学生了解远古社会。

七年级学生刚刚接触历史，还没有掌握学习历史的方法，尚不能用历史学科的规范语言回答问题，但是在日常生活中已经积累了一些学科知识。在本课的教学中，重点借助考古遗存引起学生的兴趣，知道考古发现是了解史前社会历史的重要依据，从而感受原始居民在顺应自然和利用自然过程中的创造性劳动以及体现出的智慧，认识到我国是世界农耕文明的发源地之一，中国的原始居民为世界农业的发展做出了重要的贡献，初步形成家国情怀，坚定文化自信。

## 二、案例描述

### （一）新课导入

"来自 8000 多年前的笛声"，播放中央民族乐团演奏家丁晓逵吹奏贾湖骨笛音频。抛出问题：远古时代，物质条件低下的古人们哪里来的闲情逸致吹奏音乐呢？引出本课主题：在一定程度上这是因为他们运用自己的智慧把野草变成了佳肴，把野兽变成了家畜，他们是中华大地上的第一批农民，他们开启了原始农耕生活。

### （二）教学过程

①结合河姆渡遗址的考古成果，重回考古现场，了解河姆渡居民的农业、手工业。

出示图片"河姆渡遗址内还原的干栏式房屋、河姆渡人干栏式房屋想象图、河姆渡遗址出土的木质水井"，学生了解河姆渡居民的建筑情况。

设计意图：通过考古遗存了解到河姆渡居民的房屋样式受到自然环境影响并且河姆渡人已经定居，而定居的根本原因是农业的产生，引出农耕生活。

学生结合河姆渡遗址出土的炭化了的稻谷、河姆渡遗址出土的骨耜、装有木柄的骨耜复原图、河姆渡遗址出土狗骨、猪下颌骨等图片，推断出河姆渡居民已经种植农作物稻谷并掌握了制作、使用工具的技术。

学生结合"猪纹黑陶钵、陶猪"图片了解到河姆渡居民已经饲养了家畜，并且推断出他们已经会制作陶器、已经学会装饰，具有了审美观念。

②结合半坡遗址的考古成果，重回考古现场，了解半坡居民的农业、手工业。

结合图片"半地穴式房屋遗址、半坡原始居民房屋复原图"，学生分析出半坡居民的半地穴式房屋与黄土高原的地理环境有关。

学生结合"半坡遗址出土的粟、半坡遗址博物馆藏的石斧、耒耜、石锛、遗址内的圈栏、猪狗下颌骨、人面鱼纹彩陶盆、纺轮"等图片推断出半坡居民掌握了农业生产技术、学会了制作工具、会捕鱼、饲养家畜并且掌握了制陶、纺织技术，初步有了审美意识。

③结合"河姆渡居民、半坡居民生产生活情况表"归纳出原始农业的标志是农作物种植、家畜饲养的出现、聚落、磨制工具的出现。

## 三、案例分析

考古资源是历史教学的重要资源，同时历史课堂也是美育教学的重要阵地，《原始农耕生活》一课可以将二者充分结合，主要运用了以下策略。

### （一）利用多种形式资源，丰富教学内容

本课课标中要求学生通过本课的学习"知道考古发现是了解原始社会的重要依据"。在考古遗存基础上成立的河姆渡博物馆、半坡博物馆是本课最大的教学资源，所以在结合课标、课本的基础上，本课中的大部分图片都是来自这两座博物馆，而图片不限于出土文物，还包括馆内的模型图（半坡居民聚落模型图）和复原图（河姆渡房复原图），还有馆内的自制视频（半坡居民房屋复原图），这些都是非常生动具体的材料，在直观展现的同时丰富了课堂内容，增加了教学趣味。

## （二）借助文物创设情境，激发探究兴趣

在讲授河姆渡居民的建筑时，我结合文物图片以讲故事的形式创设情境，让学生回到考古现场，学生借助这些图片抽丝剥茧，逐步了解到河姆渡居民的房屋样式、水井结构，感受到先民的智慧与创造力，及其对人类社会物质与精神的进步做出的贡献，在拉近历史与学生距离的同时于无形中渗透了社会美的教育。

## （三）深入发掘文物细节，渗透美育教学

在了解半坡居民制作的陶器——人面鱼纹彩陶盆，可以深入发掘文物的细节。比如彩陶盆的工序、颜色、图案、用途等，学生在了解农耕文明的同时感受先民们的审美以及艺术创作能力。

## （四）借助活动延伸课堂，提升教学效果

在学完本课后在拓展课上给学生布置了作业，结合所学或博物馆官网内容绘制符合史前时期的陶器图案，之后我又利用一节课后活动课的时间让孩子们动手制作简单的陶器。之所以布置这样的作业，是想借助博物馆资源以及课上所学，让学生在进一步了解农耕文明的同时感受先民们的审美以及艺术创作能力，学生认识到先民们在生产劳动中表现出来的智慧，产生崇敬之情，从而达到对祖国悠久历史的认同和尊重，以此渗透美育教学，提升教学效果。结合学生的作品来看，孩子们能够认真地绘制出符合史前时期的图案，展现出了其丰富的创造力和想象力，并在动手制作的过程中感受到先民们生活的不易和劳动的智慧。学生的作品也有一些不足之处，比如重点放在陶器的绘制和制作，在文字介绍方面略显不足，欠缺一定的语言组织能力，需要老师进行更加具体的指导。

## 四、案例点评

习近平总书记曾指出"让收藏在博物馆里的文物、陈列在广阔大地上的遗产、书写在古籍里的文字都活起来"。博物馆资源在历史教学中的应用，对推进中华优秀传统文化创造性转化、创新性发展，提升中华文明影响力和感召力具有重大意义。本案例充分利用考古遗址以及博物馆内的资源来帮助学生了解生活在距今 6000–7000 年的远古人类，不仅激发了学生的兴趣，丰富了教学的内容，而且渗透了美育。学生从每件文物身上，都能感受到中华民族生生不息的文明传承，增强了历史自觉，坚定了文化自信，从而提升了教学效果。

# 安全使用网络设备

## 李　卓

## 一、案例背景

网络的出现和发展促进了人类生产生活的进一步变革，基于网络的创新创造是推动数字时代社会进步和国家发展的重要力量，与此同时网络也会遭到别有用心之人的攻击，因此作为数字时代的合格公民应该具有基本的网络安全使用与防范的常识，并且应该具备维护网络安全、建设文明网络环境的使命担当。

2017 版高中信息技术课标中明确指出"信息社会责任"是核心素养之一，要求学生既能有效维护信息活动中个体的合法权益又能积极地维护他人合法权益和公共信息安全。本节课为高中《信息技术》（必修二）第4章《信息系统与社会》第1节《安全使用信息系统》的内容，力求通过现实生活中鲜活的案例警示学生时刻保持安全意识，通过朗朗上口的操作口诀指导学生常用硬件设备的使用方法。

## 二、案例描述

### （一）课堂导入

播放网络安全宣传片，吸引学生注意。列举案例：北京健康宝遭遇网络攻击事件；委内瑞拉电力系统遭遇网络攻击事件；美国输油管道公司遭遇黑客攻击事件；爱尔兰医疗机构系统遭遇黑客攻击事件。

网络攻击已经不分军用、民用，不分战时、平时，不分国家、企业、个人，每个节点都可能成为攻击跳板，随时可以发生造成难以预测的意外事件，必须要未雨绸缪。

### （二）智能手机的安全使用

手机已成为我们最主要的上网设备，尤其是在移动 5G 高速网络的支持下，各式各样的 App 应运而生，手机的功能已辐射到生活中的衣食住行、购物、休闲娱乐、教育、会议、工作等各个领域，伴随着手机使用率的上升，手机中也被存储了大量的个人信息和重要数据，例如即时通信、个人购物等，会涉及公民的个人隐私以及金融安全，也就是说一旦不法分子拿到了我们的手机和密码，可以在短时间之内就让我们一无所有。

案例：2021 年 11 月，江苏常州高新区警方接到市民胡某报警，称其下载了某视频软件，随后 App 界面上跳出"需要开通 VIP"的对话框。进入充值页面后，显示该 App 正在进行 8 周年庆典活动，付费 1 元即可获得会员资格。胡某按照步骤支付了 1 元钱，但经查询发现自己实际被扣款 888 元。后来该犯罪团伙被警方抓获，该团伙利用的是网上内嵌"暗雷"的手机软件实施诈骗犯罪，他们在客户端给用户的支付页面是 1 元钱，这个并不是真实的支付界面，实际上后台有人暗中修改支付金额，对于我们普通用户而言，一旦安装了此类"暗雷"App，很难识破，最好的方法就是不要下载陌生来源的不明软件。

在移动互联网时代，手机在我们生活中已不仅是一个通信工具，它还可能是我们的导航仪、文件库、账本、钱包等，手机里的个人信息稍不留神就会造成隐私泄露甚至财产的损失。为了保障手机中的信息安全，大家要注意以下几点安全防范措施：

①程序下载要官方。

②数据清理要彻底。

③浏览网站要注意。

④系统更新要及时。

另外还有谨慎使用公共场所提供的免费 WiFi 以及免费充电桩，他有时会引导用户打开某些应用权限，具有很大的安全隐患。所以同学们还要注意设置好自己手机的应用权限。

### （三）智能设备的安全使用

这里所说的智能设备就是指接入物联网中的设备，例如智能家居就是现在最具代表性的，涉及的智能设备可能会有智能手环、智能手表、摄像头、智能门锁、智能音箱、扫地机器人、智能冰箱、电视等，这些可能会给我们的生活带来非常大的便捷，但是同时这里面也存在着安全隐患。

案例 1：儿童智能手表的安全隐患。央视 315 晚会曝光了某款儿童智能手表存在严重的安全隐患，这款智能手表因为使用了低版本的操作系统，具有严重的安全漏洞，一旦不小心启动了恶意程序，很容易获得使用者的行踪轨迹、通话内容甚至视频等个人隐私信息。

案例 2：网络中摄像头的安全隐患。此案例为摄像头偷窥产业链的问题，不法分子通过扫描网络中弱密码的摄像头，贩卖非法获取到的视频内容，从中牟利，导致大量公民个人隐私信息遭到侵犯。

以上两个案例中，智能手表是产品本身存在安全隐患，它使用了老旧的没有安全权限的操作系统导致的安全问题，第二个是不法分子利用了"弱密码"的问题进行隐私侵犯，因此提醒同学们在使用智能设备的时候要注意以下几点：

①更新及时要做到。

②独立 WiFi 配置好。

③密码保护要记牢。

## （四）计算机的安全使用

计算机中的恶意软件包括勒索软件、远控软件、挖矿软件、盗号软件、流氓软件等。

案例1：勒索软件。一旦感染勒索软件，感染标志是感染者会收到勒索信，此时电脑中的文件会被加密。如果感染此类病毒要先拔掉网线，以防止病毒传染给其他电脑，然后去找专业机构处置。因此提醒大家要有备份数据的习惯，在移动存储设备中备份数据。

案例2：挖矿软件。挖矿是跟虚拟货币相关联的，几乎所有的虚拟货币，例如比特币、门罗币，往往是通过计算或解决一些数学问题来获取，有了这些货币以后就可以进行交易，计算或解决这些数学问题的过程一般被称为挖矿。一些民间黑客会通过入侵他人电脑，在他人电脑上植入挖矿程序，用被感染的电脑来帮他挖矿。中了挖矿程序的电脑会非常卡慢，耗电特别快，而且硬件损耗得也非常快。

计算机恶意软件的防范方法有：

①安全工具要装好。

②更新补丁要打好。

③风险提示要阻止。

④下载渠道要官方。

⑤权限管理要把牢。

本节课从网络中的智能手机、智能设备和计算机三个方面介绍了安全使用注意事项及使用方法，希望同学们能够在加强自身防范意识的同时也要提升自己的觉悟，尽自己的一份责任去维护网络文明空间。

## 三、案例分析

本节课对学生日常生活中经常使用或经常接触到的网络硬件设备可能带来的安全问题做出了介绍，并结合实际案例警示学生加强安全防范意识，激发学生的信息社会责任心，呼吁共建网络文明。

### （一）通过列举真实事例唤起安全防范意识

在大多数人眼中，网络攻击似乎是个遥远的词汇。但事实上，近年来针对民生领域的网络攻击时有发生，尤其是关键基础设施成为首要攻击目标。而电力、水利、交通、能源等行业的关键基础设施关系着国计民生，是经济社会运行的神经中枢，这些系统一旦发生网络安全事故，会影响正常运行，甚至会导致整个城市的停摆。

生活中遭遇网络安全事件的人也不计其数，本课开头通过列举国内外经典网络安全事件引出什么是网络攻击，进而向学生介绍生活中发生在大家身边的案件以唤起学生的共鸣从而让学生认识到网络安全的重要性。

### （二）介绍网络硬件设备的正确使用和安全防范方法

在移动互联网时代，手机在我们的生活中已不仅是一个通信工具，它还可能是我们的导航仪、文件库、账本、钱包等，手机里的个人信息稍不留神就会造成隐私泄露甚至财产的损失。如果手机被安装了"暗雷"，这类东西从外表上看貌似与其他 App 没有区别，实际上却是披着合法外衣的恶意软件。物联网就是物与物的联网，万物互联，物联网中的设备也是由软件控制的，如果因为弱密码的问题或是权限设置的问题让别有用心者利用，同样会导致公民大量隐私甚至财产遭到侵犯。计算机中的恶意软件、病毒等问题更是可能造成严重后果，需要引起足够的重视。

本节课从智能手机、物联网中的硬件设备和计算机 3 个方面介绍网络中的安全隐患，并告诉学生正确的防范方法。

### （三）担负信息社会的公民责任

作为信息社会的合格公民要时刻提高警惕，提高安全意识，坚决避免被不法分子利用。同时要树立正确的网络安全观，在掌握网络安全技能的同时，从社会责任、行为规范、道德准则等各方面严格要求自己，遵守国家法律法规，遵守信息社会道德准则，维护个人和他人的隐私及权益，维护清朗的网络空间。

## 四、案例点评

互联网的快速发展为人们的学习生活带来了极大的便利，同时也带来了网络安全的问题。本案例从学生经常使用的网络中的硬件设备入手开展学习活动，用一个个鲜活的事例警示学生要重视网络安全，总结朗朗上口的口诀，教会学生如何正确操作、如何尽量避免安全隐患，从责任上呼吁大家要不负时代使命、社会责任，没有网络安全就没有国家安全。

# 信息安全小老师

张力文

## 一、案例背景

随着互联网和信息化的普及，大数据、云计算等技术飞速发展，渗透到大家生活和工作的方方面面，这些新技术在带来便利的同时，也引发了不少信息安全问题。只有保护好企业与个人的隐私，国家的安全和社会的稳定才有保障。2022 年初中信息科技课程标准特别强调了，学生在使用互联网时，要能利用各种措施做好信息安全的防护。

考虑到七年级的学生已经从生活中获取了足够的网络生活经验，对常见的个人隐私信息有一定的认知，但这种认知并不全面，对信息泄露途径、危害和防护措施了解得并不充分。为了贯彻落实新课标在信息安全方面的要求，我设计了"信息安全小老师"这节课程，帮助培养学生的信息意识和信息社会责任。

## 二、案例描述

本节课分为铺垫导入、新知讲授和总结归纳 3 个环节，主要讲解个人信息安全及其保护措施，旨在帮助学生增强信息安全意识，培养他们的信息社会责任，从自己身边的信息入手，了解信息安全保护措施。

在铺垫导入环节，教师告诉学生，他们即将获得一个新身份——信息安全小老师。要求学生放学回家后，从教会家里人开始，把今天学到的信息安全知识传播出去。接着，教师叙述一个例子：过年前，大家变得繁忙，骗子利用人们上网搜索、准备年货的过程中无意间泄露的信息，来定向发送诱导消息，从而谋取私利。进而引入课程的主题——信息安全。

该环节赋予学生一个"小老师"的身份，一方面给予学生使命感，新的角色能够充分激发学生的好奇心和学习兴趣，另一方面，帮助学生在课后实现"学"与"教"身份的转换，督促他们认真记录课堂中学到的内容，为加深知识的理解和记忆做铺垫。

新知讲授环节是课程的主干，包含了3个环环相扣的部分，它们分别是个人信息是什么、为什么保护个人信息和怎样保护个人信息，这3个部分层层递进，逐渐展开，其内部包含了我们认识新事物的一般规律，即是什么、为什么和怎么办。根据这个逻辑线条组织课堂，有利于帮助学生培养有条理的思维方式。

第1部分，个人信息的组成。

教师先让学生列举需要保护的个人信息有哪些，再给出个人信息的6种类型，即基本信息、设备信息、账户信息、隐私信息、社会关系信息和网络行为信息。之后，再通过课件展示每类信息的含义，同时举几个小例子帮助学生理解这些概念。该部分教学，让学生的思考先于公布答案，以免学生错失自己独立思考的机会。接着，教师分发学习单，让学生对照课件内容完成对应的第1题。这是一道连线题，限时2分钟，要求学生根据刚才所学，将13项具体信息进行分类，并选择一到两位学生分享自己的答案。之后教师公布参考答案，让学生修改订正，并指出容易判断错误的信息。

第 2 部分，信息泄露及危害。

这部分的内容是教学的难点。如果直接询问学生信息泄露的途径及危害可能会使学生无从答起，从而陷入尴尬，因此教师以"爸爸的手机号"和"妈妈的网页浏览记录"为例，引导学生思考个人信息可能的泄露途径和可能造成的危害。继而给出 4 种常见的信息泄露途径（即倒卖、共享交换、自主泄露和黑客攻击），并简述其危害，同时要求学生完成学习单的第 2 题。这是一道填空题，旨在加深学生对该部分内容的记忆。

之后，教师播放"黑客攻击"相关内容的视频片段，这段内容揭秘了黑客是如何窃取大家的信息，并利用这些信息，在不为人知的情况下远程监控，甚至操作受害者的电子设备，集中体现了数据泄露的危害和数据保护的必要性，这些内容用文字形容会显得苍白无力，而通过视频呈现能够更加生动形象，也更具冲击力，有利于信息安全重要性的突显，从而突破教学难点，激发学生后续教学重点学习的迫切情绪。

第 3 部分，个人信息的保护。

教师列举两条个人信息保护措施，并要求学生以此为例填写学习单的第 3 题，即简答生活中的个人信息保护措施。此外，要求学生集思广益，在小组讨论的基础上组织各小组间的保护措施接龙活动，各组代表以接龙的形式，依次列举想到的保护措施。接龙过程中要求各组不能停顿过长时间且接龙内容不能重复。之后教师给出自己整理好的保护措施，并让学生根据其他同学的发言和老师的课件补充自己的答案。该环节内，如果时间充裕，教师还可选取部分与信息安全保护措施相关的视频材料进行播放。

这一环节的内容是教学的重点。以小组合作的形式和接龙游戏的方式激励学生进行头脑风暴，一方面激发学生的学习兴趣，另一方面从"不可重复"的机制上约束学生必须认真倾听和记录其他组的发言，做到取长补短和知识的相互补充。

最后的总结归纳环节，教师引导学生进行课程内容的总结，并针对本课内容的知识大纲归纳认识事物的基本过程，即是什么、为什么、怎么办的过程。让学生自己进行课程内容的总结，有助于加深学生对本课知识的理解记忆，梳理出逻辑主线。此外，提炼出认识事物的基本过程，有利于培养学生的总结能力和习惯。接着，教师宣布同学们考核通过，成为信息安全小老师，并提醒学生把今天学到的知识教给家人，希望学生在教别人的过程中能够将所学到的内容掌握得更加扎实。

## 三、案例分析

本节课的教学目标紧扣学科核心素养，采用探究式学习和小组合作学习的方式，尊重学生在教学中的主体地位，引导学生自主建构知识，鼓励学生在合作中表达自己的观点和倾听他人的观点。

课程的实施旨在帮助学生理解个人信息的内涵，识别需要受到保护的信息；了解信息泄露的主要途径和信息泄露的危害，知道盗用他人信息谋取私利是违法行为；了解常见的个人信息保护措施，在遵守相关法规的同时懂得维护自身合法权益。为了实现以上教学目标，充分调动学生的积极性，我进行了一些新的尝试。

### （一）为了激励学生，课堂里玩起了接龙游戏

本节课的内容在教室这一情境下，操作性较弱，如果学生一直坐在座位上听讲或书写，很快就会感到厌倦和疲惫，进而分心走神，影响听课效果。此外，学生之间如果没有有效的沟通交流，就无法体现集体授课的益处，课堂就会呈现教师一起教，学生各自学的现象，这对学生综

合能力的培养是无益的。因此，在课堂中组织了以小组为单位的接龙比赛。一方面，比赛的形式能够充分激发学生学习和思考的动力，确保小组讨论时尽可能多的孩子能够参与其中，并且大家在头脑风暴的讨论中也在不断激发自己的思维能力。另一方面，以小组为单位的比赛，能够充分发挥组内善于表达的孩子的特长，同时也保护了不喜欢当众讲话的孩子，他们能够在小组协作的不同阶段发挥自己的专长，并在这个过程中共享共同努力的结果。这将有助于他们的协作能力的发展。

### （二）为了激励学生，放学后他们当起了"小老师"

学生由于其知识、阅历的局限性，在日常学习生活中大多扮演着知识技能的汲取者的状态。偶然地从学生到老师的角色转换，会给学生带来新鲜感，提高学习积极性，而"小老师"这一身份又会带给他们一份使命感——他们必须把这些知识学扎实，才有可能拿去教别人。此外，信息安全隐患在日常生活中并不罕见，鼓励学生回家传播信息安全知识，同时也是在鼓励他们关注和参与到家庭生活中，履行家中小主人的责任，并且在实践中加深对知识的理解。

## 四、案例点评

近年来大数据、云计算等技术飞速发展，在为人们的生产生活带来便利的同时也引发了不少信息安全的问题。本案例中教师巧妙地设计了课堂活动，赋予学生信息安全"小老师"的身份，引导学生在活动中了解个人信息的组成部分、知道信息泄露的表现及危害、学习个人信息的保护方法，在学习活动中学生增强了信息安全意识，增强了信息社会的责任担当。

# 团结一致，攀峰向前

孙本昌　江金丽　段　炼　刘　洋　焦龙慧

## 一、案例背景

以习近平新时代中国特色社会主义思想为指导，全面贯彻党的教育方针，遵循教育教学规律，落实立德树人根本任务，发展素质教育。以人民为中心，扎根中国大地办教育。坚持德育为先，提升智育水平，加强体育美育，落实劳动教育。反映时代特征，努力构建具有中国特色、世界水准的义务教育课程体系。聚焦中国学生发展核心素养，培养学生适应未来发展的正确价值观、必备品格和关键能力，引导学生明确人生发展方向，成长为德智体美劳全面发展的社会主义建设者和接班人。

随着义务教育全面普及，教育需求从"有学上"转向"上好学"，必须进一步明确"培养什么人、怎样培养人、为谁培养人"，优化学校育人蓝图。2022 年颁布的《义务教育阶段体育与健康课程方案和新课程标准》坚持了正确的改革方向，体现了先进的教育理念，为基础教育质量的提高做出了积极贡献。2022 年 5 月，在北京景山学校体育学科党支部开会时，书记提出："2022 年新课标已经颁布，但课标内容较多，体育组老师们都有不同的理解和疑惑，如何使老师们花最少的时间深刻理解新课标，在今后的体育工作中落实到位，继续发扬攀峰精神呢？"其中好几位党员教师说道："那咱们党员教师牵头组织一次新课标的集体培训吧！"

## 二、案例描述

2022 年 5 月 19 日，为了能够更好地把握义务教育阶段体育与健康的课程标准，更好地为教学服务，体育学科党支部组织全体育教研组开展线上《义务教育阶段体育与健康课程方案和新课程标准》的解读培训工作。参加本次培训的还有来自景山教育集团四川广安分校、香河分校、河北曹妃甸分校等学校的体育教师。

本次培训由北京景山学校东城区骨干教师、体育教研组组长、体育学科支部书记段炼进行主持和培训，段炼首先对体育与健康新课标进行了整体的分析和部分内容详细的解读，分别从新课标制定的背景、新课标出现的变化这两方面阐述了新课标在体育学科义务教育阶段的重要作用。又从新课标的主要内容以及新课标实施的方法与手段的分析，为今后体育工作的重点进行了说明和引导。在分析中指出，如何促进义务教育阶段的中小衔接、改进统一规划、统一教学实施、建立更有效的体育课程实施方案，是目前所有教师要认真思考，努力实践的重点工作。段炼在培训结束后对参加此次培训的教师们说道："大家可以根据对新课标中某一点的理解，阐述自己的心得体会。"

北京景山学校青年教师孙本昌说道："2022 年版《义务教育阶段体育与健康课程方案和新课程标准》看着与旧版相似，但不论是从课程性质还是课程理念，都改变了很多。在新课程改革实施中，我深切地体会到，体育教师不再是消极地扮演教材执行者的角色，而是一个新课程的设计者。体育教师不应是一个只懂得教人如何运动的教练员，更应该是一个具备现代观念和教育素养，知道如何进行课程建设以及如何运用体育教学方法去促进学生全面发展的教育专业人员。新课标的实施，改变了以往的那种师生不平等的关系，新颖的师生关系正在形成。"

北京景山学校青年教师江金丽说道："在我的课堂实践教学中，我会让学生自信地想，大胆地说，给他们一片自由的天空，经常进行师生互动，通过让学生做小老师，喊口令、做示范，这样我就可以到学生中间，充当他们的一员，学生的主体地位正在凸显，成为课堂学习的主人。在教学方法上我们应采用符合学生身心特点，学生能接受，具有有效激发，调动学生学习积极性的教学方法，勇于突破以往教法的框框。如我在做准备活动时，轮流选择学生带队，并组织全班做好带队同学自编的徒手操，让全班同学起喊口令，既整齐，又使学生易于集中注意力，为学好下一环节做好充分的准备。在激发学生的兴趣上可采用'兴趣导练法''竞赛法''自主练习法''启发法'等，使学生爱上学习项目。"

北京景山学校青年教师刘顺平老师针对新课标中的核心素养也进行了专项解读，体育与健康的核心素养是体育与健康课程的总目标，把握好对核心素养的理解，才能够为今后体育课课程如何制订计划、如何开展体育课的实施奠定基础。

最后小学体育教研组组长、景山排球队功勋教练李峰老师对今后景山体育课的发展方向进行了指导和说明。李峰老师指出：北京景山学校是一所十二年一贯制的教改学校，学校的体育工作也要走在全国的前沿，景山特有的教学环境为景山学校新课标的实施创造了非常有利的条件，下面就需要全体体育教师共同努力，实现提升学生体质、养成学生运动习惯这一目标。

在4位老师发言结束后，段炼进行总结说到，新的义务教育阶段体育与健康课程标准，把体育学科推上了一个新的高度，不仅仅是让教师把运动技能和提高运动能力的方法教授给学生，更是要教师想办法让学生能够主动学习、主动练习，真正地提高身体素质，还要求教师的知识面必须不断扩大，从而能够更全面、更深入地与学生分享。对于学生更高的要求是学生在体育锻炼时，能够把教师教授的各种知识串联起来，学会分析、综合应用，最终达到适应社会、为中华民族的伟大复兴奠定坚实的基础。刚才4位老师的认识和体会都很深刻，希望其他教师在会后能多交流多分享。

## 三、案例分析

新课标要求落实"教会、勤练、常赛"。这条理念指出体育与健康课程应依据学生的学习需求和兴趣爱好，面向全体学生，落实"教会、勤练、常赛"要求，注重"学、练、赛"一体化教学。

### （一）打造攀峰体育，有机结合"学赛练"

从"教"的方面讲，学校继续在课时保障、课程设置、教学形式等方面进行着充足的保障。课时方面，依旧实施小学生每天1节体育课，初中每周四节体育课，高中每周3节体育课。除此之外，小学有大课间跑操，中学每周1课时体育锻炼活动。课时的充足，给了更多"练、赛"机会。每个月1主题地进行比赛活动，攀峰体质健康比赛、竹竿舞、长跳绳、拔河、排球及篮球竞技比赛等，与体育课程有机结合，集体促练，以赛带练，营造良好的校园体育文化。

### （二）牢记教育初衷，树立正确健康观念

北京景山学校根据十二年一贯制的特点和学校教学资源的特点，在

景山学校学生"十大培养目标"中提出：人人"掌握一至两项运动技能、养成一个良好的锻炼习惯，学会一种科学的锻炼方法"。鼓励景山学子发扬学校的"攀峰"精神，不断超越自己。学校积极利用校内外资源开展田径、游泳、乒乓球、武术、篮球、羽毛球、高尔夫等运动项目，为学生创建运动平台。让学生至少掌握一项运动技能、养成一个良好的锻炼习惯，通过健康教育相关知识的灌输，树立良好的健康观念，有利于终身体育思想的养成。

### （三）教研活动丰富，教学技术稳定延续

目前，在中小学体育教学过程当中，除了要全面提高学生的身体素质，在技术教学方面也是重要的一环。我校利用十二年一贯制的教学模式，在这方面也起到更好的促进作用。

对于技术教学，我校体育教师能够在一起进行教研、观摩、备课，这个过程就使得这个学校的体育教师能够更好地统一技术动作的理解以及掌握，不会出现不同的技术理解上的偏差，在教学上能够让学生从开始学习这个技术动作到完全掌握，都能够连贯地进行下去，真正地达到"教、学、练、赛、评"一体化。例如：我校的排球基础较好，因此在排球的技术教学当中，从小学基础教学开始，到初中的过程性考试以及中考，直至高中的模块教学，学生的技术学习掌握都是一样的，不同阶段的教师教学时也能更好地发现问题并给予解决，学生掌握的也就更牢固，直至真正地进行运用。

## 四、案例点评

在向着第二个百年奋斗目标迈进之际，实施新修订的义务教育课程

方案和课程标准，对推动义务教育高质量发展、全面建设社会主义现代化强国具有重要意义。景山学校为了能够更好地把握义务教育阶段体育与健康的课程标准。开展的"团结一致，攀峰向前"主题活动，对促进义务教育阶段的中小衔接、改进统一规划、统一教学实施、建立更有效的体育课程进行了深刻的学习并对学校体育工作计划进行制订与落实。旨在为祖国培养一代又一代有理想、有本领、有担当的时代新人，贡献景山力量。

培根铸魂　明理润心

# 教学设计篇

# 做聪明的消费者

王晓媛

| 教学基本信息 | | | | | |
|---|---|---|---|---|---|
| 学科 | 道德与法治 | 学段 | 第二学段 | 年级 | 四年级 |
| 其他相关领域或学科 | 心理 | | | | |
| 主要教材 | 书名：教育部审定·义务教育教科书　道德与法治四年级上册<br>出版社：人民教育出版社　出版日期：2019 年 12 月 | | | | |

## 一、思政教育设计指导思想与理论依据

以习近平新时代中国特色社会主义思想为指导，全面贯彻党的教育方针，遵循教育教学规律，落实立德树人根本任务，发展素质教育。培养学生适应未来发展的正确价值观、必备品格和关键能力，引导学生明确人生发展方向。

新课标坚持目标导向，全面落实有理想、有本领、有担当的时代新人培养要求；坚持问题导向，注重对实际问题的有效回应，遵循学生身心发展规律，增强课程指导性和可操作性；坚持创新导向，凸显学生主体地位，关注学生个性化、多样化的学习和发展需求，增强课程适宜性，体现课程时代性。

新课标课程理念指出：道德与法治课程教学遵循道德修养和法治素养的形成规律，坚持教师主导与学生主体相统一。在课程中要发挥教师主导作用，晓之以理、动之以情、导之以行，做到价值性和知识性相统一、灌输性和启发性相统一。突出学生主体地位，充分考虑学生的生活经验，帮助学生形成正确的价值观。

## 二、主题教学背景分析

### （一）教材分析

#### 1. 单元内容分析

本单元主题为"做聪明的消费者"，共分为"买东西的学问""合理消费""有多少浪费本可避免"3课，以培养消费者的基本素养为教育主题，引导学生树立正确的消费观念，增强消费者的维权意识，选择合理的消费方式，以及养成勤俭节约的好习惯，帮助他们成长为聪明的消费者。

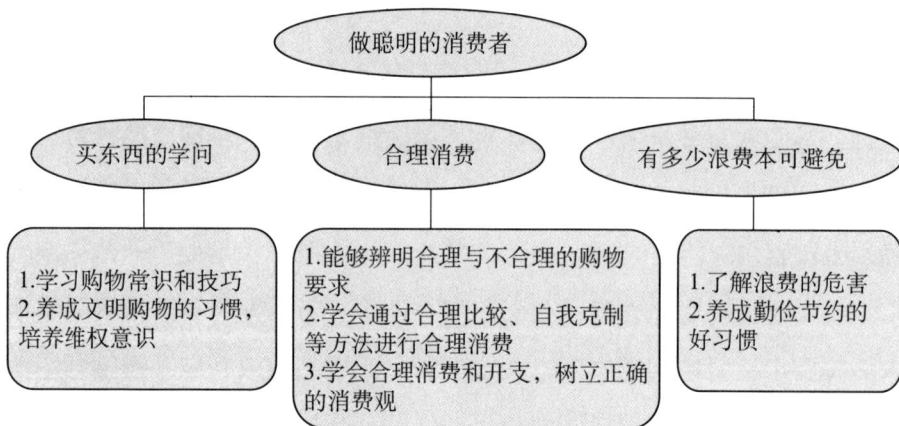

图 3-1　单元结构图

#### 2. 本课内容分析

《道德与法治新课程标准（2022 年版）》中核心素养内涵中道德修养"养成良好的道德品质和行为习惯，把道德规范内化于心、外化于行"。培育学生的道德修养，有助于学生经历从感性体验到理性认知的过程。传承中华民族传统美德——勤俭节约，弘扬民族精神和时代精神，维护国家利益和安全，增强民族气节，明大德、守公德、严私德，形成健全的道德认知和道德情感，发展良好的道德行为。总目标中"学生能够了解个人生活和公共生活中基本的道德要求和行为规范，形成初步的道德认知和判断，能够明辨是非善恶；通过体验、认知和践行，养成良好的道德品质"，以及学段目标中道德教育主题内容要求"学习合理消费、勤俭节约的途径和方法，明白劳动创造财富的道理"。

本课由两个板块组成："那些我想要的东西""学会合理消费"。两个板块之间是递进的关系，先从认知上帮助学生理解并区分合理与不合理的购物要求，认识到合理消费和过度消费的不同后果，再从行为上引导他们学会合理开支，做到节约和合理消费。本次课程课时内容为第一板块"那些我想要的东西"，从学生想要的东西入手，引导学生从多个角度反思自己向父母提出的购物要求是否合理，从而辨明合理与不合理的购物要求。同时，教材还从方法上引导学生学会合理比较、自我克制，理性地做出购物选择。

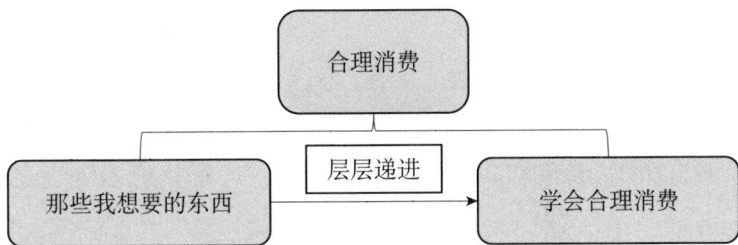

图 3-2　课程结构图

### 3. 学情分析

新课标中将 3～4 年级学生划分为第二学段。3～4 年级是从小学低年级段向高年级段的过渡期。本学段学生已经适应了学校生活，生活视野进一步扩大，具备一定的独立意识。根据以上特点，设置了道德教育的学习主题，其中指出了"学习合理消费、勤俭节约的途径和方法，明白劳动创造财富的道理"的内容要求。

四年级学生心智尚不成熟，缺乏生活经验，易受外界影响，在购物时往往缺乏独立的判断能力，很可能凭直觉提出购买要求而没有考虑实际需求。通过课前对学生及家长的调查，发现在实际生活中，学生会向父母提出自己想要购买的物品，父母多数情况下也会同意他们的购物要求或作为奖励满足学生的愿望。但很多四年级学生并没有分辨其购物要求是否合理的意识，不具备辨别这些购物要求是否合理的方法，难免提出不合理的要求。因此培养学生理性消费的观念，从而使他们能够反思自己的购物要求是否合理，学会自我克制是十分必要的。

由于社会经济水平的不断发展，人民生活水平日益提高，学生也具有不同的消费习惯。因此，需要从学生生活实际出发，让学生获得充分而又真实的体验，引导学生养成节俭的消费习惯，培养节俭意识，教师应倾听学生的心声，适时进行指导和帮助，以实现本课教学目标。

## （二）主题教学目标

（1）能够辨明合理与不合理的购物要求，理解父母拒绝自己部分购物要求的原因。

（2）学会克制自己不合理的购物欲望，知道理性做出购物选择的方法。

（3）反思自己的购物要求，树立正确的消费观。

教学重点：能够辨明不合理的购物要求，克制自己不合理的购物欲望。

教学难点：反思自己的购物要求并及时调整不合理的购物要求，树立正确的消费观。

## 三、主题教学过程设计

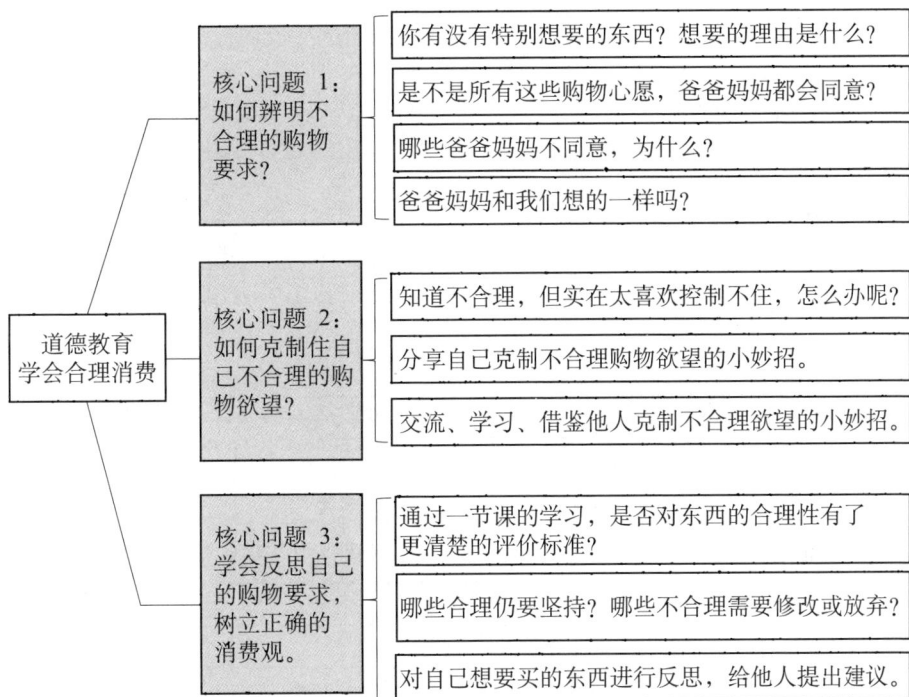

图 3-3　主题作业设计及学习效果评价设计

## （一）单元作业设计

单元分课时整体围绕如何做"聪明"的消费者开展讨论实践学习，3课时分别从购物技巧、合理消费、节约等不同的角度指导学生的思想行为，并在明理的前提下完成课后实践作业。

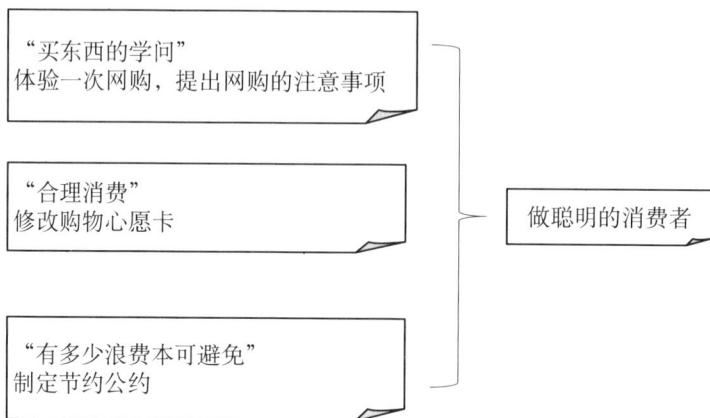

"买东西的学问"
体验一次网购，提出网购的注意事项

"合理消费"
修改购物心愿卡

做聪明的消费者

"有多少浪费本可避免"
制定节约公约

图 3-4　课后实践作业

## （二）学习效果评价设计

### 表 3-1　学习效果评价

| 评价内容 | 评价方式 | | |
| --- | --- | --- | --- |
| | 自我评价 | 同学评价 | 老师评价 |
| 课堂参与 | ★★★ | ★★★ | ★★★ |
| 学习成果 | ★★★ | ★★★ | ★★★ |

| 评价内容 | 评价标准 | | 评价等级 |
| --- | --- | --- | --- |
| 课堂参与 | 1. 能够自觉遵守课堂纪律 | ★ | |
| | 2. 能够主动思考，积极参与发言讨论 | ★ | |
| 学习成果 | 1. 学会购物技巧，保证购物质量 | ★ | |
| | 2. 学会合理消费，在生活中可以实践合理消费 | ★ | |
| | 3. 生活中能够注意节约，珍惜资源 | ★ | |

## 四、主题教学特色分析

课程设计中，以习近平新时代中国特色社会主义思想为指导，把立德树人作为课程的设计终极目标，结合学生学情，在明理辨析的过程中，潜移默化地影响与渗透，帮助学生提高中华民族、中华文化的认同感。

注重多种资源的开发和利用。首先密切联系学生生活实践，充分发掘学生资源，用学生的自身感悟引导学生发现问题、解决问题。其次，利用家长资源，用视频、调查问卷、文字等形式，把家长的指导和意见带到课堂上，助力学生学习、感悟、理解。

课堂上采取多种交流方式，特别是鼓励学生相互交流，指导学生学会倾听、质疑，并能提出自己的见解和展开讨论。学生间的互动学习，让课堂变得更加活跃，让学生的学习兴趣更加浓厚，让学习资源更为丰富，学习的实效性也得到了提高。

## 五、主题教学过程设计

### 表 3-2 "那些我想要的东西"教学过程设计表

| 活动步骤 | 教学活动目标 | 思政教育目标 |
|---|---|---|
| 活动一——图片导入<br>步骤 1：教师展示心愿墙（学生想购买物品图片陈列），并提问：这些是什么呀？<br>步骤 2：学生回答，激发学生兴趣，并引出"那些我想要的东西"主题。（板书）<br>【设计意图：通过图片将学生直观地带入本课学习的话题。创设学习情境，激发学生对本课的学习兴趣与欲望。】 | 激发学生兴趣，引发学生思考，引入本课主题。 | |
| 活动二——我的心愿<br>步骤 1：<br>（1）教师引导。这里都是我们想要买的东西，可真不少，课前大家也写了自己的心愿卡了，这个心愿墙上有你的心愿吗？谁来说说自己的想要买的东西和理由。<br>（2）学生介绍自己的心愿和理由。<br>步骤 2：<br>（1）教师引导提问。我们的心愿爸爸妈妈会满足吗？不会满足的时候，他们都是怎么说的？你能学学爸爸妈妈是怎么拒绝你的吗？<br>（2）学生展示。父母如何拒绝购物要求。<br>（3）教师引导。爸爸妈妈虽然很爱我们，但还真不是什么都满足我们的，那么他们为什么会拒绝我们呢？ | 能够辨明合理与不合理的购物要求，理解父母拒绝购物要求的理由，体会父母的难处、辛苦和关爱。 | 落实核心素养中的道德修养。从对家人的理解关心入手，培养学生的责任意识，为成为有担当的时代新人奠定基础。 |

| 活动步骤 | 教学活动目标 | 思政教育目标 |
|---|---|---|
| 步骤3：<br>（1）教师引导。我们再来听听爸爸妈妈们拒绝我们的理由。（播放家长视频）<br>（2）教师引导。爸爸妈妈拒绝我们的理由还有很多，我们一起来看看，爸爸妈妈写的调查问卷，你还发现家长有哪些想法呢？<br>（3）学生阅读家长调查问卷，并分享。<br>（4）教师引导并提问。看了情景再现，听了家长的意见，爸爸妈妈拒绝我们的理由还有很多呀，你能总结一下吗？爸爸妈妈会拒绝我们哪些类的购物要求呢，为什么？<br>（5）教师引导学生分组汇报并板书总结。<br>不利于身心健康的、不是生活必需的、会造成家庭经济负担的、性价比不合理的……<br>步骤4：<br>（1）教师引导并提问。你们觉得家长拒绝我们的理由合理吗？他们如果拒绝你，你还会争论吗？为什么？请同学们分组讨论。<br>（2）学生分组讨论并汇报。<br>（3）教师引导。可以合理沟通甚至可以有一些争论，但是我们和家长沟通时应该注意哪些呢？<br>（4）学生回答。<br>（5）教师引导。我们注意选择合适的沟通方式和沟通时机，认真听取家长的建议体会核心意思，学会体会父母的关爱、辛苦和难处，在尊重父母的前提下提出自己合理的诉求，放弃自己不合理的愿望。（板书"体谅父母"）<br>【设计意图：以学生为主体，鼓励学生探究、讨论，在合作探究中提升学习能力。引导学生参与体验，提炼总结与反思，训练学生的思维和表达能力，促进感悟与建构。通过以上的学习活动，能够辨明合理与不合理的购物要求，理解父母拒绝购物要求的原因，体谅父母的辛苦、关爱和难处。】 | | |

续表

| 活动步骤 | 教学活动目标 | 思政教育目标 |
|---|---|---|
| 活动三——心愿加工厂<br>步骤1：<br>（1）教师引导。其实是否合理我们要根据我们个人的实际情况，只要是合理的选择就可以了。咱们大家一起再来看看我们的板书，看看怎样修改，就是合理的要求了呢？<br>（2）学生修正板书，去掉否定词语，把不合理要求改为合理要求（修正板书）<br>（3）教师引导。相信同学们一定能体谅家长的辛苦，做到合理消费（板书课题）<br>步骤2：<br>（1）教师引导。请同学们结合这些判断标准，再看看自己的购物心愿卡，是不是需要修改一下呢？请同学们填写P38表格，保留合理的购物愿望，修改或放弃不合理的购物愿望。<br>（2）学生修改。<br>（3）教师引导并提问。同学们都修改过自己的心愿了，再看看我们的心愿卡，你猜猜这些心愿中，有哪些会被取消，哪些会被保留呢？请把你认为会保留的取下来，贴在黑板上。<br>（4）学生到心愿墙前选择心愿并阐述理由。<br>【设计意图：通过本项活动，不断加深学生的知行体验，引导学生进行反思，学以致用，促进知行合一。检验学生本堂课所得，了解学生在合作探究、交流展示以及实践反思等过程中的学习进程。及时评价学生课堂学习阶段目标的达成情况，激发学生的积极性，同时指出存在的问题，帮助学生改进学习。】 | 反思自己的购物要求，树立正确的消费观。 | 树立正确的消费观、价值观。从实践入手，指导学生在实践积累与感悟的基础上理解勤俭节约的重要性，并主动传承中华民族的传统美德——勤俭节约。 |
| 活动四——心愿帮帮忙<br>步骤1：<br>（1）教师引导。相信同学们都能有正确合理的消费观念，但是有个同学叫小兰，她有些疑问，你们能帮助她解决一下吗？<br>（2）学生分享自己的好方法小妙招。<br>（3）教师分享自己的好方法。<br>步骤2：<br>（1）教师引导。观看家长建议视频。<br>（2）教师总结。相信大家一定会有很多收获。 | 学会克制自己不合理的购物欲望，理性地做出购物选择。 | 帮助学生在名利的前提下，用正确的思想指导实际行动，实现知行合一。在生活中传承传统美德，在生活中努力践行有担当的时代新人。 |

续表

| 活动步骤 | 教学活动目标 | 思政教育目标 |
|---|---|---|
| 【设计意图：在同学、老师、家长共同分享"小妙招"的活动中，以学生喜闻乐见的方式，增强道德与法治课的生动性、新颖性。引导学生参与体验，促进感悟与建构，学会克制自己不合理的购物欲望，理性地做出购物选择。】 | | |
| 总结：同学们有了这么多小妙招，又懂得体贴爸爸妈妈，相信同学们在未来的生活中，一定能够理智消费，做个聪明的消费者。 | | |

## 六、教学设计点评

　　道德与法治课程明确提出培养"学生能够了解个人生活和公共生活中基本的道德要求和行为规范，形成初步的道德认知和判断，能够明辨是非善恶；通过体验、认知和践行，养成良好的道德品质"的目标。对小学第二学段设置道德教育专题，提出"学习合理消费、勤俭节约的途径和方法，明白劳动创造财富的道理"。本教学案例正是围绕以上目标开展教学设计，密切联系学生生活实践，充分发掘学生资源、家长资源等多种资源，在课堂上采取多样形式进行师生、学生互动，取得良好实践效果。

# 奇妙的节日风俗

孙诗林

| 教学基本信息 | | | | | |
|---|---|---|---|---|---|
| 学科 | 道德与法治 | 学段 | 第二学段 | 年级 | 四年级 |
| 其他相关领域或学科 | 地理　历史 | | | | |
| 主要教材 | 书名：教育部审定·义务教育教科书　道德与法治四年级下册<br>出版社：人民教育出版社　　出版日期：2019 年 1 月 | | | | |

## 一、思政教育设计指导思想与理论依据

以习近平新时代中国特色社会主义思想为指导，全面贯彻党的教育方针，遵循教育教学规律，落实立德树人根本任务，发展素质教育。培养学生适应未来发展的正确价值观、必备品格和关键能力，引导学生明确人生发展方向。

《道德与法治课程标准》（2022 年版）指出，以立德树人为根本任务，发挥课程的思想引领作用。突出中华民族传统美德、革命传统和法治教育，有机整合社会主义先进文化教育、革命文化教育、中华优秀传统文化教育、国家安全教育、生命安全与健康教育、劳动教育等相关主题。全面落实习近平新时代中国特色社会主义思想，将社会主义先进文化、革命文化、中华优秀传统文化、国家安全、生命安全与健康等重大主题教育有机融入课程，增强课程思想性。

## 二、教学背景分析

### （一）教学内容分析

#### 1. 单元内容分析

四年级下册第四单元主题为"感受家乡文化　关心家乡发展"，共分为"我们当地的风俗""多姿多彩的民间艺术""家乡的喜与忧"3课，着重从家乡的地理位置、风景、物产和人物等方面引导学生具象化地了解家乡，增进对家乡的热爱。

#### 2. 本课内容分析

本课的编写依据是《道德与法治新课程标准（2022年版）》中核心素养内涵部分政治认同中第3条家国情怀，"对家庭有深厚的情感，热爱家乡，热爱伟大祖国，热爱中华民族，自觉铸牢中华民族共同体意识，有以实现中华民族伟大复兴为己任的使命感"。

本课由3个板块组成："风俗就在我身边""奇妙的节日风俗""风俗的演变"。3个板块层层深入，旨在引导学生体会中华优秀传统文化，拉近学生与传统文化之间的距离。其中，第2板块奇妙的节日风俗，旨在引导学生关注节日风俗，并探究这些风俗所蕴含的美好愿望和多样情感。

其中，端午节是本节课重点讲授的内容。端午节作为中国重要的传统节日之一，有着多样的风俗活动。在本节课中，从端午节入手，带领学生感受奇妙的节日风俗，旨在引导学生通过端午节，感受传统节日背后蕴含的共同内涵和多样情感，延续、传承中华传统文化。

### （二）学生情况分析

3～4年级是从小学低年级段向高年级段的过渡期。我校四年级学生对中国传统节日和特色节日都有很大的兴趣，能够通过自主探究在一定程度上了解端午节风俗和其他传统节日风俗的来历，但对于背后蕴含的中华文化与情感了解得并不深入。教师应从学生年龄特点和认知出发，适时进行引导，以实现本课教学目标。

### 三、主题教学目标

①感受风俗与自己的密切关系，知道风俗与我们的生活息息相关。

②了解不同地区的节日风俗，熟悉当地的节日风俗，理解并体会这些风俗所承载的丰富内涵。

③正确看待风俗的演变，能识别不良的社会风俗，主动体验并传承优良风俗。

### 四、主题教学过程设计

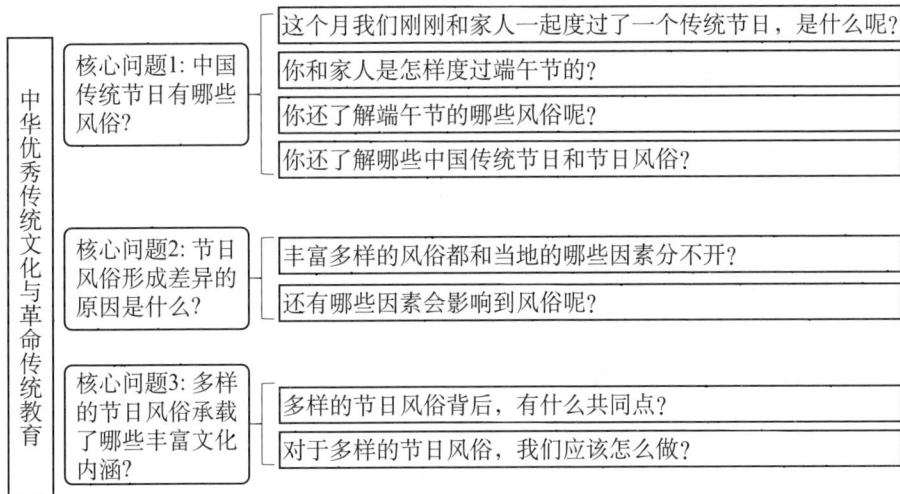

图 3-5　主题教学过程设计图

## 五、主题的作业设计及学习效果评价设计

### （一）作业设计（二选一）

①完成"我最喜爱的传统节日"课后学习单。

②以"传承中华传统文化——我最爱的节日"为题，完成小报的制作。

### （二）学习效果评价设计

表 3-3　学习效果评价设计表

| 评价内容 | 评价方式 | | |
|---|---|---|---|
| | 自我评价 | 同学评价 | 老师评价 |
| 课堂参与 | ☆☆☆ | ☆☆☆ | ☆☆☆ |
| 课堂获得／课后践行 | ☆☆☆ | ☆☆☆ | ☆☆☆ |

| 评价内容 | 评价标准 | | 评价等级 |
|---|---|---|---|
| 课堂参与 | 1. 能够自觉遵守课堂秩序 | ☆ | |
| | 2. 能够积极地思考并回答问题 | ☆ | |
| | 3. 能够积极参与到课堂活动中 | ☆ | |
| 课堂获得／课后践行 | 1. 能够了解端午节的风俗，知道节日风俗形成差异的原因 | ☆ | |
| | 2. 能够在课后继续探讨，完成课后活动 | ☆ | |
| | 3. 能够将节日风俗背后承载的文化内涵说给他人 | ☆ | |

## 六、主题教学特色分析

### （一）将中国传统文化融入课堂

新课标中的修订原则指出：课程要将社会主义先进文化、革命文化、中华优秀传统文化、国家安全、生命安全与健康等重大主题教育有机融入课程，增强课程思想性。

以端午节为主题，激发学生的学习兴趣，旨在引导学生关注节日风俗，探究这些风俗所蕴含的美好愿望和多样情感，了解并感受更多的传统节日和中华文化。课堂上，抓住学生的生活体验，适时引导学生从对传统节日风俗的喜爱，提升到对中华优秀传统文化的认同，引导学生思考粽子背后蕴含的历史和文化，感受五彩绳背后承托的长辈的祝福等。

### （二）突出学生学习的主体地位

新课程标准中要求教师实施教学时要能突出学生学习的主体地位，充分考虑学生的生活经验，通过设置议题，创设多样化的学习情境，引导学生开展自主、合作的实践探究和体验活动。课堂上，将大部分时间留给学生，给学生们机会充分表达自己的看法，引导学生自己主动思考领会，鼓励学生探究。

### （三）注重引导学生主动思维，积极探索，学会分析的方法

在分析不同地区会有不同风俗的原因时，以赛龙舟为例，引导学生观察地图，再分析南北地理环境的差异，理解地理环境的差异会造成风俗的不同。环节的设计重视了对学生思维能力和分析方法的指导，引导学生发现问题、分析问题并解决问题，同时促进了跨学科的融合学习。

## 七、教学设计点评

本课以端午节为主题，以激发学生的学习兴趣为起点，引导学生关注节日风俗，探究这些风俗所蕴含的美好愿望和多样情感，了解并感受

更多的传统节日和中华文化。在教学实践中，抓住学生的生活体验，适时引导学生从对传统节日风俗的喜爱，提升到对中华优秀传统文化的认同，引导学生思考粽子背后蕴含的历史和文化，感受五彩绳背后承托的长辈的祝福等。通过端午节的具象风俗，引导学生从感性体验到理性思考，渗透家国情怀的培育。